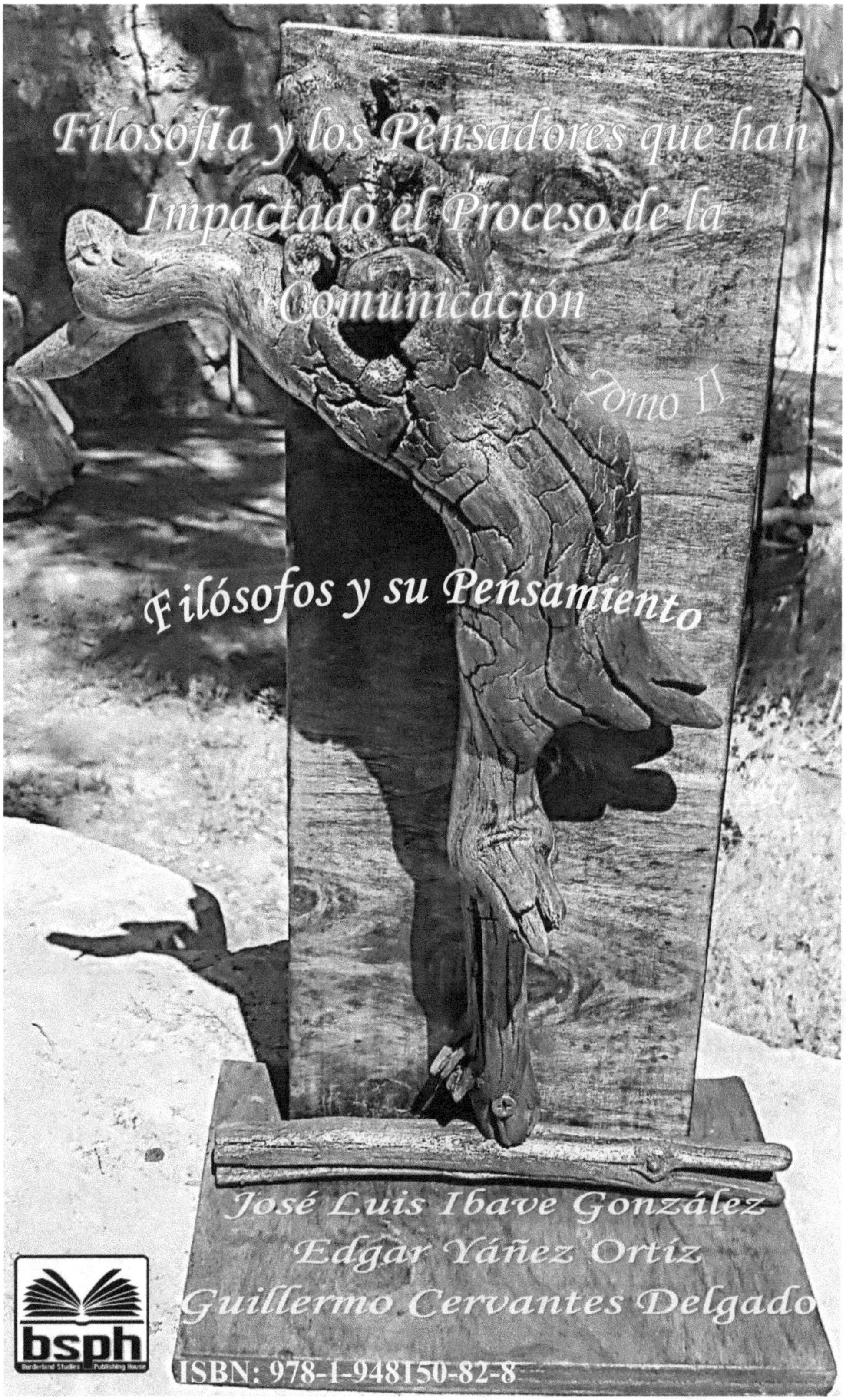
Filosofía y los Pensadores que han
Impactado el Proceso de la
Comunicación
Tomo II
Filósofos y su Pensamiento
José Luis Ibave González
Edgar Yáñez Ortíz
Guillermo Cervantes Delgado
bsph
Borderland Studies Publishing House
ISBN: 978-1-948150-82-8

FILOSOFIA y los pensadores que han impactado el proceso de la comunicacion. TOMO II.

© *José Luis Ibave González*

All rights reserved. No part of this book may be reprinted, reproduced, or utilized in any form or by any electronic, mechanical, or other means, now known or hereafter invented, including photocopying and recording, or in any information storage or retrieval system, without written permission.

DERECHOS RESERVADOS.
Prohibida la reproducción total o parcial por cualquier medio sin autorización escrita del autor. ©**2024**

ISBN: 978-1-948150-82-8

Filosofía y los Pensadores que han Impactado el Proceso de la Comunicación

Tomo II

José Luis Ibave González
Edgar Yáñez Ortíz
Guillermo Cervantes Delgado

2024

Los lentes que nos permiten observar lo que delante de nosotros está, tiende a engañar si no somos capaces de dar entrada a la interrogante y a la razón para tratar de interpretar la verdad detrás. De otra forma, solo seremos entes extraños viajando en el túnel del tiempo existencial programado .... José Luis Ibave G.

Es el deseo de los autores que esta obra contribuya para que los lectores potencialicen la escencia que compartimos todos los individuos:

INTELIGENCIA

CONSCIENCIA

VOLUNTAD

LIBERTAD

Índice

Prefacio 16
Filósofos y su pensamiento 24
CAPÍTULO IV 25
    Tales de Mileto. 26
    Anaximandro de Mileto 28
    Anaxímenes de Mileto 29
    Pitágoras de Samos 31
    Xenófanes de Colofón 33
    Heráclito de Éfeso 35
    Parménides de Elea 37
    Anaxagoras de Clazomenue 39
    Protágoras de Abdera. 45
    Sócrates de Atenas 47
        Filosofía 48
        Educación: 48
        Ley: 48
        Psicología: 48
        Literatura y Cultura. 49
        Ética y Filosofía Moral. 49
        Política y Democracia 49
        El método socrático: 50
        Valores Éticos y Responsabilidad Personal: 54
        La importancia del autoexamen: 55
        Crítica democrática: 55
        Énfasis en el diálogo: 55
        Coraje Intelectual: 56
    Demócrito de Abdera 58
    Aristipo de Cirene 62
    Platón 64

- Diálogos de Platón 66
- *El método socrático* 67
- *Persuasión y retórica* 67
- *Teoría del lenguaje* 67
- Retórica y Persuasión 68
- Teoría de las Formas 69
- Verdad y Lenguaje 69
- Educación y Comunicación 75
- Retórica 80
- Diálogo 80
- Percepción: 81
- Lenguaje 81
- Medio de Comunicación 81
- Aristóteles 83
  - Monarquía 85
  - Aristocracia 85
  - Politeia 86
  - Naturaleza social del hombre 87
  - El estado y la comunidad 87
  - Formas de Gobierno 88
  - Justicia y distribución de bienes 88
  - Educación y formación ciudadana 88
  - Ethos 89
  - Pathos 90
  - Logos 90
  - El Arte de la Persuasión 91

CAPÍTULO V 96
Filósofos Helenísticos 97
- Estoicismo 97
- Epicureísmo 97
- Escépticos 98
- Cinismo 98
- Epicurus 99

- Hedonismo 99
- Materialismo 100
- Teoría del Conocimiento 100
- Teología 100
- Ética 100
- Zenón de Citium 101
- Proposiciones y conectivas lógicas: 101
- Argumento lógico 102
- Implicación y negación 102
- Lógica modal 102
- Validación de argumentos 102
- Carneades de Cirene 105
- Lucretius 107

CAPITULO VI 110
- Filósofos de la Era Romana 110
- Epictetus 112
  - Epicteto 113
- Marcus Aurelius 116
  - La Base Filosófica de la Comunicación según Marco Aurelio 118
  - Principios Comunicativos Fundamentales 118
  - Aplicaciones Prácticas en la Comunicación 119
  - Relevancia Contemporánea 119

CAPÍTULO VII 122
- Filósofos del Período Medieval 122
- Boecio 123
- Al-Kindi 124
- Juan Escoto Erigena 125
- Al-Razi 126
- Al Farabi 127
- Roger Bacon 128
- Lorenzo Valla 129
- Tomas Moro 130
- Juan Calvino 131

- Galileo Galilei 132
  - Importancia de la divulgación 135
  - El papel del discurso y el debate 136
- Hugo Grocio 137
- Edward Herbert De Cherbury 140
- Marin Mersenne 143
  - Comunicación y colaboración 145
  - Diseminación del conocimiento 145
  - Interdisciplinariedad 146
  - Crítica de la superstición y la pseudociencia 146
  - Defensa del método científico 146
- Thomas Hobbes 148
  - Naturaleza humana 150
  - Contrato social 151
  - Absolutismo 151
  - Materialismo 151
  - Empirismo 151
- Pierre Gassendi 153
- Rene Descartes 154
- Antoine Arnauld 162
- Henry More 163
- Ralph Cudworth 164
- John Locke 165
  - Empirismo 166
  - Teoría del contrato social 166
  - Derechos naturales 166
  - Gubernamentalidad limitada 166
- Jean-Jacques Rousseau 171
  - La Naturaleza Humana y el Concepto de "Buen Salvaje" ... 172
  - El Contrato Social y la Teoría de la Voluntad General 173
  - El Rol de la Educación en la Formación del Individuo 174
  - Rousseau y su Crítica a la Desigualdad 174
  - La Influencia de Rousseau en el Pensamiento Contemporáneo ... 175

- La Autenticidad en la Comunicación 179
- El Impacto de la Sociedad en la Comunicación 179
- La Educación y la Expresión Individual 180
- La Importancia del Contexto Emocional 180
- El Papel de la Comunidad y el Bien Común 181
- La Desconfianza de la Palabra y la Prioridad de la Acción 181
- Comunicación y Alienación 182

Immanuel Kant 183
- *Epistemología y la Revolución Copernicana de Kant* 183
- *Ética y la Moralidad Autónoma* 184
- *La Paz Perpetua y la Filosofía Política de Kant* 184
- *Estética y el Juicio de Gusto* 185
- *La Razón y la Autonomía en el Pensamiento Contemporáneo* 186
- *Kant y el Pensamiento Crítico en la Ciencia y la Filosofía* 186
- *La Importancia e Impacto de las Teorías de Kant en Relación a la Comunicación* 187

CAPÍTULO VIII 194

Filósofos Modernos y Contemporáneos 195
- *Racionalismo y empirismo* 195
- *Dualismo mente-cuerpo* 195
- *Crítica a la autoridad y el surgimiento del pensamiento crítico* 196
- *Materialismo e idealismo* 196
- *Crítica a la metafísica tradicional y el surgimiento del escepticismo* 196
- *La revolución científica y el impacto en la filosofía* 197
- *Pluralismo filosófico* 197
- *Filosofía de la mente y de la conciencia* 197
- *Ética aplicada y filosofía política* 198
- *Filosofía de la tecnología y la inteligencia artificial* 198
- *Filosofía de la ciencia* 198
- *Hermenéutica y filosofía del lenguaje* 198
- *Feminismo y estudios de género* 198

Jean-Baptiste Lamarck, ... 201

P.S de Laplace 202

Joseph de Maistre, ... 204

- Augusto Comte 206
- Madama de Stael 210
- Friederich Schieiermacher 211
- Georg Wilhelm Friedrich Hegel 212
  - Comprensión 217
- William Whewell 221
- Ralph Waldo Emerson 222
  - El rechazo del conformismo 224
  - Énfasis en la espiritualidad y la naturaleza 225
  - El valor del individuo 225
  - Crítica de las instituciones 225
- Ludwig Feuerbach 227
- Augustus De Morgan 228
- John Stuart Mill 229
- Pierre Joseph Proudhon 232
- Charles Darwin 233
- Soren Kierkegaard 234
- Mijail Aleksandrowich Bakunin 237
- Rudolf Hermann Lotze 237
- Henry David Thoreau, ... 238
  - Sencillez y autosuficiencia 239
  - Desobediencia civil e inconformidad 239
  - Naturaleza y ambientalismo 239
  - Trascendentalismo 240
  - Crítica de la sociedad moderna 240
- Karl Marx 246
- Friedrich Engels 259
- Franz Bentrano 261
- Friedrich Nietzsche 266
  - La Mentalidad del Rebaño y la Moral de Esclavos 281
  - Mediocridad y Uniformidad 282
  - Espectadores Pasivos en la Sociedad del Espectáculo 282
  - La Necesidad de la Transvaloración de los Valores 283

- Friedrich Nietzsche 284
  - Lenguaje y significado 284
  - Perspectivismo 285
  - Retórica y persuasión 285
  - Interpretación y hermenéutica 285
  - Crítica y cuestionamiento 286
- Edmund Gustav Albert Husserl 287
- John Dewey 292
  - Aprendizaje Activo 294
  - Interacción Social 294
  - Vínculo con la Vida Real 294
  - Formación Ciudadana 294
  - Respeto por la Individualidad 295
- Martin Heidegger 297
- Antonio Gramsci 301
- Rudolf Carnap 306
- Omar Ingarden 307
- Friedrich Waismann 308
- Herbert Marcuse 309
- Gilbert Ryle 310
- Alfred Tarski 311
- Karl Popper 312
- Mortimer Adler 313
- Frank P. Ramsey 314
- Norberto Bobbio 315
- Ayn Rand 322
  - Metafísica 322
  - Epistemología 322
  - Ética 323
  - Política 323
  - Estética 323
  - Justificación filosófica: 324
- Simone Weil 329

- Michel Foucault 335
- Charles Bukowski 348
- Noam Chomsky 352
  - Manufactura del Consentimiento 360
  - Pensamiento filosófico de Noam Chomsky respecto a la Educación 363
  - Crítica a la educación 366
  - Chomsky y la Política 369
  - Responsabilidades de Comunicación en la Sociedad Contemporánea según el Pensamiento Filosófico de Noam Chomsky 371
- Jacques Derrida 378
  - Crítica de las Oposiciones Binarias 381
  - Deconstrucción y Différance: 382
  - Deconstrucción y Desestabilización: 382
  - Indecidibilidad 383
  - Complementariedad 383
- Slavoj Zizek 386

Bibliografía consultada 393

El pensamiento condiciona la acción; la acción determina el comportamiento; el comportamiento repetido crea hábitos; el hábito estructura el carácter (la manera de pensar, ser y actuar de un individuo); y el carácter, marca un destino.

Aristóteles

Prefacio

El pensamiento filosófico es una situación sine qua non a través de la historia de la humanidad, no estática pero dinámica ya que ha evolucionado y transformando a lo largo de los siglos. Desde los antiguos griegos hasta los pensadores contemporáneos, la filosofía ha buscado responder las preguntas fundamentales sobre la existencia, el conocimiento, la ética y la naturaleza de la realidad.

En la antigua Grecia, cuna de la filosofía occidental, surgieron figuras seminales como Sócrates, Platón y Aristóteles. Sócrates, con su método dialéctico, sentó las bases del pensamiento crítico y la búsqueda de la verdad a través del cuestionamiento constante. Platón, su discípulo, con su desarroll0 de la teoría de las Ideas, postulando un mundo de formas perfectas más allá del mundo físico, mientras que Aristóteles, por su parte, se enfocó en el estudio sistemático de la lógica, la ética y la metafísica, influyendo profundamente en el pensamiento occidental durante siglos.

Durante la Edad Media, la filosofía se entrelazó con la teología cristiana. Pensadores como San Agustín y Santo Tomás de Aquino buscaron reconciliar la fe con la razón, integrando elementos del pensamiento griego en la doctrina cristiana. San Agustín exploró la naturaleza del tiempo y la relación entre el libre albedrío y la predestinación, mientras que Santo Tomás sintetizó la filosofía aristotélica con la teología cristiana en su monumental obra "Suma Teológica".

El Renacimiento y la Ilustración trajeron consigo una revolución en el pensamiento filosófico. René Descartes, considerado el padre de la filosofía moderna, propuso el racionalismo y su famosa frase "Pienso, luego existo" como fundamento del conocimiento. John Locke, en contraste, argumentó a favor del empirismo, sosteniendo que todo conocimiento proviene de la experiencia sensorial. Immanuel Kant, en un intento por reconciliar estas posturas, desarrolló su filosofía crítica, explorando los límites y posibilidades del conocimiento humano.

El siglo XIX vio el surgimiento de nuevas corrientes filosóficas que desafiaron las concepciones tradicionales. Georg Wilhelm Friedrich Hegel propuso una visión dialéctica de la historia y la realidad, influyendo profundamente en el pensamiento posterior. Karl Marx, inspirado por Hegel, desarrolló su teoría materialista de la historia y la crítica del capitalismo. Friedrich Nietzsche cuestionó los valores morales tradicionales y proclamó la "muerte de Dios", inaugurando una nueva era de pensamiento crítico y existencial.

En el siglo XX, la filosofía se diversificó aún más. Edmund Husserl fundó la fenomenología, un método para estudiar la experiencia consciente. Martin Heidegger exploró la cuestión del ser y la existencia humana en el mundo. Jean-Paul Sartre y Albert Camus desarrollaron el existencialismo, enfatizando la libertad y responsabilidad individual en un universo aparentemente sin sentido.

La filosofía analítica, representada por pensadores como Gottlob Frege, Bertrand Russell y Ludwig Wittgenstein, se centró en el análisis lógico del lenguaje y los fundamentos del conocimiento. Por otro lado, la filosofía continental, con figuras como Michel Foucault y Jacques Derrida, exploró temas como el poder, la identidad y la deconstrucción de las narrativas dominantes.

En las últimas décadas, la filosofía ha continuado evolucionando, abordando nuevos desafíos éticos planteados por la tecnología, la globalización y los cambios sociales. Pensadores como Peter Singer han expandido nuestras consideraciones éticas hacia los animales y las generaciones futuras, mientras que filósofas feministas como Simone de Beauvoir y Judith Butler han cuestionado las concepciones tradicionales de género y sexualidad.

Por ende, el pensamiento filosófico ilustra la riqueza y diversidad de ideas que han surgido a lo largo de los siglos. Cada filósofo ha contribuido a una conversación milenaria sobre las cuestiones más fundamentales de la existencia humana, ofreciendo nuevas perspectivas y desafiando las suposiciones de sus predecesores. La filosofía continúa siendo un campo vital de investigación y reflexión, proporcionando herramientas para enfrentar los desafíos éticos, epistemológicos y existenciales de nuestro tiempo, sobre todo en lo referente al fenómeno fundamental de la experiencia humana, la comunicación.

Es por ello que podemos analizar a lo largo de la historia los diversos pensadores que han contribuido a la comprensión de este complejo proceso, que implica la comunicación, explorando sus dimensiones lingüísticas, sociales, psicológicas y culturales. Lo anterior, demanda una visión panorámica de las contribuciones más significativas al pensamiento filosófico sobre la comunicación, destacando cómo estas ideas han moldeado nuestra comprensión del intercambio de significados entre los seres humanos.

Es de esta forma, que el estudio sistemático de la comunicación encuentra sus raíces en la antigua Grecia, donde Aristóteles sentó las bases para su análisis en su obra "Retórica". El filósofo estagirita identificó tres elementos clave en el proceso comunicativo: el orador (ethos), el mensaje (logos) y la audiencia (pathos). Esta tríada sigue siendo fundamental para entender la dinámica de la persuasión y la efectividad comunicativa. Aristóteles argumentó que la comunicación exitosa requiere un equilibrio entre la credibilidad del orador, la lógica del argumento y la apelación a las emociones del público. Su análisis de los diferentes tipos de discursos y la adaptación del mensaje al contexto y la audiencia sentó las bases para estudios pragmáticos de la comunicación.

Siglos más tarde, durante la Ilustración, John Locke aportó ideas cruciales sobre la relación entre lenguaje, pensamiento y realidad. En su "Ensayo sobre el entendimiento humano", Locke propuso que las palabras son signos de ideas, no de cosas reales, subrayando la naturaleza convencional y potencialmente ambigua del lenguaje. Esta perspectiva anticipó debates posteriores sobre la arbitrariedad del signo lingüístico y la complejidad de la relación entre significante y significado. Locke también enfatizó la importancia de definiciones claras y un uso consistente del lenguaje para una comunicación efectiva, ideas que siguen siendo relevantes en la era de la sobrecarga informativa.

El siglo XX vio una explosión de nuevas perspectivas sobre la comunicación, comenzando con los trabajos seminales de Ferdinand de Saussure en lingüística. Saussure introdujo la distinción entre lengua (el sistema de reglas) y habla (el uso individual del lenguaje), así como el concepto de la arbitrariedad del signo lingüístico. Estas ideas fueron fundamentales para el desarrollo del estructuralismo y sentaron las bases para una comprensión profunda de cómo los sistemas de signos crean y transmiten significado.

Paralelamente, Charles Sanders Peirce desarrolló la semiótica, o teoría de los signos, que ofreció un marco más amplio para entender cómo creamos y compartimos significados no solo a través del lenguaje, sino también mediante símbolos visuales, gestos y otros sistemas de signos. El modelo triádico de Peirce, que incluye el representamen, el objeto y el interpretante, proporcionó una herramienta poderosa para analizar la complejidad de la comunicación simbólica en diversos contextos culturales.

Ludwig Wittgenstein, en su obra tardía, particularmente en las "Investigaciones Filosóficas", revolucionó la filosofía del lenguaje con su concepto de "juegos de lenguaje". Wittgenstein argumentó que el significado de las palabras no es fijo ni universal, sino que depende de su uso en contextos específicos. Esta idea desafió las nociones tradicionales de comunicación como mera transmisión de información y enfatizó la importancia del contexto social y cultural en la creación de significado. Su famosa frase "el significado es el uso" se convirtió en un pilar de la pragmática lingüística y la filosofía del lenguaje contemporánea.

En la segunda mitad del siglo XX, Jürgen Habermas desarrolló su teoría de la acción comunicativa, que ha tenido un impacto profundo en la filosofía social y política. Habermas propuso que la comunicación ideal ocurre cuando los participantes buscan alcanzar un entendimiento mutuo libre de coerción. Su concepto de "racionalidad comunicativa" sugiere que, a través del diálogo y el debate, las sociedades pueden llegar a acuerdos racionales y justos. Estas ideas han sido fundamentales para entender el papel de la comunicación en la esfera pública y en la construcción de sociedades democráticas.

Marshall McLuhan, aunque más conocido como teórico de la comunicación que como filósofo tradicional, aportó ideas revolucionarias sobre el impacto de los medios en la sociedad. Su famosa frase "el medio es el mensaje" sugiere que la forma en que se transmite la información es tan importante como el contenido mismo. McLuhan argumentó que los medios de comunicación son extensiones de los sentidos humanos y que los cambios en la tecnología de la comunicación tienen profundos efectos en la organización social y la cognición individual. Sus ideas anticiparon muchos de los debates actuales sobre el impacto de las tecnologías digitales en la comunicación y la cultura.

En las últimas décadas del siglo XX, pensadores como Michel Foucault y Jacques Derrida aportaron perspectivas críticas que han transformado nuestra comprensión de la comunicación. Foucault, aunque no se centró específicamente en la comunicación, desarrolló ideas cruciales sobre la relación entre discurso, poder y conocimiento. Su análisis de cómo los discursos dominantes moldean nuestra comprensión de la realidad ha sido fundamental para los estudios críticos de comunicación y el análisis del discurso. Derrida, por su parte, desarrolló la teoría de la deconstrucción, que cuestiona la idea de que el lenguaje pueda transmitir significados estables y unívocos. Su trabajo ha llevado a una mayor conciencia de las ambigüedades y múltiples interpretaciones posibles en la comunicación, influyendo profundamente en campos como los estudios literarios y la teoría de la comunicación.

En conjunto, estos pensadores han contribuido a una comprensión de la comunicación como un proceso dinámico, multifacético y profundamente arraigado en contextos sociales, culturales e históricos. Han desafiado las nociones simplistas de la comunicación como mera transmisión de información, revelando su complejidad como un fenómeno que involucra la construcción de significados, la negociación de identidades y la formación de realidades sociales.

A medida que avanzamos en el siglo XXI, enfrentando nuevos desafíos comunicativos en la era digital, estas ideas filosóficas continúan siendo relevantes y se están reinterpretando en nuevos contextos. La reflexión filosófica sobre la comunicación sigue siendo vital para navegar las complejidades de un mundo cada vez más interconectado y mediado tecnológicamente, ofreciendo perspectivas críticas sobre cómo creamos, compartimos y negociamos significados en nuestras interacciones cotidianas y a escala global.

José Luis Ibave González

Filósofos y su pensamiento

CAPÍTULO IV

Filósofos Clásicos

María Guadalupe Bohmer Vaquera, María de Lourdes Ceniceros Santillanes y José Luis Ibave González

CAPÍTULO IV

Filósofos Clásicos

María Guadalupe Bohmer Vaquera, María de Lourdes Ceniceros Santillanes y José Luis Ibave González

Tales de Mileto | 624 a. C. - 546 a. C.

Tales de Mileto fue un filósofo, matemático, geómetra, físico y legislador griego.

Se dice que es el primer filósofo por ser el primero en utilizar un pensamiento racional, esto tratando de darle un sentido a la estructura y forma del universo. Tales decía que el principio de todo era el H_2O, el agua era el elemento principal de la existencia. ¿Pero por qué el agua, habiendo más elementos?; quizás sea por que donde hay agua hay vida, o porque el 70% de nuestro planeta es agua, extrañamente nuestro cuerpo también es 70% de agua.

El pensamiento que la tenía es que la tierra se encuentra flotando sobre el agua, como un pedazo de madera, y que por esa razón llega a temblar.

Se considera que Tales inició el pensamiento deductivo aplicado en la geometría, en los que enunció teoremas que llevan su nombre.

- 624 a. C. - Nace en Mileto, una ciudad costera griega en la costa de la actual Turquía, hijo de Euxamias y de Cleobulinas (descendientes de Cadmo y Agenor)
- Fue consejero de jonios y lidios
- Se cree que predijo un eclipse solar en el año 585 a. C.
- Aparentemente, Tales no dejó nada escrito aunque algunos le atribuyen la Astrología, Sobre el Solsticio y Sobre el equinocio
- Se le atribuyen varios descubrimientos matemáticos registrados en los Elementos de Euclides
- Se considera a Tales el primer filósofo de Occidente al intentar dar las primeras explicaciones racionales de fenómenos del mundo en contraste con las explicaciones mitológicas (paso del mito al logos)
- El agua es el origen de todas las cosas (es el elemento primero). Le atribuye la vida al agua pues observa que se mueve sola (mares y ríos) por lo que debe tener un alma que hace mover a todas las cosas y también es divina.
- Algunos afirman que el alma está en el todo, por ese motivo es posible que Tales pensase que todo está lleno de dioses.
- Dicen que afirmó que la piedra imán tiene alma porque mueve al hierro.
- La tierra que pisamos es una isla que flota sobre el agua como un leño (por eso a veces se producen temblores o terremotos)
- Se le considera por lo tanto el primer filósofo occidental en tratar de conocer la verdad del mundo mediante explicaciones racionales y no fantásticas o místicas.
- 546 a. C. - Muere en Mileto

Anaximandro de Mileto (610-546 a.c),

Anaximandro fue un filósofo y geógrafo de la Antigua Grecia, discípulo y continuador de Tales de Mileto. Fue también compañero y maestro de Anaxímenes.

Llamo al principio de todo **ápeiron** (lo indefinido o indeterminado). Aunque seguía de alguna manera coincidiendo con Tales, en que solo hay un principio básico de donde provenían todas las cosas, pero para él, no era el agua como para Tales. Anaximandro creía que todo y todos provenían del ápeiron, de algo que realmente no se puede percibir, y que viene de las cosas que ya existentes. Y que como todo ser existe del universo estamos destinados a nacer y a morir, y así regresar a donde provenimos, al ápeiron.

Se le atribuye el líbro conocido con el título Sobre la Naturaleza que ha llegado a nosotros a través de comentarios doxográficos de otros autores. También se le atribuye la medición de los solsticios y equinocios, una carta terrestre o trabajos para determinar la distancia y tamaño de las estrellas entre otros. Concebía que la Tierra tenía forma cilíndrica y ocupaba el centro del universo.

Nació en Mileto, hijo de Praxíades. Vivió principalmente en la época de Polícrates, tirano de Samos.

Anaxímenes de Mileto (585-525 a.c), fue un filósofo griesgo, discípulo de Tales de Mileto y de Anaximandro.

Según su pensamiento, el principio de todas las cosas es infinito. Para él el aire es la sustancia que se transforma en todas las cosas a través de la condensación. Afirmaba que el aire se transformaba en las demás cosas a través de la rarefacción y la condensación. A través de la rarefacción se generaba el fuego mientras que a través de la condensación se formaba el viento, las nubes, el agua, la tierra y las piedras. A partir de estas sustancias se formaba el resto de las cosas.

El observo a los seres vivos, y se dio cuenta de que todos respiraban y que para eso necesitaban el aire. El desarrollo su pensamiento basándose en la noción de condensación y rarefacción. Diciendo que con la condensación del aire se forman las nubes, y si las nubes se condensan se forma el agua y de esta pasa al hielo y/o tierra, y con la condensación de la tierra obtenemos las piedras y lo minerales. La rarefacción es todo lo contrario a la condensación, las piedras pierden condensación y se convierten en tierra, esta pierde condensación y se concierte en agua, después se dan las nubes y de estas el aire, esta vez se agrega una descongelación más, el aire pasa a fuego.

Esto termina siendo una explicación más física sobre el origen de todo, ya que Anaxímenes nos habla de la conversión de elementos.

Dibujo por Angel Fernando Vargas Puentes. Noviembre 2022.

Pitágoras de Samos (569 a. C. - 475 a. C.)

Pitágoras fue un filósofo y matemático griego de la antigüedad. Se le considera el primer matemático puro.

Pitágoras contribuyó noablemente en el avance de las matemáticas, la geometría, la aritmética, los pesos y medidas, la astronomía y la teoría de la música.

Respecto a la teoría musical, sus conceptos de intervalos de I, IV y V son los pilares de la armonía griega y son todavía utilizados hoy en día.

Pitágoras es el fundador de la Escuela pitagórica, dedicada a intereses religiosos aunque también a la medicina, cosmología, filosofía, ética y política entre otras. Tuvo gran influencia en Platón y Aristóteles así como en el posterior desarrollo de la matemática y en la filosofía occidental.

No se conserva nada escrito originalmente de Pitágoras. Todo lo que conocemos son comentarios de sus discípulos, los pitagóricos. Se le atribuye a Pitágoras la teoría de la significación funcional de los números, la inconmesurabilidad de la diagonal de un cuadrado de lado mesurable o el teorema de Pitágoras entre otros.

La escuela pitagórica consideraba entre otras cosas que:

- La realidad tiene naturaleza matemática
- La filosofía puede lograr la purificación espiritual
- El alma puede elevarse para unirse con lo divino
- Existen símbolos de naturaleza mística
- Todos los miembros de la hermandad pitagórica deben guardar absoluta lealtad y secretismo

Los pitagóricos, grupo creado por Pitágoras creía en la metempsicosis, que es la trasmigración del las almas de un cuerpo a otro. Ellos mencionaban que el alma procede de otro mundo y se encuentra encarcelada al cuerpo, para que el alma pueda recuperar su libertad solo es posible mediante el ejercicio de una vida ascética, es decir renunciar a todo deseo terrenal, como la practica sexual, a la ostentación de la belleza corporal, moderación en la comida y se prohíbe algunos tipos de alimento, como los animales.

Los pitagóricos hicieron aun más para la liberación de la alama, ellos cultivaron su espíritu con las matemáticas, ya que ellos la consideraban como el mejor camino para recuperar la espiritualidad que habían perdido, y de alguna manera esto los hacia mantenerse ocupados para pensar en algún deseo terrenal.

Pitágoras contribuye con su idea al origen, diciendo que el número es el principio de todas las cosas, haciendo que pase de la física que tenían los milesios, pase a la metafísica.

Xenófanes de Colofón (570-475 a.c)

Xenófanes (Jenófanes), como la mayoría de los filósofos presocráticos, centró sus estudios en la naturaleza y por ello también se les llama "filósofos de la physis".

Ciertamente, los presocráticos buscaron encontrar respuestas al origen del mundo y de los hombres en los elementos y fenómenos de la naturaleza. Según Jenófanes, los seres humanos estaban compuestos de tierra y agua.

Desarrolló varias ideas relacionadas con la teología. Por tanto, defendió la Unidad de Dios, que sería la esencia de todas las cosas. Según él, Dios era un ser perfecto, absoluto, superior y diferente a los hombres, argumentando que era abstracto y no tenía formas humanas.

En vista de esto, criticó el antropomorfismo (forma humana) y los dioses de la mitología griega. Jenófanes no podía creer la idea de la cercanía entre Dios y el hombre. Por lo tanto, para él, la idea de que Dios se describía con características humanas (físicas y psicológicas) era inconsistente.

Difundió la importancia del conocimiento, que, según él, era más importante que la apariencia. Según Jenófanes, el progreso solo podía lograrse mediante la sabiduría de los hombres. Además, estaba a favor de los placeres humanos, siempre que fueran con moderación.

Algunas frases de Jenófanes que traducen parte de su pensamiento:

"Se necesita un sabio para reconocer a un sabio".

"No es justo usar la fuerza contra la sabiduría".

"Lo hermoso y honesto que los dioses no otorgan a los hombres es el poder del trabajo duro y la perseverancia".

"Los etíopes dicen que sus dioses son de piel oscura y nariz chata, los tracios que los suyos son rubios y de ojos azules".

"Si los bueyes y los caballos tuvieran manos y pudieran pintar y producir obras de arte similares a las del hombre, los caballos pintarían a los dioses en forma de caballos y los bueyes pintarían a los dioses en forma de bueyes".

Heráclito de Éfeso (535-475).

Heráclito nació en una familia aristocrática aunque trató de alejarse de las riquezas llevando un estilo de vida ermitaño y autodidacta. Se le atribuye el libro "Sobre la naturaleza"

Según Heráclito, todo fluye, como un río de manera que es imposible bañarse dos veces en el mismo río, ya que a la siguiente vez el río ya no es el mismo.

Heráclito veía el mundo regido por lo que denominó el Logos (palabra, razón o discurso). Creía que el cosmos era una transmutación del fuego. Fue famoso por su insistencia en el cambio y su firme compromiso con la unidad y armonía de los contrarios al contrario que Parménides, quien declaraba que "lo que es, no puede no ser", negando así el cambio.

La aportación de Heráclito a su creencia del origen iba en contra del pensamiento de los milesios, ya que el no creía que proviniera de alguna materia prima. El menciono: *"Este cosmos no lo hizo ningún Dios, ni ningún hombre, sino que siempre fue y será fuego eterno, que se enciende según medida y se extingue según medida".*

Siendo el fuego el elemento ideal de la materia, siendo el símbolo del pensamiento de Heráclito.

El fuego siempre muestra una intensidad variable, a veces la vemos muy brillante y otras veces más tenue, algunas veces de un color rojizo y en otras ocasiones azul o verde; también podemos observarlo violento o calmado. Aunque con esto se ve como una transformación agresiva, es algo diferente, este cambio es armónico, y lo convierte en algo bello.

El orden como la realidad y no el caos, siendo algo tan fácil que los hombres comprendan, pero no lo comprenden no por que *"os gustan la naturaleza de ocultarse"*, sino porque la mayoría de los hombres son ignorantes.

Lo único que es constante es el cambio.

Es mejor ocultar la ignorancia que exponerla.

Mucho aprendizaje no enseña comprensión.

La abundancia de conocimiento no enseña a los hombres a ser sabios.

El que no espera lo inesperado nunca lo encontrará.

Parménides de Elea (515-450 a.c.)

Parménides de Elea fue un filósofo griego de la antigüedad que nació en la ciudad de Elea, en la Magna Grecia (colonias griegas del sur de Italia).

A Parménides se le atribuye una única obra que consistía en un poema filosófico épico del que nos han llegado solo algunos fragmentos a través de citas de otros autores.

En "La vía de la verdad", Parménides se ocupa de "lo que es" o "ente", exponiendo argumentos que demuestran sus atributos (es ajeno a la generación y la corrupción y por lo tanto inengendrado e indestructible, lo único que verdaderamente existe). Con ello niega la existencia de la nada.

En la vía de las opiniones de los mortales, Parménides trata de otros asuntos como la constitución y ubicación de los astros y otros fenómenos meteorológicos, geográficos así como el origen del hombre.

Se considera que Zenón de Elea y Meliso de Samos aceptaron sus ideas y continuaron su pensamiento.

Se le atribuye a Parménides la fundación de la metafísica occidental y destacó por el empleo de la lógica en sus argumentos deductivos. Tambien se le atribuye la formulación del principio lógico de identidad y de no contradicción.

Parménides al igual que los demás era un filósofo, pero también un poeta; escribiendo el poema *Sobre la Naturaleza*, del cual podemos ver sus pensamientos principales sobre la existencia y consistencia de la verdad.

Parménides decía que para llegar a la verdad se tenía que hacer un viaje hacia el reino de la luz, que es donde esta se encuentra. Para realizar esto se debe de quitar la venda que obstruye la vista a la razón, y de alguna menara liberarla del mundo deplorable, y así se permitirá que ascienda al reino de la verdad. *"Es la razón del hombre, entonces, la que lleva la verdad tras un viaje desde la noche, hacia la luz"*. Siendo la noche la encargada de representar la ignorancia, y la luz la sabiduría.

La guerra es el arte de destruir a los hombres, la política es el arte de engañarlos.

Lo mismo es pensar y ser

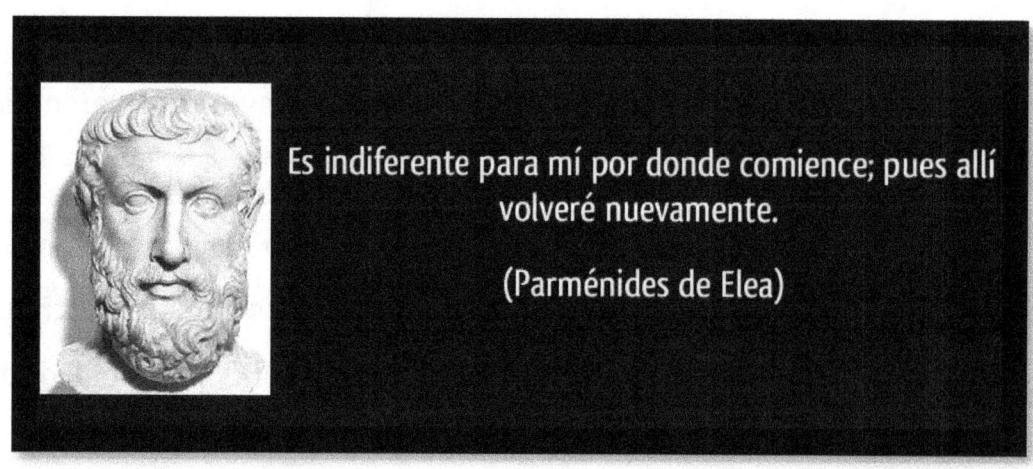

Anaxagoras de Clazomenue (500 – 428 a.C.)

El primer filósofo que enseña en Atenas, entre sus destacados discípulos nos encontramos con Pericles, Protágoras y Tucídides, el dramaturgo Eurípides y se sospecha que también pudo contar entre sus alumnos con Sócrates y Demócrito. Su pensamiento representa una etapa significativa en la historia de la filosofía griega, ya que contribuyó a la transición del pensamiento mítico al pensamiento racional y científico. Sus ideas se centraron en áreas como: la naturaleza de la realidad, el papel de la mente y la naturaleza del cosmos.

Anaxágoras propuso la teoría de que todo está compuesto de partículas infinitesimales llamadas "semeia" o "semenes"; cada una de estas partículas contiene partes de todas las cosas. Propuso la idea de que "todo está en todo", lo que significa que cada sustancia en el universo contiene partes de todas las demás sustancias. Esta teoría es un intento de explicar cómo los cambios y la transformación pueden ocurrir en el universo físico. Por tanto las cosas son *homoiomenerai* para cada una. El término "homoiomería" deriva del griego "homoiomereia", que se puede traducir aproximadamente como "partes similares".

La teoría sostiene que todas las cosas están compuestas de partículas infinitesimales y eternas, y cada una de estas partículas, o "homoiomerías", contiene partes de todas las demás cosas.

La implicación principal de esta teoría es que cualquier sustancia o entidad en el universo puede transformarse en otra, porque ya contiene las semillas de todas las demás sustancias en sus homoiomerías. Esta teoría fue un intento de Anaxágoras para resolver el problema filosófico del cambio y la transformación: si todo está compuesto de las mismas partículas eternas y contiene partes de todo lo demás, entonces los cambios y las transformaciones son posibles sin la creación o la destrucción absoluta de nada.

Anaxágoras propuso que cualquier cambio en el mundo no es más que una reorganización de estas partículas. Esto significa que nada puede venir de la nada ni ser completamente destruido; en lugar de eso, solo pueden ocurrir reordenamientos de estas partículas eternas. Esto también llevó a Anaxágoras a la conclusión de que "todo está en todo", lo que significa que cada sustancia en el universo contiene partes de todas las demás sustancias.

De igual forma, introducido la noción de *"Nous"* (mente o inteligencia) como una fuerza organizadora y activa detrás del universo. Esta entidad era inmutable, autónoma y separada de la materia, poniendo en movimiento y ordenando el cosmos. Este concepto de Nous proporcionó una de las primeras explicaciones racionales y no míticas para la organización y el funcionamiento del universo.

Anaxágoras contribuyó a la cosmología y la astronomía con su teoría de que el cosmos comenzó en un estado de caos, con todas las partículas mezcladas, hasta que el Nous intervino y comenzó a ordenarlo. Además, Anaxágoras afirmaba que el sol y las estrellas eran masas ardientes de roca, y no deidades, y que la luna reflejaba la luz del sol. Estas ideas fueron revolucionarias en su época y sentaron las bases para futuros avances en la astronomía.

Si me engañas una vez, la culpa es tuya; si me engañas dos, es mía.

Todas las cosas participan de todo, mientras que la inteligencia es infinita y se gobierna a sí misma y no está mezclada con nada.

Nada nace ni perece. La vida es una agregación y la muerte una separación.

Los hombres vivirían increíblemente tranquilos si estas dos palabras, mío y tuyo, se quitaran.

Zeno de Elea (490 - 430 a.C.)

Zenón trató de mostrar que la realidad es una e invariable y que todo movimiento es ilusorio.

Era costumbre suya mostrar lo absurdo de algunas creencias y frecuentemente se valía de paradojas (expresión o situación que parece absurda y sin embargo es razonable), en las que viene a decir que todo movimiento es un engaño. Contrastadas con la realidad, las pruebas de Zenón contra el movimiento, se revelan al punto como paradojas y como auténticos paralogismos (argumento o contradicción falsa). Es como ponerse a discutir el azul del cielo.

Una de las más famosas paradojas es la de Aquiles y la tortuga.

Supongamos, decía Zenón, que Aquiles, que corre cinco veces más rápidamente que una tortuga, juega con ella una carrera dándole una ventaja de cinco kilómetros.

Cuando Aquiles recorra esos cinco kilómetros, la tortuga habrá avanzado un kilómetro. Cuando Aquiles cubra ese kilómetro que lo separa ahora de su contrincante, ésta habrá caminado a su vez un quinto de kilómetro, es decir, doscientos metros. Pero cuando Aquiles trate de alcanzarla corriendo esos doscientos metros, la tortuga habrá recorrido cuarenta metros. Y una vez que Aquiles salve esos cuarenta metros, con la esperanza de alcanzarla, la tortuga habrá avanzado ocho metros, y todavía le llevará ventaja. Una ventaja que disminuye sin cesar, pero que siempre está, porque cada vez que Aquiles recorre la distancia que lo separa de la tortuga, ésta, en ese lapso de tiempo, se habrá movido algo, por poco que sea, y, en consecuencia, lleva siempre la delantera. Conclusión: Aquiles nunca la alcanza.

El planteamiento de Zenón era muy agudo y el asunto de Aquiles y la tortuga fue un dolor de cabeza para la matemática y la filosofía griegas. Dado que es muy fácil constatar que, no sólo Aquiles, sino cualquiera alcanza efectivamente a una tortuga, el razonamiento de Zenón tenía que esconder una equivocación. Pero ¿cuál? La respuesta tardó la friolera de veintiún siglos en llegar. Y la verdad es que para la matemática griega los problemas de Zenón eran irresolubles porque involucraban sumas infinitas.

Efectivamente, los recorridos sucesivos de Aquiles son: cinco kilómetros, un kilómetro, doscientos metros, cuarenta metros, ocho metros, etc. y los correspondientes de la tortuga son un kilómetro, doscientos metros, cuarenta metros, ocho metros, un metro... Para calcular el recorrido total de uno y de otra, habría que sumar todos esos tramos sucesivos. Pero como son infinitos, la suma, aparentemente no puede hacerse.

Hubo que esperar hasta el siglo diecisiete, cuando el matemático escocés James Gregory (1638-1675) estudió por primera vez y de manera sistemática la herramienta necesaria para terminar con el dilema de Zenón: las series convergentes, sumas que, a pesar de tener un número infinito de términos, dan como resultado un número finito.

Por ejemplo, la suma $1/2 + 1/4 + 1/8 + 1/16 + 1/32 + 1/64 +...$, puede hacerse, y da exactamente 1 (pues son términos de una progresión geométrica de razón 1/2).

Así pues, si sumáramos los infinitos tramos:

- Los de Aquiles: 5 kilómetros + 1 kilómetro + 200 metros + 40 metros + 8 metros...)
- Los de la tortuga (1 kilómetro + 200 metros + 40 metros + 8 metros + 1,60 metros +...)

obtendríamos, para Aquiles 6,25 kilómetros, y para la pobre tortuga 1,25 kilómetros. Como Aquiles le había dado 5 kilómetros de ventaja, al recorrer uno 6,25 y los otros 1,25 kilómetros, coinciden en el mismo punto. Gracias a las series convergentes, la famosa paradoja de Zenón quedó aclarada y Aquiles alcanzó a la tortuga de una buena vez. Lo cual era justo, después de perseguirla durante más de dos mil años.

La filosofía de la realidad de Zeno (Zenón) se basa en gran medida en la defensa de las ideas de su maestro, Parménides, quien sostenía que la realidad es un continuo inmutable. Zeno de Elea argumentó en contra de la existencia del cambio y del movimiento. Utilizando sus famosas paradojas (la paradoja de la dicotomía y la paradoja de la flecha), Zenón trató de demostrar que las ideas comunes de movimiento y cambio conducen a contradicciones y, por lo tanto, no pueden ser verdaderas.

- **Paradoja de la dicotomía**: Según esta paradoja, nunca podríamos llegar a ningún lugar porque siempre tendríamos que recorrer primero la mitad de la distancia, luego la mitad de la distancia restante, y así sucesivamente, lo que nos llevaría a tener que realizar una cantidad infinita de pasos. Esta paradoja cuestiona nuestras ideas comunes sobre la distancia y el movimiento.

- **Paradoja de la flecha**: En este caso, Zenón argumenta que una flecha en vuelo está en realidad en reposo, porque en cada momento individual de su vuelo, ocupa un espacio igual a sí misma y, por lo tanto, no se está moviendo. Esta paradoja cuestiona nuestras nociones convencionales de movimiento y tiempo.

Protágoras de Abdera. (490- 420 aC.)

Filósofo presocrático, conocido principalmente por su contribución al desarrollo de la retórica y su enfoque sofista en la filosofía. Es famoso por su frase "El hombre es la medida de todas las cosas, de las que son en cuanto son y de las que no son en cuanto no son", que expresa su enfoque relativista sobre la verdad y la moral. Sus ideas centrales se circunscriben en:

1. **Relativismo**: Protagoras creía que no hay una verdad objetiva y que todas las percepciones son igualmente válidas. Cada individuo interpreta y experimenta el mundo de una manera única y personal. Lo que es "verdad" para una persona puede no serlo para otra. Este enfoque ha tenido un impacto significativo en el desarrollo del subjetivismo y el relativismo moral.

2. **Agnosticismo**: Protagoras es conocido por ser uno de los primeros agnósticos en la filosofía. Declaró que "Sobre los dioses no tengo la capacidad de saber si existen o no existen, ni qué aspecto tienen. Muchas son las cosas que impiden saberlo: la oscuridad del asunto y la brevedad de la vida humana."

3. **Ética sofista**: Como sofista, Protagoras creía en la importancia de la argumentación y la retórica. Argumentó que la habilidad para debatir y argumentar era esencial para la vida en sociedad, ya que permitía a las personas resolver conflictos y llegar a consensos. La ética, por lo tanto, no era objetiva, sino que debía ser negociada y debatida.

4. **Educación**: Protagoras también sostenía que la virtud podía ser enseñada. Este enfoque estaba en contraposición a las ideas platónicas, que sostenían que la virtud era una forma de conocimiento que solo podía ser alcanzado a través de la introspección y la contemplación filosófica. Para Protagoras, la virtud se aprendía a través de la educación y la experiencia.

5. **Antropocentrismo**: Protagoras puso al ser humano en el centro de su filosofía, como el único capaz de generar conocimiento y moralidad. Este antropocentrismo reflejaba su creencia en el relativismo y la subjetividad de la verdad.

Protágoras defendía la existencia y cumplimiento de las leyes, siempre que sean aceptadas por la mayoría, porque el hombre necesita vivir en comunidad y la convivencia debe de regirse por unas normas.

Protágoras defiende que cada ser humano ve las cosas a su manera y las interpreta en función de su experiencia y su pensamiento.

Sócrates de Atenas (470- 399 a.C.)

Sócrates es conocido como uno de los filósofos más influyentes de la antigüedad y su pensamiento ha dejado varias enseñanzas que han formado parte importante del pensamiento filosófico occidental. El legado de Sócrates es inmenso y continúa impactando varios campos de estudio y aspectos de la vida. Su influencia es particularmente notable en las siguientes áreas como:

Filosofía: Sin duda, fundador de la filosofía occidental, las ideas de Sócrates han influido profundamente en todo el campo. Su método de cuestionamiento (el método socrático) es una herramienta común en la argumentación filosófica. Su énfasis en la ética y la virtud personal, así como sus pensamientos sobre el conocimiento y la ignorancia, son fundamentales para muchas discusiones filosóficas.

Educación: El método socrático también ha encontrado un hogar en la educación, donde se utiliza para estimular el pensamiento crítico y para iluminar ideas. Este enfoque pedagógico alienta a los estudiantes a cuestionar sus suposiciones y los involucra en un aprendizaje activo.

Ley: El método socrático se utiliza en muchas facultades de derecho como una forma de enseñar a los estudiantes a pensar de manera crítica y analítica. El enfoque involucra una serie de preguntas y respuestas que conducen a una conclusión, reflejando el proceso que se usa a menudo en los argumentos y procedimientos legales.

Psicología: La idea de introspección de Sócrates (examinar los propios pensamientos y sentimientos) es un aspecto fundamental de la psicología. Su énfasis en el autoconocimiento se puede ver en numerosas terapias psicológicas que se centran en la autoconciencia y la reflexión.

Literatura y Cultura: Sócrates es una figura destacada en numerosas obras literarias, desde obras antiguas de Aristófanes hasta novelas y películas contemporáneas. A menudo se le invoca como símbolo de sabiduría e integridad, y su juicio y muerte han sido objeto de innumerables representaciones artísticas.

Ética y Filosofía Moral: El concepto de virtud ética de Sócrates y su afirmación de que "no vale la pena vivir una vida sin examinar" han moldeado profundamente el campo de la ética. Sus ideas continúan influyendo en las discusiones sobre el comportamiento moral y la buena vida.

Política y Democracia: Las críticas de Sócrates a la democracia ateniense y sus discusiones sobre la justicia y el gobierno en los diálogos de Platón han tenido un impacto duradero en la filosofía política. Su vida y muerte a menudo se han visto como símbolos de libertad intelectual y resistencia a la opresión política.

Estos son solo algunos ejemplos del legado de gran alcance de Sócrates. Sus ideas continúan influyendo y provocando pensamiento en innumerables aspectos de la sociedad contemporánea.

A continuacion, se discuten algunas de las formas en que sus ideas han dado forma a la sociedad y continúan ejerciendo influencia:

✷ **El método socrático**:

Este es un método de indagación y enseñanza que involucra preguntas incesantes para exponer las contradicciones en las creencias de uno y ayudarlos a llegar a conclusiones lógicas y consistentes. Hoy en día, el método socrático se utiliza en varios campos, incluidos el derecho, la educación y el asesoramiento. En las aulas, los maestros emplean este método para involucrar a los estudiantes en el aprendizaje activo, estimular el pensamiento crítico e iluminar las ideas.

El método socrático es también conocido como mayéutica o ironía socrática, es una técnica de cuestionamiento que Sócrates utilizó para explorar y desafiar las creencias y opiniones de sus interlocutores. El objetivo de este método es facilitar el autodescubrimiento, el análisis crítico y la clarificación de las ideas al promover un intenso examen de los supuestos subyacentes y las inconsistencias lógicas. A continuación se realiza una descripcion más amplia y detallada de este método:

1. *Interrogatorio inicial*: El método socrático comienza con una pregunta inicial que se presenta a un individuo o a un grupo. Por ejemplo, Sócrates podría preguntar: "¿Qué es la justicia?" Esta pregunta inicial es a menudo sobre un concepto abstracto y amplio.

2. *Respuesta y seguimiento*: La persona responde, proporcionando su comprensión del concepto. Sócrates escucharía atentamente y luego seguiría con más preguntas basadas en la respuesta. Este seguimiento es esencial ya que desafía a la persona a examinar y defender sus creencias.

3. *Refutación y contradicción*: A través de sus preguntas, Sócrates trataría de revelar contradicciones o inconsistencias en las respuestas de la persona, refutando su posición inicial. Su objetivo no era ganar una disputa, sino revelar la falta de fundamento o el error en la comprensión de la persona.

4. *Conciencia de la ignorancia*: Al mostrar las contradicciones en las respuestas de la persona, Sócrates les hace darse cuenta de su propia ignorancia. Este reconocimiento de la ignorancia es el primer paso para buscar un conocimiento verdadero y más profundo.

5. *Búsqueda de la verdad*: Una vez que se ha reconocido la ignorancia, el individuo está en una mejor posición para buscar la verdad. Sócrates creía que la verdad ya reside en cada individuo y que el papel del interrogador es ayudar a la persona a dar a luz esa verdad a través del cuestionamiento.

Es importante tener en cuenta que el método socrático no es un medio para llegar a una respuesta definitiva, sino un proceso para llegar a una mayor claridad y autocomprensión.

El enfoque está en el cuestionamiento y la reflexión crítica, no en las respuestas definitivas. En términos modernos, este método está destinado a estimular el pensamiento crítico, fomentar el diálogo y promover la automejora y la integridad intelectual.

Es por tanto, importante considerar que el método socrático se circunscribe a un tipo de pedagogía empleada por Sócrates y descrito en los diálogos platónicos. Sócrates nunca afirma explícitamente que se cuenta con "un método" o una forma de explorar preguntas e ideas. Más bien, se ha inferido el método de varios de los diálogos de Platón.

El método pedagógico de Sócrates, o forma de abordar ideas a través del discurso, consta de cinco etapas:

1) Asombro,

2) Hipótesis,

3) Elenchus (refutación y contrainterrogatorio),

4) Aceptación/rechazo de la hipótesis, y,

5) Acción.

Cada una de estas etapas se describen y explican de forma breve a continuación.

La primera etapa, es cuestionarse. Las preguntas suelen adoptar la forma ¿Qué es X? Las preguntas específicas de los diálogos platónicos incluyen: ¿Qué es la justicia? (República), ¿Qué es la templanza? (Cármides), ¿Qué es el coraje? (Laques), ¿Por qué vale la pena morir? (Apología, Critón), ¿Qué es la piedad? (Eutifrón) y ¿Qué es la amistad (Lysis).

En la segunda etapa, se establece una hipótesis, se ofrece una respuesta posible o tentativa a la pregunta. Por ejemplo, si la pregunta que se plantea es: "¿Qué es el coraje?", una posible respuesta podría ser: "Coraje es hacer lo que uno cree que es correcto, aunque sea difícil". En esta etapa se presenta una respuesta a la pregunta; no hay evaluación de esa respuesta.

La tercera etapa, elenchus o refutación, que es donde descansa la parte medular de la práctica socrática. En esta etapa se ofrece un contraejemplo a la hipótesis. El propósito del contraejemplo es cuestionar la hipótesis, es decir, mostrar que la hipótesis es falsa y, por lo tanto, socavar la pretensión de conocimiento del interlocutor. Específicamente, si el contraejemplo, o el ejemplo dado, muestra que la hipótesis no puede ser verdadera, entonces no se puede decir que el participante sabe qué es lo que afirma saber.

Continuando con el ejemplo anterior, si la respuesta a "¿Qué es el coraje?" es "Hacer lo que uno cree que es correcto, incluso si es difícil", un posible contraejemplo sería "¿Qué pasa si uno hace algo que sabe que es correcto, pero no hace ningún esfuerzo para hacerlo? Por ejemplo, qué pasa si sé que es correcto darle un regalo a mi hija por su cumpleaños, y eso no es nada difícil, ¿es eso valiente? ¿Muestro coraje al hacerlo? Este es un contraejemplo porque impide un desafío viable a la hipótesis, mostrando que no puede ser verdadera. Muestra, al ofrecer un ejemplo concreto, que la valentía no puede ser lo que el interlocutor pensaba que era porque uno puede hacer algo que cree correcto, y esto no siempre es valiente. Finalmente, para que el elenchus logre sus ambiciones epistemológicas, no solo debe señalar las contradicciones en el sistema de creencias de uno, sino también persuadirlo a cambiar de opinión.

En la cuarta etapa, aceptar/rechazar la hipótesis, el participante puede hacer justamente eso, aceptar o no el contraejemplo. Si se acepta el contraejemplo, los participantes regresan a la etapa dos y ofrecen otra hipótesis. Si se rechaza el contraejemplo, entonces ambas partes acuerdan que no es necesario ni suficiente para socavar la hipótesis.

En este ejemplo, ¿el contraejemplo del coraje como "hacer lo que uno piensa que es correcto" puso en duda la afirmación de conocimiento presentada en la hipótesis? Si no es así, y se rechaza el contraejemplo, entonces la hipótesis se acepta tentativamente o se considera que es "provisionalmente" verdadera. Si es así, o hay otros contraejemplos que muestran que la hipótesis es defectuosa, entonces la discusión vuelve al paso tres, elenchus. Después de que se haya agotado el proceso de examinar los contraejemplos, uno entra en la etapa final del método socrático y actúa en consecuencia, es decir, idealmente uno actuaría sobre los hallazgos de su investigación.

❋ Valores Éticos y Responsabilidad Personal:
Sócrates cambió el enfoque de la filosofía del mundo físico al dominio ético. Hizo hincapié en la responsabilidad personal por las acciones

de uno y creía que el conocimiento y la ética están íntimamente conectados. Esto ha dado forma a las normas y expectativas sociales sobre la moralidad, la conducta personal y la responsabilidad cívica.

※ **La importancia del autoexamen**:

Sócrates dijo la famosa frase: "La vida que no se examina no vale la pena vivirla", enfatizando el autoconocimiento y la introspección. Este concepto ha dado forma a teorías psicológicas y prácticas terapéuticas, enfatizando la autoconciencia y el autoexamen como camino hacia el bienestar y el desarrollo personal.

※ **Crítica democrática**:

Sócrates vivió en una de las primeras sociedades democráticas de Atenas, pero ofreció importantes críticas a la democracia que siguen siendo relevantes en la actualidad. Advirtió sobre los riesgos de la demagogia y las opiniones desinformadas de las masas, destacando la importancia de la educación y la ciudadanía informada para el funcionamiento de la democracia.

※ **Énfasis en el diálogo**:

Sócrates le dio un gran valor al diálogo abierto y la discusión como un camino hacia el conocimiento y la comprensión. Esto ha influido en las estructuras del discurso académico, filosófico y político, promoviendo el intercambio abierto de ideas y el debate constructivo.

❋ **Coraje Intelectual**:

Sócrates es conocido por su coraje intelectual, manteniendo sus creencias incluso frente a la muerte. Su juicio y ejecución se han convertido en símbolos icónicos de la libertad intelectual, la resistencia contra la opresión política y la búsqueda de la verdad, influyendo en los movimientos por la libertad de pensamiento y expresión en todo el mundo.

Sin duda, estas ideas e influencias continúan impregnando muchas áreas de la sociedad moderna, desde la educación y el derecho hasta la política y la ética, lo que demuestra la perdurable relevancia de la filosofía socrática.

"Un hombre no quiere lo que no cree que no le falta". Si uno no piensa que necesita algo, entonces no está claro que lo desee. *Sócrates*

Prefiero el conocimiento a la riqueza,
ya que el primero es perenne, mientras
que el segundo es caduco

"USTEDES PIENSAN QUE PUEDEN EVADIR LAS ACUSACIONES QUE CRITICAN SUS VIDAS ASESINANDO A LOS HOMBRES QUE LOS ACUSAN, PERO ESTÁN EQUIVOCADOS; ESA NO ES UNA MANERA HONORABLE DE ESCAPAR. LA MANERA MÁS FÁCIL Y NOBLE NO ES APLASTAR A LOS DEMÁS, SINO MEJORARSE A SÍ MISMOS".

Demócrito de Abdera (460 – 370 a.C.)

El pensamiento de Demócrito era que todo lo que existe es por el resultado de una combinación de átomos y vacío, en el pensamiento de Demócrito los átomos se mueven en el espacio, haciendo un torbellino que crea a los planetas. La formación de la vida se hizo de la misma manera, solo que estos eran átomos de fuego. Para Demócrito, el *arkhe** son los átomos, para el siempre han existido y que han transitado en línea recta, pero en algún momento comienzan a cambiar de dirección y terminan chocando entre ellas, formando así todo lo que nos rodea.

Según Demócrito, los eventos ocurren de acuerdo con leyes naturales y necesarias. Los átomos se mueven en el vacío de una manera que está determinada por su propia naturaleza. No hay lugar para el azar o la intervención divina.

Para Demócrito, nuestros sentidos solo nos ofrecen "conocimientos oscuros", mientras que el verdadero conocimiento, o "conocimiento legítimo", se obtiene a través del intelecto. Los fenómenos sensoriales, como el sabor o el color, son convencionales y dependen de la interacción entre los átomos del objeto y los átomos del observador.

* *Término griego (también transcrito como "arkhé" y como "arché") que viene a significar etimológicamente **principio, fundamento, comienzo**, y que fue utilizado por los primeros filósofos para referirse al elemento primordial del que está compuesta y/o del que deriva toda la realidad material.*

Demócrito promovió una vida de serenidad y contentamiento, abogando por la moderación y el autocontrol para evitar el dolor y el sufrimiento. Su objetivo era alcanzar la "eudaimonia" (felicidad o florecimiento humano), que se logra a través de una vida de moderación y la búsqueda de la sabiduría.

"En materia de virtud, es necesario esforzarse por hechos y acciones, no por palabras."

La teoría atomista de Demócrito, que desarrolló junto con su mentor Leucipo en el siglo V a.C., fue una de las primeras teorías que trató de explicar el universo en términos de principios físicos fundamentales. Aunque las ideas de Demócrito diferían significativamente de las de la física moderna, su concepción del universo compuesto de partículas indivisibles e indestructibles proporcionó la base para el desarrollo futuro de la teoría atómica.

Aquí están los componentes clave de la teoría atomista de Demócrito:

a. Átomos y Vacío: Para Demócrito, el universo consiste en átomos y vacío. Los átomos, desde el griego "atomos", que significa "indivisible", son partículas eternas, indestructibles e indivisibles.

Estos átomos se diferencian en forma, tamaño, peso, secuencia y posición, pero no en cualidad. No poseen propiedades cualitativas como el color, el sabor o el olor, solo cuantitativas (es decir, tamaño, forma, etc.).

El vacío, por otro lado, es el espacio infinito en el que los átomos se mueven. Este concepto es esencial para la teoría de Demócrito, ya que permite el movimiento y la interacción de los átomos.

b. Movimiento y combinaciones de átomos: Según Demócrito, los átomos se encuentran en constante movimiento dentro del vacío. A través de este movimiento, los átomos pueden entrar en contacto y unirse para formar compuestos más grandes. Esto puede llevar a la formación de objetos visibles y tangibles en el mundo.

El patrón de estos movimientos y combinaciones es puramente mecánico y determinista. No hay intervención de ningún dios ni existen propiedades intrínsecas en los átomos que dirijan sus movimientos. Toda interacción es el resultado de las leyes físicas y el movimiento eterno de los átomos.

c. Percepción y conocimiento: Demócrito también aplicó su teoría atomista a la percepción y el conocimiento humano. Según él, cuando percibimos un objeto, estamos realmente percibiendo los átomos que se desprenden del objeto y entran en contacto con nuestros sentidos.

Para Demócrito, existen dos tipos de conocimientos: el "legítimo" y el "bastardo". El conocimiento bastardo es el que obtenemos a través de nuestros sentidos, que es engañoso y superficial. En contraposición, el conocimiento legítimo, que es más confiable, proviene de la mente y nos permite entender la realidad última del universo: los átomos y el vacío.

Es importante señalar que las ideas de Demócrito fueron bastante radicales para su tiempo y no fueron ampliamente aceptadas. De hecho, fueron Platon y Aristóteles, con sus visiones más teleológicas y finalistas del universo, quienes dominaron la filosofía antigua. Sin embargo, la teoría atomista de Demócrito encontró un resurgimiento durante la Revolución Científica y proporcionó la base para el desarrollo de la física y la química modernas.

El átomo según Demócrito

- El átomo es la fracción más pequeña posible de cada sustancia

- El átomo es sólido y sin estructura interna

- Los átomos de los distintos materiales pueden diferir en tamaño, forma o masa

Aristipo de Cirene (435- 350 a.C.)

Aristipo era un filósofo famoso por ser el fundador de la escuela cirenaica de la filosofía. Esta escuela es especialmente notable por su énfasis en el hedonismo, o la creencia de que el placer es el mayor bien. Veía el placer como un bien supremo para el hombre, diciendo que se debe de extraer placer de cualquier situación por la que se llegara a pasar, desde lo bueno hasta lo malo. Siempre y cuando no fuéramos dominados por ellos, debemos de ser inteligentes y controlarlos, ya que si perdemos, terminaremos siendo esclavos del placer.

Aristipo es considerado uno de los primeros defensores del hedonismo, una filosofía que valora la búsqueda del placer y la evitación del dolor. Argumentó que el objetivo final de la vida debe ser experimentar el mayor placer posible. A diferencia de otros hedonistas, como Epicuro, que valoraban los placeres a largo plazo y evitaban los placeres inmediatos que podrían llevar a un dolor mayor, Aristipo se enfocó en la gratificación inmediata. Creía que no se puede prever el futuro con certeza, por lo tanto, la búsqueda del placer debe concentrarse en el presente.

Aristipo también se destacó por su creencia en el relativismo de la percepción. Sostuvo que todas nuestras percepciones son subjetivas y dependen del individuo que las experimenta. Por lo tanto, lo que puede ser placentero para una persona puede no serlo para otra.

Creía en la adaptabilidad como una virtud. Sostenía que las personas deben aprender a obtener placer de cualquier situación en la que se encuentren. En lugar de intentar cambiar el mundo para ajustarse a nuestras preferencias, debemos aprender a ajustarnos nosotros mismos para obtener el máximo placer de cualquier situación.

Aristipo también afirmó que el conocimiento y la sabiduría tenían valor en sí mismos, no sólo porque nos permitieran obtener placer. Esta era una opinión un poco diferente de la de algunos otros hedonistas, que veían el conocimiento principalmente como un medio para alcanzar el placer.

El hedonismo y las ideas relacionadas de Aristipo han sido influencia en muchas corrientes de pensamiento a lo largo de la historia, aunque también han sido objeto de crítica y debate. Sin embargo, su énfasis en el placer como el mayor bien y la adaptabilidad a las circunstancias han dejado una marca indeleble en la filosofía.

Platón (427 – 347 a.C.)

Platón fue discípulo de Sócrates, el cual motivo el interés en lo Filosofico-Politico. Platón tenía la convicción de que las constituciones que existían en esa época eran malas, eso lo llevo a querer de sembrar la filosofía, ya que para él era la fuente de lo bueno y justo, lo que se necesitaba para la vida privada y pública. Pensaba que la humanidad no podría ser libre de la maldad, si los líderes políticos no se decidían por llevar la verdadera filosofía.

En Mundo Sensible y Mundo Intangible, nos muestra el mundo sensible el que los hombres viven, simbolizándolo con una caverna y el reino de la noche, siendo la caverna donde está el mundo de la opinión y el reino de la noche la ignorancia y de la apariencia, en este mundo la mayoría de los hombres se encuentran encarcelados, ya que viven atados a lo que los demás puedan decir de ellos, en conclusión siendo manejados por alguien más. Por otro lado en mundo intangible es aquel donde habita la verdad, donde vemos la luz del sol, todo lo contrario al mundo sensible.

Sin duda, uno de los filósofos más importantes de la historia de la humanidad, aportó enormemente a varios campos del conocimiento, entre ellos, la teoría de la comunicación, aunque en términos directos no se considera un "teórico de la comunicación" en el sentido moderno. La obra de Platón ha influido profundamente en muchos aspectos del pensamiento occidental, incluyendo la comunicación política. Su aportacion e ideas más relevantes de sobre la política y la comunicación, son:

"La República":

En este diálogo, Platón presenta su visión de una sociedad ideal, dirigida por los filósofos-reyes. Aquí, la comunicación política es esencial para mantener la armonía y el orden. Los filósofos-reyes deben ser capaces de comunicarse efectivamente con los ciudadanos, y deben usar su conocimiento de la verdad para guiar a la sociedad hacia la justicia. Según Platón, un buen líder debe ser un buen comunicador, capaz de transmitir su visión y guiar a la sociedad hacia la justicia. Hace enfasis, de igualforma, en el rol de la Verdad en la Comunicación Política, donde señala que los los líderes deben aspirar a conocer la verdad y comunicarla a los ciudadanos.

"Gorgias":

En "Gorgias", Platón discute la retórica y su uso en la política. Critica a los oradores que usan su habilidad para persuadir y manipular a la audiencia en lugar de buscar la verdad. En este sentido, Platón enfatiza la importancia de la honestidad y la integridad en la comunicación política, reconociendo su valor cuando se usa para comunicar la verdad y persuadir a la audiencia de manera ética.

"Las Leyes":

En "Las Leyes", Platón explora las leyes y estructuras que deberían gobernar una ciudad-estado ideal. De nuevo, subraya la importancia de la comunicación en la creación y mantenimiento de un estado justo.

Los legisladores deben ser capaces de comunicarse efectivamente para transmitir las leyes y principios que rigen la sociedad.

Indudablemente, Platón ha tenido un impacto duradero en la comunicación política. Sus ideas sobre la importancia de la verdad, el uso ético de la retórica y el papel del líder como comunicador son todavía relevantes en las discusiones contemporáneas sobre la comunicación política. Nos recuerda la importancia del diálogo en la búsqueda de la verdad, la capacidad de la retórica para expresar la verdad y persuadir, y la relación intrínseca entre el lenguaje y la verdad. Todo lo anterior lo encontramos en sus obras donde se descacan elementos que han influido en nuestra comprensión de la comunicación, como son:

Diálogos de Platón: El formato de diálogo utilizado por Platón en sus obras como "Las Leyes", "La República" y "Fedro", entre otras, es en sí mismo un comentario sobre la comunicación. Platón utilizó el diálogo para explorar ideas filosóficas, lo que demuestra la importancia de la interacción comunicativa en la búsqueda de la verdad. Así, establece un precedente para la importancia de la comunicación dialógica, en la cual se valora el intercambio recíproco de ideas y el debate.

En los Diálogos de Platón no solo se emplea la interacción comunicativa como una forma de explorar y debatir ideas filosóficas, sino que también proporciona una visión de la naturaleza y el propósito de la comunicación, abordando:

El diálogo como forma de conocimiento: *Platón frecuentemente presentaba la búsqueda de la verdad como un proceso dialogado en el que dos o más personas, a través del intercambio de ideas, llegan a un mejor entendimiento de un tema. Esta forma dialógica de comunicación defiende la idea de que el conocimiento y la verdad no son estáticos ni unilaterales, sino que se encuentran y se desarrollan a través de la comunicación y la interacción.*

El método socrático*: El protagonista habitual de los diálogos de Platón es su mentor, Sócrates, quien se hizo famoso por su método de hacer preguntas para fomentar el pensamiento crítico y desafiar las presunciones de su interlocutor. Este "método socrático" es un ejemplo poderoso de cómo la comunicación puede ser usada para estimular el pensamiento, cuestionar las ideas preconcebidas y promover la comprensión.*

Persuasión y retórica*: A través de los diálogos, Platón también examina el papel de la persuasión y la retórica en la comunicación. En "Gorgias", por ejemplo, se cuestiona la ética de usar la retórica para persuadir, especialmente cuando se separa de la búsqueda de la verdad.*

Teoría del lenguaje*: Los diálogos de Platón también revelan su teoría del lenguaje. Para Platón, el lenguaje no es simplemente un medio de comunicación, sino una forma de acceder a la realidad trascendental de las Ideas o Formas. Esta concepción del lenguaje tiene implicaciones profundas* *para la interacción comunicativa, ya que sugiere que la comunicación es más que un simple intercambio de información: es un medio para acceder a la verdad.*

A través del método socrático y su teoría del lenguaje, Platón subraya el papel de la comunicación en la búsqueda de la verdad y el conocimiento.

Retórica y Persuasión: En "Gorgias" y "Fedro", Platón se ocupó de la retórica, que puede considerarse una forma de comunicación. Analizó la retórica no solo como un medio para persuadir, sino también como una forma de buscar y expresar la verdad. Aunque criticó a los sofistas por usar la retórica de manera manipuladora, también apreciaba su potencial para transmitir la verdad y la justicia, ofreciendo una visión de cómo debería ser utilizada de manera efectiva y ética en la comunicación, donde destaca:

Crítica a la Retórica Manipuladora: En "Gorgias", Platón critica a los sofistas, maestros de la retórica, por usar sus habilidades para engañar y manipular a la audiencia en lugar de buscar la verdad. Según Platón, la retórica se convierte en una falsa forma de conocimiento cuando se utiliza de esta manera, ya que el fin último no es la verdad sino el convencimiento, sin importar si lo que se dice es verdadero o falso.

Retórica como Arte: Sin embargo, en "Fedro", Platón ofrece una visión más matizada de la retórica. La define como un arte que requiere conocer la verdad sobre el tema que se está discutiendo. Para ser un buen orador, uno debe entender la naturaleza de las almas humanas, porque la retórica eficaz debe adaptarse a las características individuales de cada audiencia.

Retórica y la Búsqueda de la Verdad: En su crítica a los sofistas, Platón no rechaza totalmente la retórica. En lugar de ello, propone una retórica que está en servicio de la verdad. En este sentido, la persuasión no es necesariamente mala. La habilidad para persuadir es esencial en la sociedad, por ejemplo, para convencer a otros de hacer lo correcto. Lo que importa, para Platón, es que la persuasión se utilice para comunicar la verdad y la justicia.

Retórica y la Política: Platón también ve un lugar para la retórica en la política. En "La República", sostiene que los gobernantes ideales, los filósofos-reyes, deben ser maestros de la retórica. Deben ser capaces de comunicarse efectivamente y persuadir a los ciudadanos para mantener el orden en la sociedad. Pero, nuevamente, la retórica debe usarse para transmitir la verdad y la justicia, no para engañar.

Teoría de las Formas: La teoría de las Formas o Ideas de Platón también tiene implicaciones para la teoría de la comunicación. Según Platón, las Formas son los arquetipos perfectos de las cosas que experimentamos en el mundo sensible. Esto tiene relación con la forma en que interpretamos los mensajes en la comunicación, ya que podríamos decir que buscamos 'formas' ideales de los conceptos que se comunican.

Verdad y Lenguaje: Para Platón, el lenguaje es el medio principal a través del cual podemos acceder a la verdad. En "Crátilo", se ocupa de la relación entre las palabras y las cosas que representan. Aunque su posición no es completamente clara, parece sugerir que existe una relación natural entre palabras y cosas, lo que implica que el lenguaje puede llevarnos a la verdad.

La búsqueda de la Verdad y el Bienestar, o el Bien, son temas centrales en la filosofía de Platón. Platón sostuvo que la verdad y el Bien no son solo conceptos abstractos, sino realidades objetivas que existen más allá del mundo físico.

Platón vio la búsqueda de la verdad como el objetivo más alto de la vida y la filosofía. En su Alegoría de la caverna (de "La República"), Platón describe a los seres humanos como si estuvieran encadenados en una cueva, solo viendo sombras en una pared y pensando que eso es todo lo que hay en la realidad.

La Alegoría de la caverna de Platón, ofrece una exploración simbólica de la percepción y la comprensión humanas. El viaje de los prisioneros desde las sombras hacia la luz refleja el proceso de comunicación desde la ignorancia hasta la comprensión. Esta alegoría tiene implicaciones considerables para la comunicación moderna, especialmente en el estudio de la influencia de los medios y la construcción y deconstrucción de las realidades sociales. También destaca la responsabilidad de los comunicadores (como el preso liberado) de guiar a otros hacia la verdad y la comprensión.

Cuando una persona escapa y ve el mundo real, ve que las sombras eran solo ilusiones. La alegoría simboliza la búsqueda de la verdad, pasando de la ignorancia a la iluminación.

La búsqueda de la Verdad y el Bienestar, o el Bien, son temas centrales en la filosofía de Platón. Platón sostuvo que la verdad y el Bien no son solo conceptos abstractos, sino realidades objetivas que existen más allá del mundo físico.

La búsqueda de la verdad: Platón vio la búsqueda de la verdad como el objetivo más alto de la vida y la filosofía. En su Alegoría de la caverna (de "La República"), Platón describe a los seres humanos como si estuvieran encadenados en una cueva, solo viendo sombras en una pared y pensando que eso es todo lo que hay en la realidad. Cuando una persona escapa y ve el mundo real, ve que las sombras eran solo ilusiones. La alegoría simboliza la búsqueda de la verdad, pasando de la ignorancia a la iluminación.

La Alegoría de la caverna de Platón es una metáfora vívida que comunica sus ideas filosóficas sobre la realidad, el conocimiento y la iluminación. Se encuentra en el Libro VII de "La República".

En la alegoría, Platón describe a un grupo de personas que han vivido encadenadas en una cueva oscura desde su nacimiento, sin ver nunca el mundo exterior. Se enfrentan a la pared de la cueva y no pueden mirar alrededor. Detrás de ellos, un fuego proyecta sombras en la pared, y como estos prisioneros nunca han visto nada más, creen que estas sombras son el mundo real.

Un día, liberan a un preso y lo obligan a ponerse de pie, darse la vuelta y caminar hacia la luz del fuego. La luz lastima sus ojos y lo que ve lo confunde. Pero lo sacan de la cueva a la luz del sol, que es aún más cegador. Con el tiempo, sus ojos se adaptan y comienza a comprender su nuevo entorno. Se da cuenta de que su anterior visión de la realidad estaba equivocada. Ve las verdaderas formas de los objetos, no solo sus sombras.

El prisionero liberado luego regresa a la cueva para liberar a los demás. Sin embargo, lo rechazan a él y a sus afirmaciones sobre el mundo exterior, y les resulta más fácil creer en la realidad a la que están acostumbrados.

La Alegoría de la Cueva tiene implicaciones significativas para la comunicación:

- ♣ *Percepción y Realidad*: La alegoría subraya la diferencia entre percepción y realidad. En comunicación, esto enfatiza la necesidad de pensamiento crítico, cuestionamiento y escepticismo. Así como los prisioneros en la cueva tomaron las sombras por la realidad, las personas pueden confundir la información falsa o distorsionada con la verdad.

- ♣ *Papel del Comunicador*: El prisionero liberado que regresa a la cueva simboliza a un comunicador que ha accedido a un nivel superior de conocimiento o verdad e intenta transmitirlo a otros. Esta persona podría enfrentar resistencia o incredulidad, destacando los desafíos inherentes a la comunicación.

- ♣ *Proceso de Iluminación*: El viaje de la oscuridad de la cueva a la luz representa el proceso de iluminación, o llegar a comprender una verdad más profunda. Esto se puede comparar con el proceso de comunicación, en el que se comparten ideas y conocimientos y se fomenta la comprensión.

- ♣ *Resistencia a las nuevas ideas*: la alegoría también muestra cómo las personas a menudo se resisten a la nueva información o perspectivas que desafían sus creencias actuales. Esta es una idea crucial para los comunicadores que necesitan ser conscientes de la posible resistencia a sus mensajes.

En un sentido más amplio, la Alegoría de la caverna de Platón nos recuerda que la comunicación efectiva no se trata solo de transferir información, sino también de fomentar la comprensión, cuestionar las suposiciones y sortear la resistencia a nuevas ideas.

Educación y Comunicación: En "La República", Platón presenta su visión de una sociedad ideal, donde la educación juega un papel fundamental. Esta educación implica una comunicación efectiva de las verdades filosóficas y éticas.

La educación es el camino para llevar al hombre al mundo intangible, es por ello que Platón estableció una serie de materias que ayudan al fortalecimiento de la razón. La geometría, la astronomía y la dialéctica, son las herramientas que pueden ayudar a reparar el órgano del alma dañado y cegado, ya que es el más importante ante todos porque es el que nos permite percibir la verdad.

La educación es el inicio del camino para llegar al conocimiento del mundo inteligible, y así poder realizar la reorganización del Estado. El rey debía de ser alguien que sea justo y bueno al momento de gobernar. Ya no habrá luchas por las propiedades, Platón consideraba que era uno de los factores que impidan la felicidad del hombre, al igual que la disputa del poder político, eliminando así la propiedad y la democracia.

En este último punto, es conveniente discutir la posicion de Platón respecto a la democracia. La crítica de Platón a la democracia se encuentra principalmente en su obra "La República". Allí, describe sus preocupaciones sobre la democracia, algunas de las cuales son las siguientes:

1. *Falta de experiencia*: Platón creía que, así como un barco necesita un capitán capacitado para la navegación, un estado también requiere

el gobierno de personas capacitadas y conocedoras. En una democracia, donde el poder está en manos del pueblo, cualquier persona, independientemente de su comprensión o habilidades, puede ser elegida para gobernar, lo que Platón consideraba problemático.

2. *Vulnerabilidad a la demagogia*: Platón señaló que las democracias son vulnerables a la manipulación por parte de oradores persuasivos o demagogos que pueden influir en la opinión pública para beneficio personal. Él creía que estas personas podían usar la retórica para apelar a las emociones y los prejuicios de las personas en lugar de a su razón, lo que conducía a decisiones mal informadas.

3. *Libertad y desorden excesivos*: Platón argumentó que la igualdad y la libertad inherentes a la democracia podrían conducir al desorden social, ya que los individuos podrían priorizar sus propios intereses sobre el bien común. Esto podría resultar en una sociedad donde los diferentes grupos de interés estén en conflicto constante, lo que conducirá a la anarquía.

4. *Tiranía*: Quizás la crítica más severa que hizo Platón a la democracia es la idea de que puede conducir a la tiranía. En "La República", Platón describe una degradación de los sistemas políticos en cinco etapas, comenzando con la aristocracia en la cima y descendiendo a través de la timocracia, la oligarquía, la democracia y finalmente la tiranía. Platón sugirió que las libertades excesivas de la democracia pueden crear una población con apetitos descontrolados, lo que lleva al surgimiento de un demagogo que se aprovecha de esta situación y eventualmente se convierte en un tirano.

En lugar de la democracia, Platón abogó por una forma de gobierno que llamó 'aristocracia', gobernada por reyes-filósofos, quienes, debido a su sabiduría y conocimiento de las Formas, serían gobernantes justos. A pesar de sus críticas, las observaciones de Platón no son un rechazo de todos los ideales democráticos, sino más bien una discusión de advertencia sobre las posibles trampas y desafíos que deben sortear las democracias.

De igual forma, es convenitne mencionar que Platón tenía una visión bastante crítica de la mercantilización de la educación, una posición que se manifiesta en sus críticas a los sofistas de la antigua Grecia.

Los sofistas, que eran profesores itinerantes, a menudo cobraban altas tarifas por sus enseñanzas, que se centraban en la retórica, la argumentación y el éxito personal. En contraposición a esto, Platón consideraba la educación como una búsqueda de la verdad y el conocimiento genuino, en lugar de una forma de adquirir habilidades para el beneficio personal o el avance profesional.

En su diálogo "Gorgias", Platón presenta a Sócrates discutiendo con Gorgias, un sofista conocido, sobre la naturaleza de la retórica y la educación. Sócrates critica a Gorgias por enseñar la retórica como un medio para obtener poder y ventajas personales, en lugar de buscar y transmitir la verdad.

Platón creía que el propósito de la educación era mejorar el alma y orientar a las personas hacia la bondad y la justicia. En "La República", presenta la idea de una educación rigurosa y estructurada diseñada para formar líderes filósofos que gobiernen con sabiduría y justicia, en lugar de buscar el poder o la riqueza.

Así, Platón se oponía firmemente a la idea de tratar la educación como una mercancía para ser comprada y vendida. Para él, la educación era un bien en sí mismo, valioso por su capacidad para mejorar a la persona y la sociedad, y no debía ser valorado únicamente en términos de su capacidad para proporcionar beneficios materiales o financieros.

El pensamiento de Platón puede proporcionar una valiosa perspectiva en los problemas de la educación actual, ejemplificando:

- ❧ *El Valor de la Educación: Platón vio la educación no sólo como una herramienta para la formación profesional, sino también como un medio para mejorar el alma. En la actualidad, la educación a menudo se ve como una vía para el empleo y la movilidad económica. Sin embargo, el enfoque de Platón nos recuerda que la educación también debería aspirar a cultivar la virtud y la sabiduría.*

- ❧ *La Mercantilización de la Educación: La educación se ha vuelto cada vez más comercializada, con instituciones compitiendo por estudiantes y fondos. La crítica de Platón a los sofistas por cobrar por su enseñanza podría aplicarse a este problema moderno. La visión platónica nos insta a ver la educación como un bien público que debe estar al servicio de la sociedad, no como una mercancía que se compra y se vende.*

- ***Enseñanza Crítica y Reflexiva**: La pedagogía de Platón, como se ve en los diálogos socráticos, se basa en preguntas y diálogos críticos. Esto es particularmente relevante en un momento en que el aprendizaje a menudo se reduce a la adquisición de datos e información. La pedagogía de Platón nos recuerda la importancia de enseñar a los estudiantes a cuestionar, razonar y pensar críticamente.*

- ***Formación de Líderes Virtuosos**: En "La República", Platón argumenta que los líderes deberían ser filósofos, es decir, personas dedicadas a la búsqueda de la verdad y la sabiduría. Este es un punto importante en un momento en que muchas escuelas y universidades se centran en preparar a los estudiantes para carreras en negocios, tecnología y otras áreas prácticas, mientras que a menudo se pasa por alto la formación ética y cívica.*

- ***Desigualdad en la Educación**: Platón argumentó que todos, independientemente de su origen socioeconómico, deberían tener la oportunidad de recibir educación y alcanzar su máximo potencial. Este ideal sigue siendo relevante en un momento en que la desigualdad en el acceso a la educación de calidad sigue siendo un problema grave.*

Por lo tanto, aunque vivió hace más de dos mil años, las ideas de Platón siguen teniendo resonancia y relevancia en los debates contemporáneos sobre la educación.

Finalmente, la filosofía de Platón ha influido significativamente en la teoría moderna de la comunicación. Aunque vivió hace más de dos mil años, sus ideas sobre la retórica, el diálogo, la percepción, el lenguaje y el medio de comunicación siguen siendo relevantes. A continuación, se presentan estas contribuciones y se proporcionan ejemplos de su influencia:

Retórica: Platón, en sus diálogos "Gorgias" y "Fedro", exploró la retórica como un arte poderoso de persuasión. Sin embargo, advirtió sobre su uso potencial para la manipulación. Esta visión ha influido en la énfasis moderna en la comunicación ética. Por ejemplo, las reglas publicitarias actuales desalientan el uso de afirmaciones falsas o engañosas, reflejando la advertencia de Platón contra la retórica sin verdad.

Diálogo: La dialéctica platónica y el método socrático de cuestionamiento transformaron la comunicación de un flujo unidireccional de información a un intercambio activo de ideas. Las teorías modernas de la comunicación a menudo reflejan este principio. Por ejemplo, las sesiones de terapia cognitiva-conductual a menudo involucran un diálogo entre el terapeuta y el paciente, donde ambos participan activamente en la identificación y desafío de pensamientos y comportamientos problemáticos.

Percepción: La alegoría de la Caverna de Platón, que describe la jornada desde la ignorancia hasta el conocimiento, tiene implicaciones para la comunicación. Esta alegoría se refleja en los medios modernos donde los periodistas, como los prisioneros liberados en la historia, tienen la responsabilidad de buscar la verdad y guiar a otros hacia ella. Por ejemplo, la cobertura mediática sobre el cambio climático puede desafiar las percepciones existentes e informar al público sobre la gravedad de la crisis.

Lenguaje: En su diálogo "Cratilo", Platón investigó la naturaleza del lenguaje. Su examen de la relación entre las palabras y los objetos o ideas que representan sentó las bases para la semiótica, el estudio de los signos y símbolos. Un ejemplo moderno sería la marca Apple, donde la "manzana mordida" es un signo que representa una serie de ideas, incluyendo la innovación y la calidad.

Medio de Comunicación: La crítica de Platón a la escritura en la "Séptima Carta" resuena con las discusiones modernas sobre los medios de comunicación. Su idea de que los textos escritos no pueden capturar la profundidad completa del conocimiento se refleja en la valoración actual de la comunicación cara a cara. Por ejemplo, en la educación, se valora el aprendizaje en persona por su capacidad para facilitar un intercambio más profundo de ideas en comparación con el aprendizaje exclusivamente en línea.

En resumen, las ideas de Platón siguen moldeando nuestra comprensión de la comunicación. Aunque los contextos y las tecnologías han cambiado, la relevancia de sus ideas perdura, reafirmando la importancia de la filosofía en nuestras interacciones cotidianas.

Aristóteles (384-322 a.C.)

Aristóteles, uno de los más grandes filósofos de la antigüedad, desarrolló un enfoque de la política que aún hoy es relevante y analizado en los debates contemporáneos. La filosofía política de Aristóteles se centra principalmente en temas como la naturaleza del estado, la justicia, la ciudadanía y la función del estado.

La filosofía política de Aristóteles se centra principalmente en temas como la naturaleza del estado, la justicia, la ciudadanía y la función del estado. Afirmaba que el estado es una entidad natural que emerge de las asociaciones más básicas humanas. Según Aristóteles, la familia es la primera de estas asociaciones, seguida por la aldea y, finalmente, el estado. El estado es, por lo tanto, el más completo de estas asociaciones porque puede proporcionar una vida buena y significativa a sus ciudadanos.

Aristóteles sostuvo que los ciudadanos deben ser activos en la vida política para vivir una vida plena y virtuosa. Él creía que la virtud y la moralidad no solo son intrínsecas a la naturaleza humana, sino también el resultado de vivir en una sociedad justa y bien gobernada. En la concepción de justicia de Aristóteles, ésta significaba dar a cada uno lo que le corresponde. Proporcionar a cada uno su debida proporción es una tarea fundamental del estado, y es esencial para mantener la paz y la armonía en la sociedad.

Para Aristóteles, el objetivo final del estado es permitir a sus ciudadanos alcanzar la "eudaimonía", un término griego que se traduce a menudo como "felicidad" o "flourishing". Este objetivo se puede lograr al proporcionar a los ciudadanos la educación y las oportunidades necesarias para vivir una vida virtuosa y satisfactoria. Identificó tres formas "correctas" de gobierno: la monarquía (el gobierno de uno), la aristocracia (el gobierno de los mejores), y la politía (el gobierno de muchos). Cada una de estas formas tiene una contraparte corrupta: la tiranía (monarquía corrupta), la oligarquía (aristocracia corrupta) y la democracia (politia corrupta). Aristóteles consideraba que la politía, que representa un término medio entre la democracia y la oligarquía, era la mejor forma de gobierno.

La filosofía política de Aristóteles es notable por su realismo y su enfoque en la vida en comunidad. Argumentó que los seres humanos son por naturaleza animales sociales y que solo pueden realizarse plenamente dentro de una comunidad política. Su énfasis en la educación y la virtud ciudadana como factores clave para una sociedad exitosa sigue siendo influyente hasta el día de hoy.

Aunando, Aristóteles fue uno de los primeros pensadores en clasificar sistemáticamente las formas de gobierno. En su obra "Política", identificó tres formas de gobierno que consideraba "correctas" o "justas", así como sus contrapartes "corruptas". Cada una de estas formas se basa en quién ostenta el poder y cómo se ejerce ese poder.

1. **Monarquía**: En una monarquía, el poder está en manos de una sola persona. Aristóteles sostenía que una monarquía podría ser beneficiosa si el monarca fuera virtuoso y tuviera el mejor interés de su pueblo en mente. Sin embargo, si se corrompe, la monarquía se convierte en tiranía, donde el gobernante ejerce el poder en su propio interés.

2. **Aristocracia**: En una aristocracia, el poder está en manos de unos pocos individuos virtuosos y cualificados. Según Aristóteles, este

sistema podía ser beneficioso si los gobernantes eran realmente los más aptos y capaces de tomar decisiones en beneficio de todos. Sin embargo, este sistema podía corromperse y convertirse en oligarquía, donde el poder es ejercido por unos pocos para su propio beneficio.

3. **Politeia (Constitucional)**: Aristóteles consideraba la politeia como la forma de gobierno ideal. En una politeia, el poder es ejercido por muchos o todos los ciudadanos. Este sistema permite una amplia participación y tiende a fomentar el compromiso y la responsabilidad ciudadana. Sin embargo, Aristóteles advirtió que la politeia podía corromperse y convertirse en democracia, una forma de gobierno en la que la mayoría gobierna en interés propio, sin tener en cuenta los derechos de las minorías.

Es importante recordar que el concepto de "democracia" en la época de Aristóteles era algo diferente de cómo entendemos el término hoy en día. Aristóteles veía la democracia como una forma corrupta de gobierno debido a su potencial para degenerar en la tiranía de la mayoría. Por otro lado, hoy en día consideramos la democracia como un sistema en el cual los ciudadanos tienen una voz equitativa en la toma de decisiones y se respetan los derechos de las minorías.

Finalmente, es interesante notar que Aristóteles valoraba la estabilidad y la moderación en el gobierno. Creía que la mejor forma de gobierno era una que combinara elementos de la monarquía, la aristocracia y la politeia para crear un sistema equilibrado que pudiera resistir la corrupción y mantenerse en el mejor interés de todos los ciudadanos.

Aristóteles abordó la cuestión de la organización social y del gobierno a través de su concepto de la "polis", o ciudad-estado, y su discusión de las formas de gobierno. Para Aristóteles, la organización social y el gobierno están inherentemente relacionados con cuestiones fundamentales sobre la naturaleza humana, la justicia y el bien común.

1. **Naturaleza social del hombre**: Aristóteles sostuvo que los seres humanos son, por naturaleza, seres sociales o, como a menudo se cita, "animales políticos". Esto significa que los seres humanos tienen una inclinación natural hacia la vida en comunidad y la formación de sociedades políticas. La organización social, por lo tanto, no es solo una cuestión de conveniencia, sino una parte fundamental de lo que significa ser humano.

2. **El estado y la comunidad**: Aristóteles veía el estado, o "polis", como una comunidad natural que surge de asociaciones humanas más básicas, como la familia y la aldea. El estado es la forma más completa de comunidad, ya que proporciona las condiciones necesarias para una vida buena y significativa. En esta perspectiva, el estado tiene la responsabilidad de organizar y regular la vida social de una manera que permita a sus ciudadanos alcanzar la "eudaimonia", o florecimiento humano.

3. **Formas de Gobierno**: Aristóteles identificó tres formas "correctas" de gobierno: la monarquía (gobierno de uno), la aristocracia (gobierno de los mejores) y la politía (gobierno de muchos). Cada una de estas formas de gobierno puede ser justa y beneficiosa si se basa en el interés común. Sin embargo, cada una de estas formas también tiene una contraparte "corrupta" que surge cuando el poder se ejerce en interés de los gobernantes, en lugar del interés común.

4. **Justicia y distribución de bienes**: Según Aristóteles, la justicia implica dar a cada uno lo que le corresponde. En términos de organización social y gobierno, esto significa que los bienes y honores deben distribuirse de manera equitativa y proporcional. En esta perspectiva, el estado tiene la responsabilidad de garantizar una distribución justa de los bienes, lo que contribuye al bienestar de la comunidad en su conjunto.

5. **Educación y formación ciudadana**: Aristóteles también sostuvo que el estado tiene un papel importante en la educación y la formación de los ciudadanos. A través de la educación, los ciudadanos pueden adquirir las virtudes necesarias para ser buenos ciudadanos y contribuir al bienestar de la comunidad.

En resumen, Aristóteles proporciona una visión detallada de cómo debería organizarse la sociedad y cómo debería gobernarse para promover el florecimiento humano y el bien común. Aunque sus ideas fueron formuladas hace más de dos mil años, siguen siendo relevantes para las discusiones contemporáneas sobre política y gobierno.

Es conveniente enfatizar que Aristóteles, también hizo contribuciones significativas a la teoría de la comunicación. Su obra más directamente relevante para la comunicación es "La retórica", donde explora el arte de la persuasión.

La contribución más destacada de Aristóteles al campo de la comunicación es probablemente su modelo de comunicación, que todavía se utiliza y se enseña hoy en día. Este modelo describe la comunicación como un proceso en el que un hablante (el emisor) transmite un mensaje a un oyente (el receptor). Aristóteles identificó tres componentes clave en este proceso:

1. **El orador**: Quien tiene la intención de comunicar algo.
2. **El discurso**: El mensaje o la información que se comunica.
3. **El público**: La persona o personas a las que se dirige el mensaje.

Además, Aristóteles describió tres modos de persuasión que un orador puede utilizar:

1. **Ethos**: Hace referencia a la credibilidad y el carácter del orador. Según Aristóteles, los oradores pueden persuadir a su audiencia demostrando que son dignos de confianza y que tienen autoridad sobre el tema del que hablan.

2. **Pathos**: Se refiere a la emoción y la simpatía. Aristóteles sostenía que los oradores pueden persuadir apelando a las emociones de su audiencia.
3. **Logos**: Se refiere a la lógica y el razonamiento. Los oradores pueden persuadir presentando argumentos lógicos y evidencia.

Este modelo y los tres modos de persuasión continúan siendo fundamentales en la teoría y la práctica de la comunicación hoy en día. El modelo de Aristóteles proporciona una estructura básica para entender cómo se transmite la información, y los tres modos de persuasión ofrecen una guía para cómo los oradores pueden hacer que sus mensajes sean más persuasivos y efectivos. Por lo tanto, podemos decir que la aportación más importante de Aristóteles al proceso de comunicación es su análisis de la retórica como una forma de persuasión.

Conceptos clave de la retórica aristotélica y cómo han impactado en la comunicación contemporánea.

Ethos, Pathos, Logos

Estos tres conceptos son fundamentales en la retórica aristotélica. Ethos se refiere a la autoridad y credibilidad del orador, Pathos a la apelación a las emociones y Logos al uso de la lógica y la razón.

Impacto actual: Los comunicadores modernos continúan empleando estos tres modos de persuasión. Los políticos, por ejemplo, trabajan para establecer su credibilidad (ethos), apelan a las emociones de los votantes (pathos) y utilizan argumentos lógicos para respaldar sus políticas (logos).

Discurso Judicial, Deliberativo y Epidíctico

Aristóteles identificó tres tipos de discursos: el judicial (centrado en el pasado), el deliberativo (centrado en el futuro) y el epidíctico (centrado en el presente).

Impacto actual: Los tres tipos de discurso se pueden ver en diferentes contextos de comunicación moderna. Los discursos judiciales se ven en los tribunales, los discursos deliberativos en los parlamentos y las asambleas legislativas, y los discursos epidícticos en eventos ceremoniales como graduaciones y funerales.

Enthymeme y Ejemplos

Según Aristóteles, el enthymeme (un tipo de argumento incompleto que requiere que el oyente haga una inferencia) y los ejemplos son los dos tipos de prueba en la retórica.

Impacto actual: Estos siguen siendo mecanismos clave en la argumentación y la persuasión. Los publicistas, por ejemplo, a menudo utilizan enthymemes, dejando que los consumidores hagan la última inferencia sobre por qué un producto es deseable.

El Arte de la Persuasión

Aristóteles veía la retórica como un arte neutral que podría ser utilizado para fines buenos o malos. Para él, el buen uso de la retórica era en el interés de la verdad y la justicia.

Impacto actual: Este principio es particularmente relevante en la era de las "fake news" y la desinformación. Se recuerda a los comunicadores la importancia de usar la retórica de manera responsable.

En resumen, aunque la retórica de Aristóteles se desarrolló en el contexto de la antigua Grecia, sus principios continúan informando y dando forma a la comunicación contemporánea en formas profundas y duraderas.

Aristóteles nació en el 384 a. C. en la antigua ciudad de Stageira en Halkidiki, a 55 kilómetros al este de la moderna Tesalónica. Su padre, Nicomaco, era médico del rey macedonio Amintas III, que era el padre de Filipo. Nicomaco, que según el Suidae Lexicon había escrito seis libros de medicina y uno de física, consideraba como antepasado suyo al héroe y médico homérico Mahaon, hijo de Asclepio. Su madre Phaestia era de Chalkida y, como su padre, pertenecía a la familia de los Asclepiads. El interés de Aristóteles por la biología fue provocado en parte por su padre, ya que los Asclepiads enseñaron anatomía a sus hijos desde una edad temprana; también se dice que Aristóteles a veces ayudó a su padre cuando era joven.

Aristóteles quedó prematuramente huérfano de padre y madre, y su tutela pasó a manos de un amigo de su padre, Próxeno, que se había establecido en Atarneo de Eolis en Asia Menor, frente a Lesbos. Próxeno, que cuidó de Aristóteles como si fuera su propio hijo, lo envió a Atenas a la edad de 17 años (367 a. C.) para que se convirtiera en alumno de Platón. De hecho, Aristóteles estudió en la Academia de Platón durante 20 años (367 - 347), hasta el año en que murió su maestro. En el ambiente de la Academia asombraba a todos y hasta a su maestro con su inteligencia y filantropía. Platón lo llamó el "espíritu de la disertación" y la casa de la "casa del lector".

Cuando Platón murió en el 347 a.C., surgió la cuestión de un sucesor en el liderazgo de la escuela. Se dio prioridad para el puesto a los tres mejores estudiantes de Platón, Aristóteles, Jenócrates y Espeusipo. Aristóteles luego salió de Atenas con Jenócrates y se instaló en Assos, una ciudad en la playa de Asia Menor, frente a Lesbos. Assos fue entonces gobernado por dos filósofos platónicos, Erastos y Koriskos, a quienes el gobernante de Atarneas y antiguo alumno de Platón y Aristóteles, Hermias, había dejado la ciudad. Los dos amigos, gobernadores de Assos, habían fundado allí una escuela filosófica como rama de la Academia

En Assos, Aristóteles enseñó durante tres años y, junto con sus amigos, logró lo que Platón no pudo. Estaban estrechamente asociados con Hermias y lo influyeron para que su tiranía se volviera más suave y más justa. Pero el final del tirano fue trágico. Debido a que anticipó la campaña de Macedonia en Asia, se alió con Filipo. Por lo tanto, los persas lo capturaron y lo dejaron morir en la cruz de un mártir. En el 345 a. C., siguiendo el consejo de su alumno Teofrasto, Aristóteles cruzó a Lesbos y se instaló en Mitilene, donde permaneció y enseñó hasta el 342 a. C. Mientras tanto, se había casado con la sobrina e hijastra de Hermias, Pythiada, con quien tuvo una hija que tomó el nombre de su madre. Después de la muerte de su primera esposa, Aristóteles estuvo más tarde en Atenas con Herpyllida de Stageira, con quien tuvo un hijo, Nicómaco. En el 342 a.C. Felipe lo invitó a Macedonia para que se hiciera cargo de la educación de su hijo Alejandro, que entonces solo tenía 13 años. Aristóteles se dedicó con entusiasmo a la tarea de educar al joven heredero. Se ocupó de inculcarle el espíritu panhelénico y utilizó las epopeyas homéricas como herramienta educativa. La educación de Alejandro tuvo lugar unas veces en Pella y otras en Mieza, una ciudad cuyas ruinas han salido a la luz mediante excavaciones arqueológicas; estaba ubicado al pie de la montaña sobre la que se construye la actual Naoussa en Macedonia. Allí se le informó de la muerte de Hermias en el 341 a.C.

Aristóteles permaneció en la corte de Macedonia durante seis años. Cuando Alejandro aplastó la resistencia de los tebanos y restauró la paz en el sur de Grecia, Aristóteles fue a Atenas (335 a. C.) y fundó allí su propia escuela filosófica. Para la fundación de su escuela eligió el Gymnasium, también llamado Lyceum, entre Lycabettus e Ilissos, cerca de la Puerta Dioharis. El sitio del Gimnasio fue descubierto recientemente durante las excavaciones para la construcción del nuevo Museo Goulandris detrás del Museo Bizantino de Atenas en la calle Rigillis. Este histórico sitio de excavación está siendo renovado actualmente para que pueda ser visitado. Había una arboleda dedicada a Apolo y las Musas. Con el dinero que Alejandro le dio generosamente, Aristóteles erigió magníficos edificios y arcadas llamados "Peripatoi" (paseos en griego). Quizá por eso su escuela se llamó "escuela peripatética" y sus alumnos "filósofos peripatéticos".

La escuela estaba organizada según las normas de la Academia Platónica. Las clases para estudiantes avanzados se impartían por la mañana ("eothinos peripatos") y para principiantes por la tarde ("peri to deilinon", "paseo nocturno"). Las clases de la mañana eran puramente filosóficas ("auditivas"). La tarde "retórica" y "externa". La escuela disponía de una gran biblioteca y estaba tan bien organizada que más tarde sirvió de modelo para la fundación de las bibliotecas de Alejandría y Pérgamo. Aristóteles recopiló mapas y herramientas útiles para la enseñanza de la física. Así, la escuela pronto se convirtió en un famoso centro de investigación científica. En los trece años que Aristóteles pasó en Atenas, creó la mayor parte de su obra, que por su amplitud y calidad suscita nuestra admiración. Porque es bastante sorprendente cómo una sola persona pudo recopilar y registrar tanta información en tan poco tiempo. Cuando llegó la noticia de la muerte de Alejandro en el 323 a. C., los partidarios del partido antimacedonio pensaron que habían encontrado en Aristóteles una oportunidad para vengarse de los macedonios. El sacerdocio, representado por el hierofante de la eleusina Deméter, Eurymedon, y la escuela de Isócrates con Demophilus acusaron a Aristóteles de blasfemia ("escritura blasfema") por erigir un altar a Hermias, escribir el Himno a Areti (Virtud), y el epigrama en la estatua de Hermes en Delfos. Sin embargo, al darse cuenta de los verdaderos motivos e intenciones de sus acusadores, Aristóteles viajó a Chalkida antes de su juicio (323 a. C.). Se quedó allí en la casa que había recibido de su madre, junto con su segunda esposa Herpyllida y sus dos hijos Nikomachos y Pythias.

Aristóteles murió en Chalkida entre el 1 y el 2 de octubre del año 322 a.C. de una enfermedad del estómago, en la tristeza y melancolía. Su cuerpo fue llevado a Stageira, donde fue enterrado con grandes honores. Sus conciudadanos lo declararon "habitante" de la ciudad y erigieron un altar sobre su tumba. En su memoria, establecieron un festival, el "Aristoteleia", y llamaron a uno de los meses "Aristoteleios". La plaza donde fue enterrado se convirtió en la sede del Parlamento. Cuando salió de Atenas, dejó la dirección de la escuela a su alumno Teofrasto, a quien consideró más adecuado. Así, la institución intelectual de Aristóteles siguió resplandeciendo incluso después de la muerte del gran maestro.

CAPÍTULO V

Filósofos Helenísticos

Maria Guadalupe Bohmer Vaquera, Edgar Isaac Yañez Ortíz y José Luis Ibave González

CAPÍTULO V

Filósofos Helenísticos

Maria Guadalupe Bohmer Vaquera, Edgar Isaac Yañez Ortíz y José Luis Ibave González

El Período helenístico de la filosofía occidental va desde la muerte de Alejandro Magno en 323 a.C. hasta la conquista romana de Grecia en el 146 a.C. Durante este tiempo, una serie de escuelas de pensamiento florecieron en Grecia y otras áreas influenciadas por su cultura. Algunas de las más influyentes son:

- ✓ **Estoicismo**: Fundada por Zenón de Citio, la filosofía estoica sostiene que debemos vivir en armonía con la naturaleza y en particular con la razón universal o Logos. Los estoicos creen en la importancia de la virtud y en la idea de que las emociones dañinas se derivan de errores de juicio. Enseñan que uno debe ser indiferente a los cambios de fortuna, al placer y al dolor.

- ✓ **Epicureísmo**: Epicuro fundó esta escuela de pensamiento, que sostiene que la felicidad puede alcanzarse a través de la satisfacción de los deseos. Sin embargo, Epicuro hizo una distinción entre los deseos naturales y necesarios (como la comida), los naturales pero no necesarios (como el lujo) y los ni naturales ni necesarios (como la fama). El objetivo final era alcanzar el ataraxia, un estado de serenidad libre de miedo y dolor.

- ✓ **Escépticos**: Los escépticos helenísticos, más notables en la escuela pirrónica, dudaban de la posibilidad de conocer con certeza la verdad sobre el mundo. Argumentaban que debemos suspender el juicio y aceptar que no podemos conocer las cosas tal como son en sí mismas. Creían que esta suspensión de juicio podría llevar a un estado de tranquilidad mental.

- ✓ **Cinismo**: Los cínicos, con Diógenes de Sinope a la cabeza, rechazaban las convenciones sociales y materiales en busca de una vida virtuosa y natural. A menudo vivían en la pobreza voluntaria y despreciaban la riqueza, la fama y el poder.

La justicia es la venganza del hombre social, como la venganza es la justicia del hombre salvaje..... Epicuro

¿Dios esta dispuesto a prevenir la maldad pero no puede? Entonces no es omnipotente, ¿No está dispuesto a prevenir la maldad, aunque podría hacerlo? Entonces es perverso, ¿Está dispuesto a prevenirla y además puede hacerlo? Si es así, ¿por qué hay maldad en el mundo? ¿No será que no está dispuesto a prevenirla ni tampoco puede hacerlo? Entonces, ¿para qué lo llamamos Dios?.....Epicuro

Epicurus (341- 270 a.C.)

Epicuro, filósofo griego fundador de la escuela de filosófica que más tarde se conoció como Epicureísmo. Su filosofía se centra en la búsqueda de la felicidad a través del placer y la evitación del dolor, conocida como hedonismo.

Se presenta una visión detallada del epicureísmo y de esta forma ampliar su comprensión:

a) **Hedonismo**: El hedonismo de Epicuro es quizás su característica más conocida. Sostenía que el placer era el bien supremo y que la vida buena era aquella en la que se maximizaba el placer y se minimizaba el dolor. Pero no se trataba de un hedonismo desenfrenado. Epicuro distinguía entre placeres del cuerpo y placeres de la mente, y consideraba estos últimos superiores. También distinguía entre placeres necesarios, como comer para vivir, y placeres innecesarios, como los lujos. Su objetivo final era alcanzar un estado de tranquilidad y falta de perturbaciones llamado "ataraxia".

b) **Materialismo**: Epicuro adoptó una visión materialista del mundo, en la que todo lo que existe está compuesto de átomos y vacío. Este punto de vista se basa en las ideas del filósofo presocrático Demócrito. Según Epicuro, incluso el alma y los dioses están compuestos de átomos.

c) **Teoría del Conocimiento**: Epicuro creía que todo conocimiento proviene de los sentidos, y que deberíamos confiar en nuestras percepciones sensoriales. Sin embargo, también reconocía que nuestras percepciones pueden ser engañosas, y por lo tanto debemos ser cautelosos y confirmar nuestras percepciones con pruebas adicionales.

d) **Teología**: Aunque Epicuro creía en la existencia de dioses, pensaba que estaban compuestos de átomos y que vivían en un estado de ataraxia. Crucialmente, sostenía que los dioses no se ocupan de los asuntos humanos y no son la causa de los fenómenos naturales. Por lo tanto, no hay razón para temer a los dioses.

e) **Ética**: Epicuro argumentaba que la meta de la vida debería ser vivir una vida de placer moderado y tranquilo, evitando el dolor y el miedo. Creía que los vicios más grandes eran el miedo a la muerte y el miedo a los dioses, y que si pudiéramos superar estos miedos, podríamos vivir vidas felices y tranquilas.

Epicuro enfatizó la importancia de la amistad, la moderación y el autoconocimiento en la búsqueda de una vida buena. Aunque su filosofía ha sido a menudo malinterpretada como un llamado al hedonismo desenfrenado, Epicuro de hecho defendía un estilo de vida bastante moderado y filosófico.

Zeno de Citium, (334-262 a.C.)

Zenón de Citium fue el fundador del estoicismo, una de las escuelas más influyentes de la filosofía antigua. Nacido en Chipre alrededor del 334 a.C., Zenón llegó a Atenas alrededor del 300 a.C. y comenzó a enseñar en el Stoa Poikile, o Pórtico Pintado, de ahí el nombre "estoicismo".

Zenón fue uno de los primeros filósofos en desarrollar una forma de lógica proposicional. Mientras que la lógica aristotélica se centraba en las categorías y los silogismos, la lógica estoica se centraba en las proposiciones y los argumentos. Al igual que los presocráticos, Zenón creía en un universo material y ordenado. En contraposición a Platón, rechazó la existencia de formas ideales no físicas y sostuvo que incluso cosas como el alma y la razón son materiales.

La lógica estoica centrada en las proposiciones y los argumentos en lugar de las categorías y los silogismos de la lógica aristotélica, se distingue por:

> **Proposiciones y conectivas lógicas**: Los estoicos estudiaron las proposiciones y las formas en que se conectan para formar argumentos. Las proposiciones son declaraciones que pueden ser verdaderas o falsas. Los estoicos desarrollaron un conjunto de "conectivas" que pueden unir proposiciones más pequeñas para formar proposiciones más complejas. Por

ejemplo, "Si P, entonces Q" es una proposición compuesta que conecta las proposiciones más pequeñas P y Q.

- **Argumento lógico**: Los estoicos también se centraron en el argumento lógico, es decir, en cómo las proposiciones se conectan para formar argumentos válidos. Un argumento válido es aquel en el que si las premisas son verdaderas, entonces la conclusión también debe ser verdadera.

- **Implicación y negación**: Los estoicos desarrollaron conceptos de implicación (si... entonces) y negación (no es el caso que...) que fueron cruciales para su sistema lógico.

- **Lógica modal**: Los estoicos también fueron pioneros en la lógica modal, que trata de la necesidad y la posibilidad. Argumentaban que las proposiciones tienen una "modalidad" que puede ser necesaria (siempre verdadera), posible (verdadera en algunos casos) o imposible (nunca verdadera).

- **Validación de argumentos**: La lógica estoica permitía la validación de argumentos por medio de reglas y esquemas de inferencia. Estos esquemas permitían determinar si un argumento era válido o no, en función de la estructura del argumento y no del contenido específico de las proposiciones.

A pesar de que gran parte del trabajo de los estoicos en lógica se ha perdido, sabemos que fue muy influyente y sofisticado para su época. Sus ideas sobre la proposición, la conectiva y la implicación, así como su enfoque en la estructura de los argumentos, han sido fundamentales para la lógica moderna.

Zenón es quizás más conocido por su ética estoica. Sostenía que la virtud es el único bien y que todas las demás cosas, como la salud, la riqueza y el placer, son indiferentes. Creía que deberíamos esforzarnos por vivir en armonía con la naturaleza, que para los estoicos significaba vivir de acuerdo con la razón.

De igual forma defendió una forma de determinismo. Creía que todo en el universo está determinado por el logos, o razón universal. Esto se enlaza con su ética, ya que los estoicos argumentaban que, aunque no podemos controlar lo que nos sucede, podemos controlar cómo respondemos a ello.

Zenón es también conocido por su doctrina del cosmopolitismo, la idea de que todos los seres humanos son ciudadanos del mundo y tienen obligaciones morales los unos con los otros, independientemente de sus orígenes nacionales o culturales.

Las enseñanzas de Zenón de Citium sobre la lógica, la física y la ética establecieron las bases para la filosofía estoica, que continuaría desarrollándose y teniendo un impacto significativo en la filosofía occidental durante muchos siglos.

Asi mismo, el estoicismo ha hecho contribuciones valiosas a la comunicación moderna en una variedad de formas, tanto en términos de filosofía práctica como de principios de retórica. El estoicismo enseña que no deberíamos ser controlados por nuestras emociones. En su lugar, deberíamos reconocer nuestras emociones y entender que son respuestas a nuestras percepciones y juicios, no a los eventos en sí mismos.

Esta perspectiva puede ser útil en la comunicación, especialmente en situaciones tensas o conflictivas, ayudándonos a mantener la calma y la objetividad.

Los estoicos nos recuerdan que debemos centrarnos en lo que está bajo nuestro control, como nuestras propias acciones y actitudes, y aceptar lo que no podemos controlar, como las acciones y actitudes de los demás. Esto puede ayudar a reducir la frustración y mejorar la comunicación al ayudarnos a enfocarnos en nuestras propias respuestas y comportamientos.

Otro punto valioso en comunicacion es que la lógica estoica valoraba la claridad y la brevedad, lo que también es útil en la comunicación moderna. En la era de la información, ser capaz de transmitir ideas de manera clara y concisa es esencial. Los estoicos enfatizaban la importancia de entender y simpatizar con los demás. En la comunicación, este enfoque puede ayudar a construir relaciones más fuertes y a comunicarse de manera más efectiva.

Al enfocarse en lo que se puede controlar y manejar las emociones, el estoicismo también puede ayudar a la gente a ser más asertiva en su comunicación. En lugar de ser agresivos o pasivos, los principios estoicos nos alientan a ser claros y directos, pero respetuosos, en nuestra comunicación.

El estoicismo enseña la importancia de vivir en el presente y ser consciente de nuestras acciones y pensamientos. Esta conciencia puede mejorar nuestras habilidades de comunicación al hacernos más conscientes de cómo y por qué nos comunicamos de la manera en que lo hacemos.

 *Carneades de Cirene (214-129 a.C.)*

Filósofo escéptico académico griego y un brillante retórico. Es conocido por su desarrollo del escepticismo académico, una corriente de pensamiento filosófico que cuestiona la posibilidad de tener cualquier conocimiento cierto.

Carneades de Cirene es conocido por ser uno de los filósofos escépticos más destacados de la historia. Su pensamiento cuestionó radicalmente las nociones convencionales de conocimiento y verdad, estableciendo un marco para el escepticismo académico que ha tenido un impacto duradero en la filosofía.

Carneades argumentó que no podemos tener conocimiento seguro o cierto. Según él, tanto nuestras percepciones sensoriales como nuestra capacidad de razonamiento están sujetas a errores y pueden ser engañosas. Por ejemplo, nuestros sentidos pueden ser engañados por ilusiones o alucinaciones, mientras que nuestra razón puede ser engañada por falacias o errores lógicos.

Este escepticismo se extendía a todas las áreas del conocimiento.

Carneades cuestionó tanto el conocimiento empírico (basado en la percepción sensorial) como el conocimiento racional (basado en la razón). Argumentaba que, aunque nuestras percepciones y razones nos proporcionan información útil sobre el mundo, siempre debemos ser conscientes de su potencial para engañarnos y, por lo tanto, no podemos confiar plenamente en ellas para obtener conocimiento cierto.

Con respecto a la verdad, Carneades defendía una forma de relativismo. Sostenía que todas las percepciones son verdaderas, pero solo en relación con el perceptor. En otras palabras, lo que una persona percibe como verdadero es verdadero para esa persona, pero puede no serlo para otra. Esto se relaciona con su escepticismo sobre el conocimiento, ya que sugiere que nuestras percepciones de la verdad están siempre influenciadas por nuestras propias experiencias y puntos de vista individuales.

A pesar de su escepticismo, Carneades no argumentaba que debamos abstenernos de actuar. En su lugar, sugería que debemos guiarnos por lo que es plausible o probable, incluso si no podemos estar seguros de ello. Esta actitud práctica hacia la verdad y el conocimiento ha tenido una influencia importante en la filosofía, y los elementos de su pensamiento pueden verse en muchas escuelas filosóficas posteriores.

En resumen, aunque Carneades cuestionaba la posibilidad de conocimiento y verdad absolutos, también ofrecía una forma pragmática de navegar por el mundo. Su legado demuestra que, aunque el escepticismo puede ser desafiante, también puede ofrecer importantes herramientas para el pensamiento crítico y la reflexión.

Lucretius (99 – 55 a.C.)

Tito Lucrecio Caro, conocido comúnmente como Lucrecio, fue un poeta y filósofo romano conocido por su poema didáctico "*De rerum natura*" ("Sobre la naturaleza de las cosas"). Fue un seguidor entusiasta de la filosofía epicúrea y su trabajo está dedicado a explicar y promover estas ideas.

Lucrecio, en su poema "*De rerum natura*", propone que el entendimiento del mundo natural a través de la filosofía y la ciencia puede liberar a las personas del miedo y la superstición. Esto se basa en la filosofía epicúrea, que busca la tranquilidad (ataraxia) y la ausencia de dolor (aponia) como los estados más altos del bienestar humano. Lucrecio veía la superstición y el miedo, particularmente el miedo a los dioses y a la muerte, como grandes obstáculos para alcanzar estos estados.

Argumenta que todo en el universo está compuesto de átomos y vacío. Esto incluye todo, desde los objetos físicos hasta nuestras almas. Esta comprensión materialista del universo permite explicaciones naturales para los fenómenos que podrían parecer misteriosos o sobrenaturales. Al entender que los eventos en el mundo no son causados por la intervención divina, se puede eliminar el miedo a la ira de los dioses. Según Lucrecio, el alma, al igual que el cuerpo, está compuesta de átomos. Cuando morimos, tanto nuestro cuerpo como nuestra alma se descomponen y sus átomos se dispersan. Por lo tanto, no hay vida después de la muerte y no hay necesidad de temer a un castigo divino post-mortem. Lucrecio argumenta que no debemos temer a la muerte porque, una vez que estamos muertos, no estamos conscientes y, por lo tanto, no podemos sufrir.

Lucrecio proporciona explicaciones naturales para una serie de fenómenos, desde los terremotos hasta las estrellas. Al entender estos fenómenos como resultados de las interacciones de los átomos, Lucrecio trata de eliminar el miedo y la superstición que pueden surgir de no entenderlos. Por tanto, Lucrecio ve la ignorancia y la falta de comprensión como las raíces del miedo y la superstición. Al proporcionar explicaciones naturales y racionales para el universo y la vida, busca liberar a las personas de estos miedos y promover una vida de tranquilidad y satisfacción.

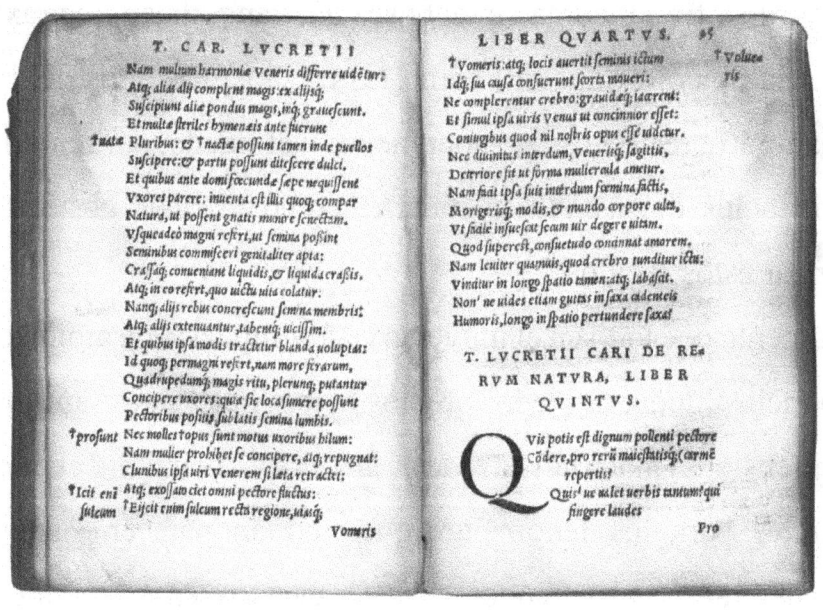

CAPITULO VI

Filósofos de la Era Romana

Maria Guadalupe Bohmer Vaquera, Guillermo Cervantes Delgado y
José Luis Ibave González

CAPITULO VI

Filósofos de la Era Romana

Maria Guadalupe Bohmer Vaquera, Guillermo Cervantes Delgado y José Luis Ibave González

La filosofía romana, que se extiende aproximadamente desde el siglo I a.C. hasta el siglo VI d.C., no es tan conocida por la originalidad de sus ideas como por la forma en que los romanos adaptaron, sintetizaron y desarrollaron las tradiciones filosóficas griegas. Algunos puntos medulares de esta era son el **estoicismo, eclecticismo y neoplatonismo.**

El estoicismo fue quizás la escuela filosófica más influyente en Roma. Se centró en la ética y en cómo vivir una buena vida a través de la virtud, la sabiduría y el autocontrol. Las enseñanzas de esta escuela fueron popularizadas por figuras como Séneca, Epicteto y el emperador Marco Aurelio. Mientras que el epicureísmo no fue tan prominente como el estoicismo en Roma, sin embargo tuvo un impacto significativo. Esta escuela de pensamiento promovió la búsqueda de placeres simples y moderados como la clave para una vida feliz.

Los filósofos romanos a menudo eran eclécticos en su enfoque, tomando ideas de diferentes escuelas y sistemas de pensamiento. Cicerón es un buen ejemplo de un filósofo romano ecléctico. Otra cosa que se distingion en este tiempo es que a la filosofía no se consideraba tanto una actividad puramente académica como una guía para la vida; la filosofía era vista como una forma de cultivar la virtud y la sabiduría, y de manejar los desafíos y dificultades de la vida. Es por ello, que a lo largo de este período, la filosofía romana empezó a integrarse cada vez más con la religión y la espiritualidad. Este fenómeno culminó con la influencia del cristianismo, como puede verse en el trabajo de San Agustín, que integró ideas de la filosofía griega y romana con su fe cristiana.

En los últimos siglos de la filosofía romana, el neoplatonismo se convirtió en una corriente filosófica dominante. Esta escuela se centró en temas metafísicos, y su principal exponente en el Imperio Romano fue Plotino. El neoplatonismo intentó sintetizar las ideas de Platón con otras escuelas filosóficas y se convirtió en una gran influencia en la teología y la filosofía cristianas.

Epictetus (35 – 135). El maestro de mayor influencia del estoicismo.

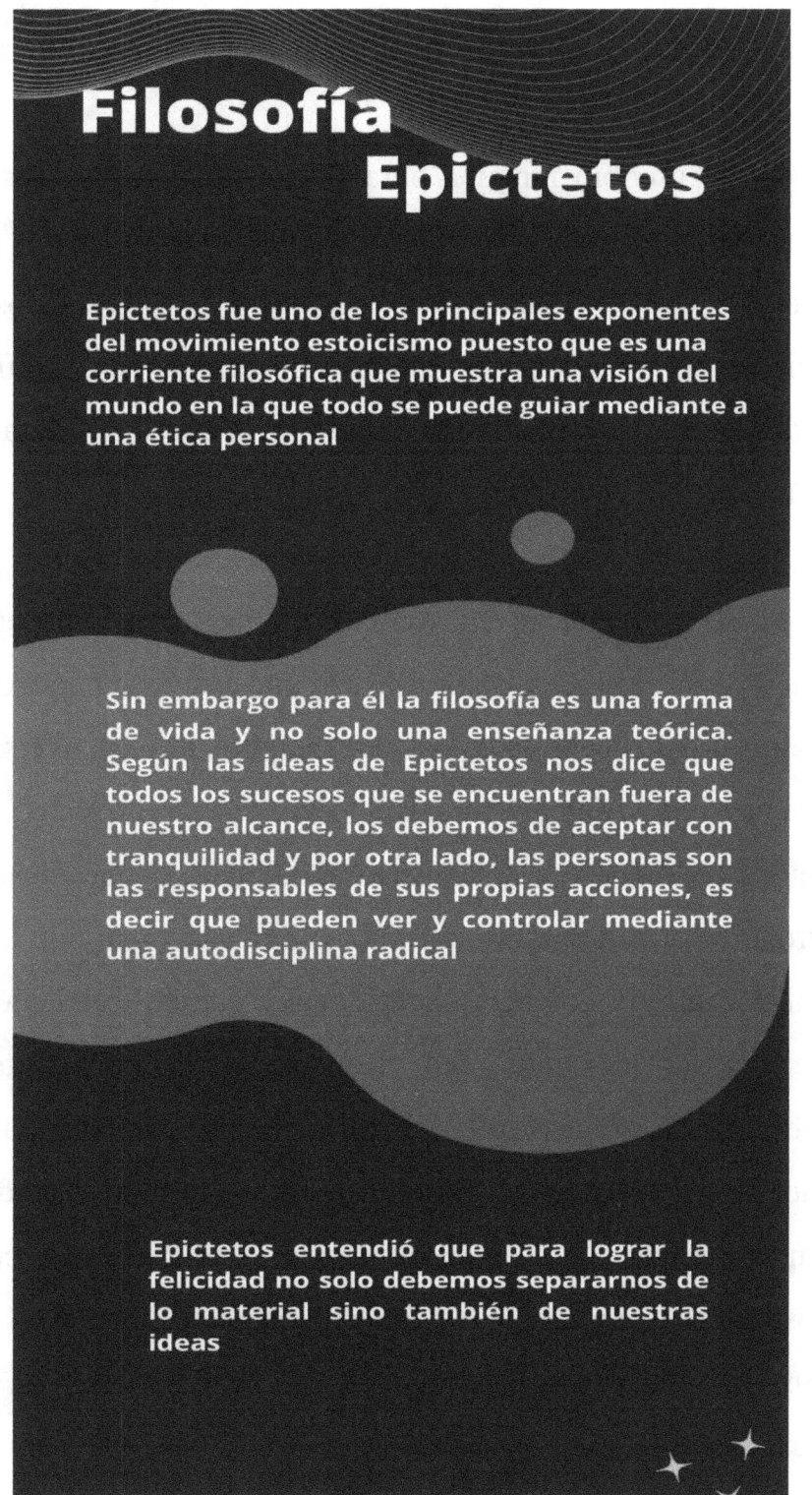

Epicteto fue un filósofo griego que vivió durante el período del Imperio Romano. Nacido como esclavo en Hierápolis (en la actual Turquía), fue liberado y se convirtió en un importante maestro de la filosofía estoica en Roma, y luego en Nicópolis, en el noroeste de Grecia.

Epicteto no escribió ninguna obra filosófica, pero sus enseñanzas fueron recopiladas por uno de sus alumnos, Arriano, en dos trabajos conocidos como "Enchiridion" (Manual) y "Discursos". Las principales contribuciones de Epicteto al pensamiento filosófico de la era romana se encuentran en el ámbito de la ética y se basan en las enseñanzas del estoicismo.

Epicteto sostuvo que nuestra felicidad y paz mental dependen de entender y aplicar la distinción entre lo que está bajo nuestro control (nuestros propios pensamientos, percepciones, deseos, aversiones) y lo que no (todo lo demás). Según él, deberíamos centrarnos en lo que podemos controlar y aceptar con tranquilidad lo que no podemos controlar. Al igual que otros estoicos, Epicteto creía que la virtud, definida como un comportamiento moral y ético excelente, era la clave para una vida buena y feliz. También enfatizó la importancia de la sabiduría, la templanza, la justicia y el coraje, que son las cuatro virtudes cardinales de la filosofía estoica. Enseñó que debemos aprender a aceptar los sucesos de la vida, tanto los buenos como los malos, con ecuanimidad. A través de la aceptación, podemos evitar el sufrimiento innecesario y mantener la paz mental incluso en tiempos de adversidad.

Estas ideas han tenido una influencia significativa en varias disciplinas y prácticas, incluyendo la psicología cognitivo-conductual moderna. A través de sus enseñanzas, Epicteto ayudó a consolidar y difundir las ideas del estoicismo durante la era romana y más allá.

Marcus Aurelius (121-180) Emperador romano y filósofo estoico.

El legado filosófico de Marco Aurelio, plasmado principalmente en sus "Meditaciones", representa una contribución significativa no solo al pensamiento estoico sino también a la comprensión y práctica de la comunicación humana. Sus reflexiones sobre la interacción entre individuos, la naturaleza del diálogo y la importancia de la claridad en el pensamiento han influido profundamente en nuestra comprensión de los procesos de comunuicación en la actualidad.

Sus principios fundamentales de autenticidad, claridad y empatía proporcionan una base sólida para abordar los desafíos comunicativos contemporáneos. Su legado nos recuerda que la comunicación efectiva no es solo una habilidad técnica, sino una práctica filosófica que requiere cultivo constante y reflexión profunda.

Sus enseñanzas nos invitan a considerar la comunicación no solo como un medio para transmitir información, sino como una herramienta para el desarrollo personal y colectivo. En un mundo cada vez más conectado pero paradójicamente más fragmentado, los principios comunicativos de Marco Aurelio ofrecen una guía valiosa para establecer conexiones más significativas y auténticas.

PENSAMIENTOS

MARCO AURELIO

Características Distintivas de su Pensamiento:

1. *Pragmatismo:*
   - *Enfoque en la aplicación práctica de la filosofía*
   - *Orientación hacia problemas cotidianos*
   - *Búsqueda de soluciones concretas*
2. *Humanismo:*
   - *Énfasis en la dignidad humana*
   - *Importancia de la compasión*
   - *Reconocimiento de la fragilidad humana*
3. *Universalismo:*
   - *Visión cosmopolita del mundo*
   - *Unidad fundamental de la humanidad*
   - *Trascendencia de barreras culturales*
4. *Realismo:*
   - *Reconocimiento de las limitaciones humanas*
   - *Aceptación de la imperfección*
   - *Enfoque práctico ante los problemas*

La Base Filosófica de la Comunicación según Marco Aurelio

El Logos Universal y la Comunicación

Marco Aurelio concebía la comunicación como una manifestación del logos universal, el principio racional que gobierna el cosmos. Esta perspectiva sugiere que la comunicación efectiva no es simplemente un intercambio de información, sino una participación en el orden racional del universo. Su visión establece que:

1. La comunicación debe reflejar la racionalidad inherente al universo
2. El diálogo verdadero requiere una conexión con la razón universal
3. La claridad en la comunicación es un reflejo de la claridad del pensamiento

Principios Comunicativos Fundamentales

1. Autenticidad en la Expresión

Marco Aurelio enfatizaba la importancia de la autenticidad en la comunicación. Sus principios incluyen:

- La necesidad de hablar con sinceridad
- La coherencia entre pensamiento y expresión
- El rechazo a la retórica vacía

2. Empatía y Comprensión

Su filosofía destaca elementos cruciales para la comunicación empática:

- La importancia de entender las perspectivas ajenas
- La necesidad de suspender el juicio inmediato
- El valor de la escucha activa

Aplicaciones Prácticas en la Comunicación

En el Ámbito Personal

1. Comunicación Intrapersonal
- Desarrollo del diálogo interno constructivo
- Cultivo de la autoconciencia comunicativa
- Práctica de la reflexión sistemática

2. Comunicación Interpersonal
- Establecimiento de diálogos significativos
- Construcción de relaciones basadas en la comprensión mutua
- Resolución efectiva de conflictos

En el Ámbito Público

1. Liderazgo y Comunicación
- Principios de comunicación efectiva en el liderazgo
- Importancia de la claridad en la dirección
- Desarrollo de la autoridad moral en la comunicación

2. Comunicación Organizacional
- Establecimiento de estructuras comunicativas efectivas
- Promoción de la transparencia y la honestidad
- Desarrollo de culturas organizacionales saludables

Relevancia Contemporánea

En la Era Digital

1. Aplicación a las Redes Sociales
- Principios de autenticidad en la comunicación digital
- Mantenimiento de la integridad en espacios virtuales
- Desarrollo de conexiones significativas en línea

2. Comunicación Corporativa
- Estrategias de comunicación basadas en valores
- Desarrollo de mensajes auténticos y significativos
- Construcción de relaciones duraderas con stakeholders

En el Desarrollo Personal

1. Habilidades Comunicativas
- Desarrollo de la escucha activa
- Mejora de la expresión personal
- Cultivo de la presencia comunicativa

2. Crecimiento Profesional
- Desarrollo de habilidades de liderazgo comunicativo
- Mejora de la comunicación en equipo
- Fortalecimiento de la comunicación estratégica

Impacto en la Teoría de la Comunicación

Contribuciones Teóricas

1. Modelo de Comunicación Ética
- Fundamentos de la comunicación basada en valores
- Principios de integridad comunicativa
- Desarrollo de marcos éticos para la comunicación

2. Perspectivas sobre la Comunicación Efectiva
- Énfasis en la claridad y precisión
- Importancia de la consistencia
- Valor de la autenticidad

CAPÍTULO VII

Filósofos del Período Medieval

Saúl Hernández Salazar, Edgar Isaac Yañez Ortíz y José Luis Ibave González

CAPÍTULO VII

Filósofos del Período Medieval

Saúl Hernández Salazar, *Edgar Isaac Yañez Ortíz* y *José Luis Ibave González*

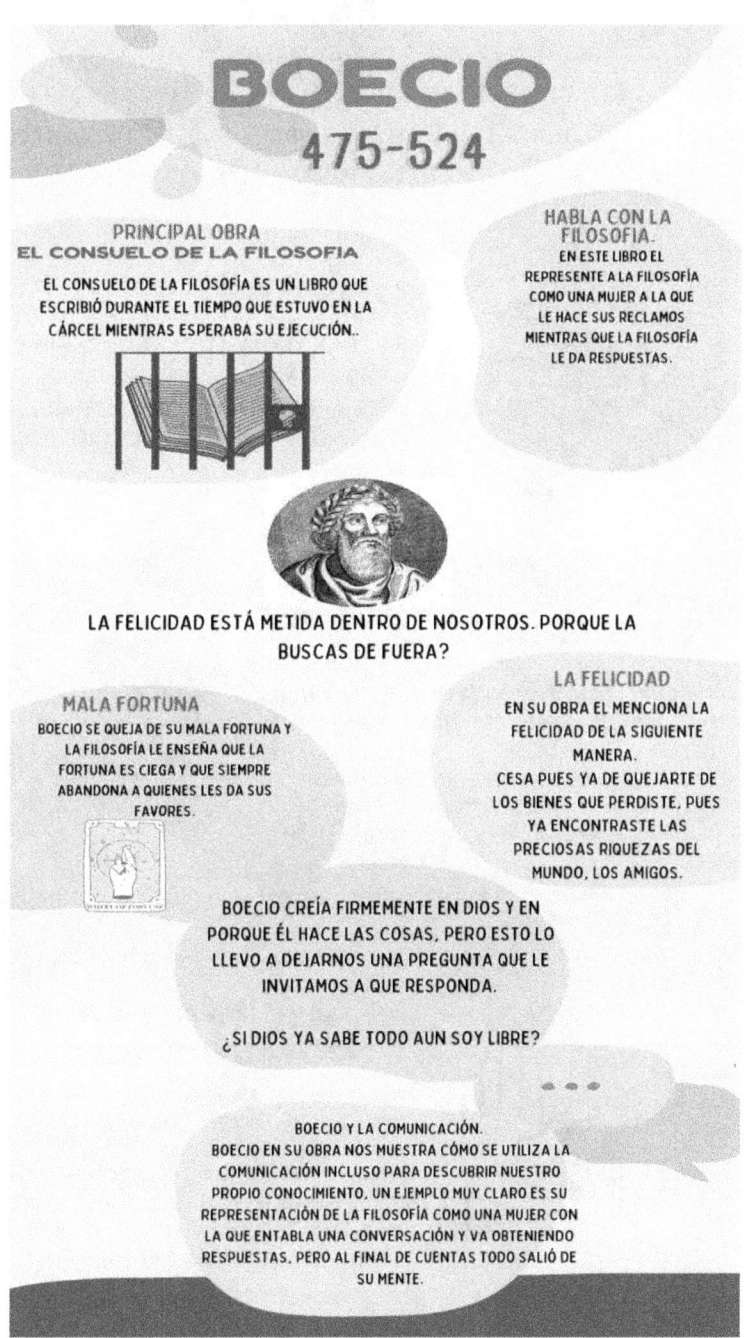

AL-KINDI

¿QUIEN FUE?

FUE UN IMPORTANTE FILOSOFO DE IRAK HIJO DEL GOBERNADOR DE IRAK. ES CONSIDERADO EL PADRE DE LA FILOSOFÍA ISLÁMICA. FIEL SEGUIDOR DE ARISTÓTELES A ESEPCION DE SU TEORÍA DE QUE EL MUNDO ES ETERNO.

OBRAS

SE TIENEN MUY POCO O CASI NADA DE SUS OBRAS EN E IDIOMA ESPAÑOL, LA MAYORÍA SE MANTIENEN EN ÁRABE. ESCRIBIÓ 241 LIBROS INCLUIDOS TRABAJOS DE GEOMETRÍA MEDICINA FILOSOFÍA LÓGICA FÍSICA Y ARITMÉTICA.

PENSAMIENTO

AL KINDI ENFATIZO LA IMPORTANCIA DE LA FILOSFIA Y EL USO DE LARAZON SOBRE LOS ESTUDIOS CORANICOS TRADICIONALES.
AL KINDI TRATABA DE SER MUY OBJETIVO, TRATABA DE QUE EL CONOCIMIENTO NO SE VIERA DESDE UN SOLO PUNTO DE VISTA O UNA SOLA IDEOLOGÍA POLÍTICO O RELIGIOSO.

AL-KINDI Y LA COMUNICACION

CON LA SIGUIENTE FRASE AL-KINDI SE MUESTRA A FAVOR DE UNA COMUNICACIÓN SIN MENTIRAS Y EN CONTRA DE LA CENSURA DE LA VERDAD.
NO DEBEMOS AVERGONZARNOS DE APRECIAR LA VERDAD Y OBTENERLA VENGA DE DONDE VENGA, AUNQUE VENGA DE RAZAS LEJANAS Y TIERRAS DISTINTAS NADA DEBE SER MÁS QUERIDO PARA EL BUSCADOR DE LA VERDAD QUE LA MISMA VERDAD.

PICO DELLA MIRÁNDOLA

Pico Della Mirándola

Conocido como el príncipe de la concordia
A sus 14 años público su primera obra
1486 publicó su obra las 900 tesis, que trata de 900 ideas que se planteaban en diferentes culturas diferentes pensadores y diferentes filósofos

Su obra más importante fue el discurso de la Dignidad del Hombre, ya que en este discurso refleja su idea de porque el hombre es diferente al resto de la creación, creando el nuevo pensamiento renacentista ya que deja de centrarse en Dios para centrarse en el ser humano.

Juan Escoto Erigena (815-877)

FILÓSOFO MEDIEVAL: IRLANDÉS DE ORIGEN, VIVIÓ EN FRANCIA. BASÁNDOSE EN EL NEOPLATONISMO, FUNDÓ SU DOCTRINA MÍSTICA QUE SE HALLA EXPUESTA, ANTE TODO, EN LA OBRA "DE LA DIVISIÓN DE LA NATURALEZA".

ESCOTO ERIGENA DIVIDE EL SER EN CUATRO NATURALEZAS: 1) LA INCREADA, PERO CREADORA: DIOS COMO FUENTE DE TODAS LAS COSAS
2) LA CREADA Y CREADORA: IDEAS DIVINAS, QUE APARECEN COMO CAUSAS PRIMARIAS.
3) LA CREADA Y NO CREADORA: EL MUNDO SENSORIALMENTE PERCEPTIBLE, MANIFESTACIÓN DEL MUNDO IDEAL ÚNICO EN EL CONJUNTO DE LAS DISTINTAS COSAS;
4) LA INCREADA Y NO CREADORA: DIOS, CONCEBIDO COMO FIN ÚLTIMO DE TODAS LAS COSAS.

AL-RAZI
854-925

¿Quién fue?
Físico filosofo químico y líder pensador de Irán, considerado uno de los autores más interesantes del pensamiento islámico. Con aportaciones a la medicina, filosofía metafásica la moral y virtud de los hombres.

Un filósofo no es una persona que sigue una doctrina o sigue las cosas que dice su maestro, sino que además de aprender las enseñanzas de sus predecesores también puede sobrepasarlos.

VE EL ALMA COMO SUSTANCIA

Decía que el mundo no era eterno, que solo existían 5 eternos. Dios alma tiempo espacio y la materia.

AL Razi sabía que el nunca sería un Sócrates y advertía a todos que no pretendieran ser un Sócrates.
valora el pensamiento independiente, ve la independencia como una llave a la liberación del alma.

cree en dios, pero no en religiones
No está muy de acuerdo con la religión.
Como puede alguien pensar filosóficamente mientras está comprometido con los viejos cuentos fundados.
como puede decir que dios prefiere a unas personas como sus sotenedores de la humanidad haciendo que todo el resto dependa de ellas.

AL FARABI
872-950

¿QUIEN FUE?

LLAMADO EL SEGUNDO MAESTRO FUE EL MUSULMÁN MÁS INFLUYENTE YA QUE
LLEVO CONOCIMIENTO A SU PUEBLO ESTUDIANDO FILOSOFÍA.
VIVÍA DE MUY POCO DINERO NO QUERÍA POSESIONES SOLO LE PREOCUPABA LO BÁSICO.
GANABA DINERO POR POEMAS.

SU PENSAMIENTO ERA INFLUIDO POR ARISTÓTELES.
LOGRO UNIFICAR LA FILOSOFÍA GRIEGA CON EL ISLAM.
AFIRMABA QUE LA REVELACIÓN DE LA RELIGIÓN ESTABA POR DEBAJO DE LA RAZÓN.

OBRAS

EL CATÁLOGO DE LAS CIENCIAS
LAS FILOSOFÍAS DE PLATÓN Y ARISTÓTELES
EL CAMINO DE LA FELICIDAD.
LA CIUDAD IDEAL
EL LIBRO DE LA RELIGIÓN
LAS CIENCIAS POLÍTICAS

ROGER BACON

¿QUIE FUE?

Filósofo, científico y teólogo inglés cuyos acercamientos a la ciencia desde una perspectiva experimental preludiaron la crisis que experimentaría en el siglo siguiente la filosofía escolástica. Roger Bacon estudió en Oxford y se trasladó a París en 1236; tras hacerse franciscano, comentó las obras de Aristóteles y, desde 1247, se dedicó a estudios científicos.

OBRAS
ESCRIBIÓ LOS TRATADOS DE LOS ESPEJOS Y DE LA MULTIPLICACIÓN DE LAS ESPECIES, Y UNA METAFÍSICA; SIN EMBARGO, EN 1257, SE LE PROHIBIÓ ENSEÑAR Y VOLVIÓ A PARÍS. A INSTANCIAS DE SU PROTECTOR, EL PAPA CLEMENTE IV, EMPRENDIÓ LOS COMMUNIA NATURALIUM (UN BALANCE DE LA CIENCIA DE SU ÉPOCA), QUE ABANDONÓ PARA ESCRIBIR EL OPUS MAIUS, OBRA QUE ENVIÓ AL PAPA JUNTO CON LA YA CITADA SOBRE LAS ESPECIES Y OTRAS DOS (OPUS MINUS Y OPUS TERTIUM), Y ESCRIBIÓ TAMBIÉN UN COMPENDIO DEL ESTUDIO DE LA FILOSOFÍA.

Científico avanzado a su tiempo, captó los errores del calendario juliano, señaló los puntos débiles de la astronomía de Ptolomeo, indicó en óptica las leyes de reflexión y los fenómenos de refracción, comprendió el funcionamiento de los espejos esféricos, ideó una teoría explicativa del arco iris, describió ingenios mecánicos (barcos, coches, máquinas voladoras) y tomó de los árabes la fórmula de la pólvora de cañón.

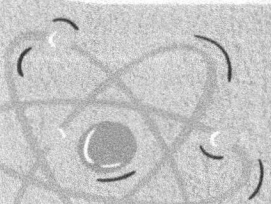

LORENZO VALLA

Humanista, filólogo y filósofo italiano. Hasta 1433 enseñó en Pavía; luego residió en diversas ciudades italianas y en 1437 se estableció en Nápoles, bajo la protección de Alfonso V de Aragón. Nombrado secretario apostólico, se trasladó a Roma en 1448.

Lorenzo Valla difundió y tradujo textos griegos y latinos, y buscó conciliar el paganismo clásico con la fe cristiana. Eminente latinista y crítico con el aristotelismo medieval, promovió y cultivó la crítica textual.

Su obra De falso credita et ementita Constantini donatione declamatio (1440), en la que que negaba que el emperador romano Constantino hubiera dado a la Iglesia territorio alguno, fue muy discutida por cuestionar el poder temporal del papa. Acusado ante la Inquisición, Lorenzo Valla supo defenderse con su Apologia adversus calumniatores (1444).

Filósofos del Inicio de la Era Moderna

TOMAS MORO

¿QUIEN ES?

Tomás Moro, nació en Londres el 07 de febrero de 1478. Fue un pensador, teólogo, político, humanista y escritor inglés; además, poeta, traductor, Lord Canciller de Enrique VIII, profesor de leyes, juez de negocios civiles y abogado.

Escribió numerosas obras sobre el humanismo. Uno de sus obras más relevantes fue "Utopía" (1516), en la que proponía una organización racional de la sociedad, de base comunal, que se situaba en una isla imaginaria del mismo nombre que el título, en ella establece las normas que regirían la sociedad ideal entre las que se hallaban la enseñanza universal, la libertad religiosa y la subordinación de todo interés individual al beneficio común.

Todos sus escritos buscan educar al hombre y alumbrar una sociedad nueva.

JUAN CALVINO

QUIEN FUE?

Fue un teólogo muy influyente en la reforma protestante.
Hace énfasis en la autoridad de Dios solo reconoce la autoridad de Dios.
Cuando comienza a predicar y a extenderse sus ideas
se siente perseguido por miembros de las iglesias y se refugia en ginebra y ahi con otro grupo de personas se creó el calvinismo.

Características del Calvinismo.

1.- basa sus creencias en cristo y creen que todos sus designios vienen de dios.

2.- No están de acuerdo en el sacerdocio.

3.- creencia absoluta en Dios.

4.- EL Hombre depende de dios.

5.- Las creencias calvinistas se basan en 5 puntos.

5 PUNTOS DEL CALVINISMO

1.- El pecado se apropia del hombre.

2.- Dios ya eligió a sus seguidores y a los que salvaría del infierno.

3.- Lo que hizo Jesús fue dirigido solo para sus elegidos no para toda la humanidad como se cree.

4.- Cuando los pecadores escuchen de Dios ellos van a querer conocer más de Dios.

5.- Los Santos estarán con Dios antes de que lleguen al cielo.

GALILEO GALILEI 1564-1642

Padre de la fisica moderna, dio inicio a la ciencia moderna. Nacido en Pisa Italia, Galielo Galilei promovio el paradigma de que toda afirmacion cientifica debe de ser comprobada mediante observacion y experimentacion.

En 1609 inventa el telescopio de 23 lentes con el cual comprobo que la tierra gira alrededor del Sol y no viceversa como se tenia estipulado por la iglesia. Entre otra de sus obras, desde lo alto de la torre inclinada de Pisa, Galileo dejo caer 2 esfericos del mismo tamaño pero de diferente material comprobrando que cayeron al mismo tiempo.

"En diciembre de 1613, en respuesta a una carta de su discípulo Benedetto Castelli en un tema concerniente a las objeciones de las Sagradas Escrituras a la teoría de Copérnico, Galileo expuso su propia visión de la Biblia y de la ciencia, con una ingeniosa interpretación explicó cómo Josué había detenido el Sol y como las Sagradas Escrituras no se contradecían con la teoría de Copérnico y que muy por el contrario, la apoyaban. Castelli hizo circular copias de esa carta, cayendo algunas en manos de enemigos de Galileo." En estas epocas el querer cambiar la manera de pensar era considerada un insulto a las normas establecidas por feudales. A Galileo no le importaron las advertencias y siguio comprobando teorias copernicanas, hasta poco mas de 15 años de mas pasaria algo de mayor gravedad. Como se narra en la biografia del

"Galileo regresó a Florencia y reinició, la elaboración de un libro que llegó a ser el Diálogo sopra i due massimi sistemi (El Diálogo sobre los principales Sistemas del Mundo), el Ptolomeico y el Copernicano, completado en 1630 y publicado en 1632. Se mantuvo alejado de las interpretaciones a las Sagradas Escrituras, pero no siguió fielmente la advertencia de abordar el tema como hipótesis, reconociéndola sólo ocasionalmente como tal. Lo que escribió fue un extenso argumento, cercano a las 500 páginas, para demostrar que Aristóteles estaba errado y que Copérnico estaba en lo cierto." Esto no efectuo de manera positiva ya que por esta misma razon el 22 de junio de 1633, a la edad de 70 años de edad, fue acusado de propagar herejia de la doctrina Roma copernica y siendo obligado de rodillas, a decir un juramento, el cual lo dejo con vida pero con la variante de que estaria sin poder ver de nuevo a sus conocidos y alumnos.

4 años mas tarde quedaria ciego y falleceria a los 78 años de de edad.

López, C. Q. (2012) REVISMAR 1. GALILEO GALILEI: DESCUBRIMIENTOS Y LOGROS.

Galileo es conocido por sus contribuciones fundamentales al campo de la astronomía y la física. Sin embargo, su trabajo también tuvo implicaciones significativas para el ámbito de la filosofía, particularmente en las áreas de epistemología (la teoría del conocimiento) y la filosofía de la ciencia. Estas son algunas de las formas en que Galileo contribuyó a la filosofía:

Empirismo: el enfoque de Galileo para comprender el mundo natural enfatizaba la importancia de la evidencia empírica y la observación. Defendió la idea de que debemos confiar en nuestros sentidos y datos empíricos, en lugar de simplemente adherirnos a doctrinas filosóficas o teológicas establecidas. Esto estaba en marcado contraste con la visión aristotélica prevaleciente en ese momento, que enfatizaba el pensamiento racional y la deducción a partir de principios establecidos.

Método científico: Galileo es a menudo visto como una figura clave en el desarrollo del método científico. Su método consistía en generar hipótesis basadas en observaciones y luego probar estas hipótesis a través de experimentos. Esto tuvo profundas implicaciones para la filosofía de la ciencia, ya que introdujo una forma sistemática de aprender sobre el mundo natural.

Matematización de la naturaleza: Galileo propuso que las leyes de la naturaleza son matemáticas, y fue uno de los primeros en argumentar que el lenguaje del universo está escrito en matemáticas. Esta fue una idea revolucionaria en ese momento y ha influido profundamente tanto en las ciencias físicas como en la filosofía de la ciencia.

Separación de la ciencia y la religión: el conflicto de Galileo con la Iglesia Católica culminó en su juicio ante la Inquisición, donde se vio obligado a retractarse de su visión heliocéntrica del universo. Este conflicto subrayó la tensión entre la investigación científica y el dogma religioso, un tema clave en la filosofía de la religión y la ciencia. A menudo se cita a Galileo como defensor de la opinión de que la ciencia y la religión ocupan dominios separados.

Heliocentrismo: el apoyo de Galileo al modelo copernicano, que proponía que la Tierra orbitaba alrededor del Sol (a diferencia del modelo centrado en la Tierra propugnado por la Iglesia en ese momento), tuvo importantes implicaciones filosóficas. Desafió la visión antropocéntrica del universo, sugiriendo que los seres humanos y la Tierra no eran el centro del universo. Este cambio provocó un debate filosófico que finalmente cambió nuestra visión de nosotros mismos y nuestro lugar en el universo.

Su trabajo también ha influido en la filosofía y, en cierto modo, en la comunicación. Aquí hay algunas formas en que Galileo ha influido en el campo de la comunicación:

Importancia de la divulgación: Galileo fue uno de los primeros científicos en entender la importancia de comunicar sus descubrimientos al público en general, no solo a otros científicos. Escribió varias de sus obras en italiano, en lugar de en latín, el lenguaje de la academia en ese momento. Al hacerlo, hizo que sus ideas fueran accesibles a un público mucho más amplio.

Comunicación visual: Galileo también fue pionero en el uso de ilustraciones y diagramas para comunicar ideas complejas. Sus dibujos de la Luna y las estrellas vistas a través de un telescopio permitieron a las personas ver lo que él había visto y entender mejor sus descubrimientos. Esto enfatizó el valor de las imágenes en la comunicación, un concepto que ahora es fundamental en muchas formas de comunicación visual.

Lucha contra la censura: La lucha de Galileo contra la censura eclesiástica demuestra la importancia de la libertad de expresión y de la comunicación abierta de ideas. Galileo se mantuvo firme en sus creencias a pesar de la presión de la Iglesia, y sus ideas finalmente se aceptaron como verdaderas. Esto es un recordatorio del poder de la comunicación para desafiar las ideas establecidas y promover nuevas formas de pensar.

El papel del discurso y el debate en el avance del conocimiento: El método de Galileo para defender sus ideas se basó en el discurso y el debate. Usó la dialéctica y la retórica para argumentar en favor de sus posturas, y frecuentemente correspondía con otros pensadores de su época. Aunque enfrentó oposición, su persistencia demostró la importancia de la comunicación en el avance del conocimiento.

En general, aunque Galileo no se centró específicamente en la filosofía de la comunicación, sus enfoques para compartir y defender sus ideas, así como su compromiso con la divulgación de sus descubrimientos, han tenido un impacto duradero en cómo pensamos y practicamos la comunicación.

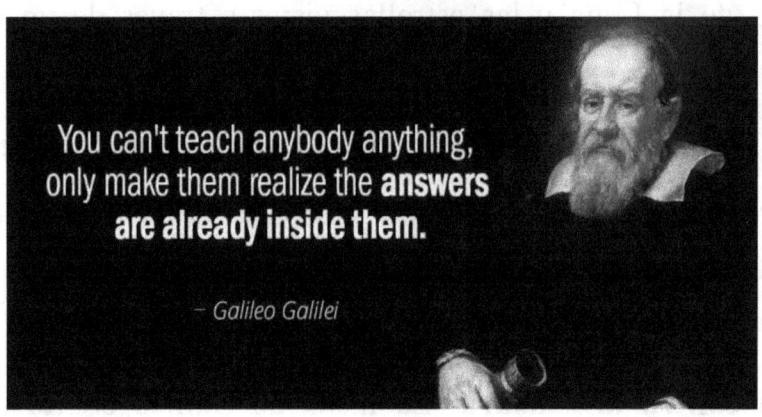

HUGO GROCIO 1583-1645

Nacido en Pises bajos el 17 de abril de 1583, Grocio o Grotius, es el fundador del Iusntaturalismo racional. El Iusnaturalismo Racional nace en la epoca de la Ilustracion a la razon humana desplaza a la religion como modo de acceder a la Ley Natural.

 **IUS** derecho

 **NATURAL** naturaleza

 **ISMO** movimiento

IUSNATURALISMO: Corriente de pensamiento juridico que defiende la existencia de un derecho natural

En Junio 25, de 1619 fue condenado a cadena perpetua por promover el que el hombre haga uso del raciocinio y la moral, por encima del dogma.y Afortunadamente para Grocio logro escapar despues de 2 años. Al salir de su detencion, tiempo despues, en 1625 realizo la obra De iure belli ac pacis (sobre el derecho de la guerra y la paz).

Esta consiste en que se debe cuestionar, primero preguntar si la guerra puede llegar a ser legal o no lo es bajo ninguna circusntancia, para Grocio es valida legalmente en tanto persiga como fin castigar, reparar, enmendar o retribuir un daño por un acto injusto. No ve la guerra prohibida y menciona que al ser un hombre un ser social por naturaleza, las normas de la sociedad tambien lo son. El derecho natural se debe buscar en la concepcion de la simple naturaleza humana.

Hugo Grotius, cuyo nombre real era Huig de Groot, fue un jurista y filósofo holandés que vivió durante los siglos XVI y XVII. Es conocido principalmente por sus contribuciones a la teoría del derecho internacional y es a menudo referido como el "padre del derecho internacional".

Grotius es famoso por su desarrollo de la teoría de la ley natural. Propuso que existen leyes que son inherentes a la naturaleza humana y que no dependen de ninguna autoridad divina. Esto fue innovador en su momento, ya que separó la moralidad y el derecho de la teología y la religión. Conocido por su obra "De jure belli ac pacis" ("Sobre el derecho de guerra y paz"), en la que desarrolló una teoría sobre las justificaciones para la guerra y las conductas apropiadas en tiempo de guerra. Propuso que existen ciertas reglas y normas que deben respetarse, incluso en situaciones de conflicto. Estas ideas forman la base de lo que hoy conocemos como el derecho internacional humanitario.

Grotius también es famoso por su trabajo en el derecho marítimo. En su obra "Mare Liberum" ("El mar libre"), argumentó que el mar es un territorio internacional y, por lo tanto, debería ser accesible a todas las naciones. Este concepto ha influido profundamente en las leyes y normas que rigen los océanos en la actualidad. Defendió la soberanía de los estados, argumentando que los estados tienen el derecho de gobernarse a sí mismos. Esto incluía el derecho a la autodefensa y, en algunos casos, el derecho a la guerra justa. Sin embargo, también creía que los estados tenían la responsabilidad de respetar los derechos de otros estados y de tratar a los individuos con dignidad y respeto.

El pensamiento de Grotius ha tenido un impacto significativo en muchas áreas de la filosofía y el derecho, y sus ideas continúan siendo relevantes en el estudio de la filosofía política y el derecho internacional.

Un hombre no puede gobernar una nación si no puede gobernar una ciudad; No puede gobernar una ciudad si no puede gobernar una familia; No puede gobernar una familia a menos que pueda gobernarse a sí mismo; y no puede gobernarse a sí mismo a menos que sus pasiones estén sujetas a la razón".

La libertad es el poder que tenemos sobre nosotros mismos.

EDWARD HERBERT DE CHERBURY 1583-1648

Filósofo inglés que nació en 1581 y murió en 1648. Vivió en la época de las grandes controversias religiosas del continente europeo. Inspirándose en los principios platónicos y estoicos, formuló una doctrina según la cual el instinto natural proporciona a todos los hombres, de manera innata, y sin necesidad de demostración, una serie de verdades o principios fundamentales que dan origen tanto al conocimiento intelectual como a la moral y religión. Esos principios, que él enumera en su libro De veritate (1624), constituyen el fondo común de la "religión natural", la cual contendría todos los principios básicos para la salvación. Las ideas de Herbert no sólo son una propuesta de purificación del cristianismo, sino que ponen las bases de lo que más tarde se llamaría "deísmo". Esta propuesta pretendía ser una respuesta al hecho de muchas religiones nuevas dadas a conocer por los recientes descubrimientos geográficos. Gozaría de gran acogida en Europa hasta finales del sigo XVIII. Otras de sus obras son: De causis errorum (1645), De religione laici (1645) y De religione gentilium (1663, póstuma).

Entre sus frases destacadas me gustaria hacer enfasis en la que dice "No debo recomendar menos el estudio de la anatomía, que quienquiera que considere, creo que nunca será ateo; la estructura del cuerpo del hombre y la coherencia de sus partes, siendo tan extrañas y paradójicas, que lo considero el mayor milagro de la naturaleza".

. Edward comunica como en el cuerpo humano encuentra un milagro, adjudicando o retribuyendo a una deidad la fascinacion de como nos ha creado. Por ello el fue de los primeros en profesar el deismo, ademas de que fue amigo de Grotius. No obstante por este ultimo dato no menor, por que es un racionalista, apoyaba el uso del pensar y no solo ser esceptico.

— Edward Herbert, 1st Baron Herbert of Cherbury Fuente: The Autobiography, P. 31
Fuente:
https://citas.in/autores/edward-herbert-de-cherbury/.
https://www.mcnbiografias.com/app-bio/do/show?key=herbert-de-cherbury-edward

Herbert de Cherbury fue historiador y diplomático inglés, considerado como el padre del Deísmo inglés, una forma de pensamiento religioso racionalista que influyó en el Iluminismo. El **Deísmo** sostiene la existencia de un Dios o ser supremo, pero rechaza la revelación sobrenatural, prefiriendo la razón y la observación de la naturaleza como medios para adquirir conocimientos sobre el Creador.

En su obra más famosa "De Veritate" ("Sobre la Verdad"), propuso una "religión natural" que, argumentó, era común a todas las religiones y que podía ser descubierta a través de la razón y la lógica.

Esta religión natural tenía cinco artículos principales:

- Que existe un Dios supremo.
- Que este Dios debe ser adorado.
- Que la virtud y la piedad constituyen el principal elemento del culto.
- Que los seres humanos deben arrepentirse de sus pecados.
- Que existe una vida después de la muerte donde se premian la virtud y se castigan los pecados.

Las ideas de Herbert de Cherbury tuvieron una gran influencia en su época, porejemplo en su teoría del conocimiento, distingue entre nociones innatas, que son innatas en el ser humano, y conocimientos adquiridos, que se obtienen a través de la experiencia y el aprendizaje.

Sostiene que el conocimiento verdadero se logra cuando la mente concuerda con la cosa en sí misma. Mientras que en su papel como diplomático, Herbert de Cherbury también abogó por la paz y la resolución de conflictos a través de la diplomacia. Esto refleja su creencia en el racionalismo y la humanidad común, ideas que fueron fundamentales para su filosofía.

"No se agrega poco vigor y fuerza a las palabras, cuando se pronuncian de una manera limpia y fina, y algo fuera del camino ordinario, lenguaje común y aburrido que disfruta más del payaso que del caballero. Pero aquí también hay que evitar la afectación; es mejor para un hombre expresarse por una elocuencia natural y clara, que por esas palabras que pueden oler a lámpara o tintero"

MARIN MERSENNE 1588-1648

Myormente reconocido por su desarollo en la musica y sus aportaciones matematicas, Mersenne desde joven, entro a un monasterio para estudiar posteriormente de haber concluido en el College Royale du France educacion en teologia y filosofia. Tiempo despues cuando la Revolucion Francesa culmina , Mersenne asiste a dar clases en 1614 en otro monasterio para 2 años despues volverse lider del mismo.

en 1623 publico sus 2 primeros articulos en contra del ateismo y el escepticismo en Francia. Difundiendo el mensaje del uso de razon en la vida espiritual. Esto se vio de la misma forma con Herbert de Cherbury, ambos filosofos proporcionaban al pueblo el uso de razon para no crear ciegamente en falsos testimonios, que tambien fueran escepcticos y el reconocer que se pueden cuestionar.

Estuvo en contacto con Hobbes y con Gassendi, y mantuvo una amplia correspondencia con los más importantes científicos, teólogos y filósofos de su tiempo, a la vez que contribuyó al mejor conocimiento de la obras de Galileo.

Pero lo que más caracterizó la actividad de Mersenne fue su constante contacto con Descartes (se le llamó «el hombre de Descartes»), contribuyendo a difundir el pensamiento de éste al recopilar las objeciones (él mismo redactó algunas de ellas) a la Meditaciones Metafísicas cartesianas, que Descartes contestó y editó conjuntamente en la edición de esta obra. No obstante, no sólo Descartes influyó en el pensamiento de Mersenne, sino que la teoría de éste acerca del carácter subjetivo de las cualidades sensibles, basada en la distinción entre cualidades primarias y secundarias inspirada en Galileo, influyó en Descartes, que la adoptó en su filosofía.

R. Azbar, Enrique, 2007. Marin Mersenne Matemático, teólogo, filósofo y músico (1588 Oizé in Maine, Francia, 1648 Paris, Francia) https://www.ugr.es/~eaznar/mersenne.htm
Enciclpedia Herger.
https://encyclopaedia.herdereditorial.com/wiki/Autor:Mersenne,_Marin#:~:text=Mersenne%20acept%C3%B3%20el%20mecanicismo%20cartesiano,del%20esp%C3%ADritu%20con%20la%20materia.

Mersenne fue un defensor del pensamiento racional y del método científico, y desempeñó un papel importante en el desarrollo de la ciencia en el siglo XVII. Su enfoque en la importancia de la experimentación, la matemática y la evidencia empírica dejaron un legado duradero en la filosofía de la ciencia. Fue un firme defensor del método científico, que enfatiza la observación empírica y la experimentación. Se opuso a la filosofía escolástica, que se basaba más en la deducción y en la interpretación de textos antiguos. En lugar de eso, Mersenne argumentó que el conocimiento debía basarse en la evidencia empírica y la experimentación.

Mersenne creía que las matemáticas eran fundamentales para entender el mundo natural. Este enfoque estuvo en línea con el de otros científicos de su tiempo, como Galileo, y fue crucial para el desarrollo de la física y otras ciencias.

Hizo contribuciones significativas a la filosofía de la música. Estudió la relación entre la matemática y la música, y su obra "Harmonie Universelle" proporciona una de las discusiones más completas de la música desde un punto de vista científico y matemático durante su tiempo. Mersenne era crítico con las creencias populares en la magia y el ocultismo, que eran comunes en su época. Trató de combatir estas creencias con argumentos racionales y evidencia empírica.

Conocido por su papel de enfatizar que comunicación era el punto central para los académicos de su tiempo. A través de su correspondencia con otros pensadores importantes de la época, como René Descartes y Galileo Galilei, ayudó a difundir ideas y fomentar el debate. Este papel en el fomento de la comunicación y el debate científico es a veces referido como "mersennismo".

El Mersennismo representa una forma temprana de lo que hoy podríamos llamar la comunidad científica: un grupo de académicos que colaboran y comparten ideas con el objetivo de aumentar el conocimiento humano. Aunque Mersenne mismo no realizó muchos descubrimientos científicos importantes, su influencia en la promoción y la difusión de la ciencia durante su tiempo fue considerable.

Los fundamentos del Mersennismo se pueden describir de la siguiente manera:

> **Comunicación y colaboración**: Mersenne entendió la importancia de la comunicación y la colaboración entre los académicos. Creía que el progreso científico y filosófico dependía de la capacidad de los académicos para compartir y debatir ideas.

> **Diseminación del conocimiento**: Mersenne trabajó para diseminar nuevas ideas y descubrimientos, tanto a través de su propia escritura como a través de su correspondencia con otros académicos. Fue uno de los primeros en reconocer la

importancia de la difusión del conocimiento para el avance de la ciencia.

Interdisciplinariedad: Mersenne no se limitó a una sola disciplina, sino que participó en discusiones sobre una amplia gama de temas, incluyendo matemáticas, física, música y filosofía. Esta interdisciplinariedad fue un componente clave del Mersennismo.

Crítica de la superstición y la pseudociencia: Mersenne criticó a menudo la superstición y la pseudociencia, defendiendo en su lugar un enfoque basado en la razón y la evidencia empírica. Como parte de esto, argumentó en contra de la magia, la alquimia y el ocultismo, que eran populares en su tiempo.

Defensa del método científico: Como defensor del método científico, Mersenne enfatizó la importancia de la experimentación y la observación empírica. Creía que el conocimiento verdadero debía basarse en la evidencia, no simplemente en la tradición o la autoridad.

"La filosofía habría alcanzado hace mucho tiempo un alto nivel si nuestros predecesores y padres la hubieran puesto en práctica; y no perderíamos el tiempo en las dificultades primarias, que ahora aparecen tan severas como en los primeros siglos relatadas. Tendríamos la experiencia de asegurar fenómenos, que servirían de principios a la sana razón; la Verdad no estaría tan profundamente hundida; la Naturaleza habría retirado la mayor parte de sus envolturas; se verían las maravillas que encierra en todos sus individuos".

Thomas Hobbes

1588-1679

Thomas Hobbes (5 de abril de 1588-4 de diciembre de 1679) fue un filósofo inglés cuya obra Leviatán (1651) influyó de manera importante en el desarrollo de la filosofía política occidental. Thomas Hobbes era un erudito Inglés y matemático aficionado que escribió en la óptica y en la geometría.

Filosofo del derecho natural, derechos que todos poseemos. Creyente de que la razon es un elemento por el cual el universo, la cultura y la naturaleza se pueden mantener en la armonia.

En su obra más famosa, Leviatán, Hobbes señaló el paso de la doctrina del derecho natural a la teoría del derecho como contrato social. Entre sus aportes más importantes se encuentran los que hablaban de las formas de gobierno en la historia, desde los antiguos hasta sus días del siglo XVII.

Para la RAE, el elviatan proviene del lat. tardío Leviathan, y este del hebr. liwyātān.
1. m. Monstruo marino fantástico.
2. m. Cosa de grandes dimensiones y difícil de controlar. Este Estado es un leviatán.

Retomando etonces la primera definicion Leviatán es una criatura mitológica que se encuentra referida en la Santa Biblia, especialmente en el Antiguo Testamento. Se trata, en términos generales, de una criatura marina que representa el caos y el mal antes de la creación del mundo. Esta criatura habría sido creada por Dios.

Muchas interpretaciones le atribuyen un aspecto largo como de serpiente de mar. Otras, lo asocian con las ballenas o cachalotes. En todo caso, en cualquiera de estas interpretaciones se subraya su relación con el caos previo a la creación.

En el contexto de Hobbs fue publicado en el año 1651, y es considerada una de las obras de estudio social más importante de la historia. En ella, Hobbes hace un análisis profundo de lo que es el hombre y su comportamiento, consta de cuatro partes.

El Hombre	El Estado	Estado Cristiano	El reino de la oscuridad
Hobbes dice que el hombre actúa según su experiencia y que basada en resultados pasados, evitará que dichos resultados sucedan en el futuro.	Alos hombres, cansados ya de una constante pelea, deciden dejar a un lado sus diferencias y llegar a un consenso en el que ambos terminen beneficiados y colaborando para un mejor desarrollo	Decía que cuando Dios habla, lo hace a un hombre y le revela cosas a él, pero cuando ese hombre se las dice a otro argumentando que viene de Díos, ese otro hombre no está obligado a creerle	que es la cuarta y última parte de su obra, no se refiere al reinado de terror de Lucifer en el infierno, sino a la ausencia de saber, de conocimiento que da paso a la ignorancia y con ella, un sin fin de problemas éticos, sociales y morales.

https://arboldelademocracia.cuaieed.unam.mx/autor/Thomas_Hobbes
.https://www.significados.com/leviatan/.   https://dle.rae.es/leviat%C3%A1n
https://dle.rae.es/leviat%C3%A1n https://personajeshistoricos.com/c-filosofos/thomas-hobbes/

Thomas Hobbes, uno de los pensadores más influyentes de la filosofía política moderna, ofreció una visión única de la dinámica de poder que forma la base de las sociedades y los gobiernos. Hobbes argumentó que el sometimiento, el control y la obediencia son componentes esenciales de una sociedad ordenada. Aunque su visión fue objeto de numerosas críticas y debates, la relevancia de sus ideas perdura.

El marco de Hobbes se basa en una visión fundamentalmente negativa de la naturaleza humana. En su estado de naturaleza, argumentó, los seres humanos son libres pero viven en constante miedo e inseguridad, en una "guerra de todos contra todos". Este estado de caos constante es, según Hobbes, lo que motiva a los humanos a buscar orden y seguridad, incluso al costo de la libertad individual.

Aquí es donde entra en juego la teoría del contrato social de Hobbes. Para escapar del estado de naturaleza, los individuos ceden voluntariamente parte de su libertad a un soberano, formando un contrato social. A cambio, el soberano proporciona seguridad y mantiene la paz. El acto de ceder la libertad es un acto de sometimiento, un reconocimiento de que el bienestar colectivo es más importante que la libertad individual sin restricciones.

El soberano, en la visión de Hobbes, tiene un poder absoluto. Cualquier limitación de este poder, argumentó, podría llevar a un regreso al estado de naturaleza, una perspectiva que consideraba lo suficientemente temible como para garantizar la obediencia a un soberano absoluto. El poder del soberano, por lo tanto, reside en gran medida en el control que ejerce sobre los ciudadanos y su capacidad para garantizar su obediencia.

La obediencia a la autoridad soberana, para Hobbes, es un requisito esencial para la paz y la seguridad. Incluso si el soberano es tiránico, Hobbes sostuvo que la obediencia sigue siendo preferible al caos del estado de naturaleza. La amenaza del caos, por lo tanto, sirve como un poderoso incentivo para la obediencia.

Si bien las ideas de Hobbes pueden parecer extremas, su teoría proporciona una explicación convincente de por qué los seres humanos, a pesar de su amor por la libertad, están dispuestos a someterse a un gobierno central. Su filosofía pone de relieve cómo el miedo y la necesidad de seguridad pueden motivar el sometimiento y la obediencia.

La filosofía de Hobbes, por lo tanto, ofrece una perspectiva importante sobre el papel del sometimiento, el control y la obediencia en la formación de sociedades y gobiernos. Aunque su visión del absolutismo es discutible, su comprensión de la dinámica humana que subyace a la formación de sociedades sigue siendo relevante en nuestra comprensión contemporánea de la política y el gobierno.

Se mencionan a continuacion de forma laconica los aspectos más relevantes de su filosofía:

- ✓ **Naturaleza humana y estado de naturaleza**: Hobbes tenía una visión bastante sombría de la naturaleza humana. Sostenía que en el "estado de naturaleza", sin la estructura y la seguridad proporcionadas por un estado, la vida de los seres humanos sería "solitaria, pobre, desagradable, brutal y corta". Esto se debía a que los seres humanos son fundamentalmente egoístas y están en constante competencia por los recursos limitados.

✓ **Contrato social**: Según Hobbes, para evitar los horrores del estado de naturaleza, los seres humanos acuerdan formar un estado o un "Leviatán" mediante un contrato social. Renuncian a parte de su libertad a cambio de seguridad y orden. El estado, encarnado en un gobernante soberano, tiene el poder de mantener la paz y el orden y de castigar a quienes rompan el contrato social.

✓ **Absolutismo**: Hobbes es conocido por su defensa del absolutismo, una forma de gobierno en la que el gobernante tiene un poder total y sin restricciones. Sostenía que un gobierno fuerte y absolutista era necesario para mantener la paz y prevenir la anarquía.

✓ **Materialismo**: En filosofía natural y metafísica, Hobbes era materialista. Sostenía que todo en el universo, incluyendo la mente humana, puede explicarse en términos de materia en movimiento. Esta visión también se reflejaba en su creencia de que los humanos son impulsados por deseos y aversiones físicas, como el deseo de evitar la muerte y el dolor.

✓ **Empirismo**: Hobbes también puede ser considerado un empirista en epistemología, ya que sostenía que todo conocimiento proviene de la experiencia sensorial.

Negaba la existencia de ideas innatas, una postura que lo pone en conflicto con filósofos como Platón y Descartes.

La filosofía de Hobbes ha sido tremendamente influyente, y sus ideas sobre el contrato social y el gobierno han formado la base de gran parte del pensamiento político occidental posterior.

♣ LOS FAVORES OBLIGAN, Y LA OBLIGACIÓN ES UNA ESCLAVITUD.

♣ UNA DEMOCRACIA NO ES EN REALIDAD MÁS QUE UNA ARISTOCRACIA DE ORADORES, INTERRUMPIDA A VECES POR LA MONARQUÍA TEMPORAL DE UN ORADOR.

♣ EL GOBIERNO ES NECESARIO, NO PORQUE SEA NATURALMENTE MALO....

SINO PORQUE EL HOMBRE ES POR NATURALEZA MÁS INDIVIDUALISTA QUE SOCIAL.

PIERRE GASSENDI 1592-1655

Contemporáneo de Descartes y Hobbes, fue un filósofo, sacerdote, científico y astrónomo francés cuya influencia en el curso de la especulación filosófica y científica fue importante y profunda. Llevó la vida tranquila de un sacerdote estudioso y fue respetado como matemático y filósofo.

Tanto Locke como Newton reconocieron una deuda con Gassendi, cuyo principal objetivo era denunciar la filosofía puramente deductiva (axiomática) y dualista de Descartes y sustituirla por una ciencia observacional (inductiva) basada en el monismo físico.

Por estas razones, se suele considerar a Gassendi como el fundador del materialismo moderno, pero ese honor podría corresponder fácilmente a Hobbes, contemporáneo de Pierre Gassendi.

Consideraba que las actividades mentales eran totalmente explicables en términos de modificaciones físicas del cerebro e ideó una compleja teoría de los «rasgos» para explicar el comportamiento inteligente de hombres y animales.

Gassendi llegó a la conclusión de que el ser humano no es más que materia y, por tanto, puede ser estudiado y comprendido como cualquier otra cosa del universo.

Propuso un monismo físico no muy diferente al sugerido por los primeros atomistas griegos, como Demócrito y más tarde los epicúreos.

Pierre Gassendi formuló varias críticas al dualismo mente-cuerpo propuesto por Descartes, siendo la más contundente la observación de que la mente, si no fuera extensa (inmaterial), no podría tener conocimiento de las cosas extensas (materiales). Sólo las cosas físicas, dijo, pueden influir y ser influidas por las cosas físicas.

Tampoco podía entender por qué Descartes dedicaba tanto tiempo a demostrar que existía cuando era evidente que todo lo que se mueve existe. Descartes podría haber dicho: «Me muevo, luego existo». Según Gassendi, tal conclusión habría sido una gran mejora del «pienso, luego existo«.

ffPierre al cuestionarse y logra el objetivo de cambiar el enfoque de la comunicacion dando el materialismo y haciendo que sean escepticos a lo que habia planteado Descartes.

Viera S. 2022, Pierre Gassendi, FILOSOFIA DO INICIO.
https://filosofiadoinicio.com/es/2022/02/pierre-gassendi-2.html

RENE DESCARTES 1596-1650

COGITO ERGO SUM
PIENSO LUEGO EXISTO

Padre de la filosofia Moderna y del Racionalismo. Descartes menciona que podemos alcanzar certezas dando prioridad al uso de la razon.

Si hay algo de lo que se tiene duda, no hay que afirmarlo, si no tenerlo como falso.

Solo dudando de todo al menos una vez en la vida, se puede llegar alcanzar alguna verdad.

Para llegar a la certeza se deben de seguir 4 reglas:

1. Regla de evidencia: No aceptar verdades si no se esta convencido y claro.
2. Regla del Analisis: dividir los problemas en tantas partes como sea necesario.
3. Regla de la sintesis: Ir de lo simple hasta la complejidad con pasos logicos y racionales.
4. Regla de la enumeracion: Ir repitiendo los pasos uno a uno hasta que se este completamente seguro.

Cajal Flores, Alberto. (9 de abril de 2020). René Descartes: biografía, filosofía y aportaciones. Lifeder. Recuperado de https://www.lifeder.com/aportaciones-de-descartes/

RENE DESCARTES

Rene Descartes cambio el paradigma que tenian filosofos anteriores que se dejaban guiar por sus sentidos.
Si bien esta claro que en la filosofia Antigua se cuestionaba la Naturaleza, en la edad medieval, se cuestionaba a Dios y en la Filosofia Moderna al Hombre.

El Racionalismo se da en representantes de Francia, Alemania, Paises Bajos, entre otros. Mientras que en el Empirismo sus representantes son de Escocia, Gales, Inglaterra y Escocia.
Las 6 meditaciones metafisicas.
1. La Duda: Empezar desde cero
2. Cogito Ergo Sum
3. Dios: Ideas inhatas, Ideas adventicias, Ideas facticias. Dios es causa demi idea de infinito.
4. El Error: La voluntad no puede ir mas rapido que la inteligencia.
5. Argumento ontologico: La idea de un Dios, es por que existe uno.
6. Recuperacion del Mundo sensible: Se puede fiar de sus sentidos al utilizar las 4 reglas de llegar a la certeza.

René Descartes, filósofo francés del siglo XVII, ha dejado un legado profundo y duradero en la forma en que comprendemos y cuestionamos el mundo y nuestras experiencias. Considerado el padre del racionalismo moderno, Descartes desafió las formas tradicionales de conocimiento y sentó las bases para nuevas formas de pensar que siguen siendo fundamentales en el pensamiento filosófico y científico actual.

El método de la duda, introducido por Descartes, ha revolucionado la manera en que abordamos el conocimiento. Su postura era que debemos dudar de todas nuestras creencias hasta que lleguemos a aquellas que son indudables. Al hacerlo, encontró una certeza fundamental: "Cogito, ergo sum" (Pienso, luego existo). Este enunciado proporciona un punto de partida seguro desde el cual podemos construir nuestro conocimiento. Este método crítico y escéptico ha influenciado significativamente el pensamiento filosófico y científico, alentando a las personas a cuestionar constantemente sus creencias y suposiciones.

El dualismo cartesiano es otra contribución fundamental de Descartes. Propuso la existencia de dos tipos de sustancias en el mundo: la sustancia pensante (mente) y la sustancia extensa (cuerpo). Esta distinción entre mente y cuerpo ha tenido un impacto duradero en la filosofía de la mente y ha influenciado la forma en que pensamos sobre temas como la conciencia, la identidad personal y la relación mente-cuerpo.

Además, la visión mecanicista del cuerpo de Descartes ha tenido implicaciones significativas para el desarrollo de la ciencia y la medicina. Este enfoque ha permitido que los seres humanos sean vistos como sistemas físicos que pueden ser estudiados y comprendidos a través de la biología y la fisiología, abriendo nuevos caminos para el desarrollo de tratamientos médicos y el avance de las ciencias naturales. En el ámbito de las matemáticas, Descartes introdujo la geometría analítica, combinando álgebra y geometría. Este desarrollo permitió el uso de sistemas de coordenadas para describir figuras geométricas y representar ecuaciones, revolucionando la forma en que entendemos y aplicamos las matemáticas.

Sin duda, la influencia de René Descartes es profunda y duradera. Sus ideas sobre la duda metódica, el dualismo mente-cuerpo*, y la visión mecanicista del cuerpo han transformado la forma en que abordamos el pensamiento y la experiencia. Su legado nos recuerda la importancia de cuestionar constantemente nuestras creencias y perspectivas, y de buscar nuevas formas de entender y explorar el mundo que nos rodea.

El dualismo mente-cuerpo de Descartes, a menudo denominado dualismo cartesiano, es una de las teorías más conocidas en la filosofía de la mente. Según esta teoría, existen dos tipos de sustancias fundamentales en el universo: la sustancia pensante, o res cogitans, que es la mente; y la sustancia extensa, o res extensa, que es el cuerpo.

Descartes argumentó que la mente y el cuerpo son sustancias completamente distintas y pueden existir de forma independiente. La mente, según él, no es física y no está sujeta a las leyes de la física, pero puede pensar y percibir. Por otro lado, el cuerpo es una entidad física, extensa en el espacio, pero no puede pensar ni percibir.

A pesar de su separación, Descartes reconoció que mente y cuerpo interactúan en la vida humana, lo cual es evidente en nuestras experiencias diarias de sensación y movimiento. Sin embargo, la forma exacta en que la mente inmaterial puede afectar al cuerpo material, y viceversa, ha sido objeto de gran debate. Descartes propuso que la glándula pineal, un pequeño órgano en el cerebro, era el sitio de interacción entre la mente y el cuerpo, pero esta explicación no ha sido ampliamente aceptada.

El dualismo cartesiano ha tenido un impacto significativo en la filosofía y la ciencia, pero también ha enfrentado críticas y desafíos. Algunos críticos argumentan que el dualismo introduce más problemas de los que resuelve, en particular el llamado "problema de interacción" mencionado anteriormente. Otros sostienen que las modernas ciencias cognitivas y neurocientíficas han demostrado que la mente no es una entidad separada del cuerpo, sino un producto de procesos físicos y biológicos.

Por otro lado, el dualismo de Descartes ha influido en la forma en que pensamos sobre cuestiones como la identidad personal, la conciencia, la libre voluntad y la ética. A pesar de sus críticas, el dualismo cartesiano sigue siendo una postura influyente y discutida en la filosofía de la mente.

Con respecto al el racionalismo moderno de Descartes, este se basa en la idea de que los humanos tienen ideas innatas y conocimientos que son universales y necesarios. Estos conocimientos no se adquieren a través de la experiencia, sino que son inmediatamente accesibles a través de la razón. Descartes propuso que debemos dudar de todo conocimiento que provenga de la experiencia, ya que nuestros sentidos pueden engañarnos. Sin embargo, hay ciertos conocimientos, como las verdades matemáticas y la idea de nuestra propia existencia ("Cogito, ergo sum" - Pienso, luego existo), que son indudables y conocidos a través de la razón.

Este enfoque contrasta con el empirismo, que sostiene que todo conocimiento proviene de la experiencia sensorial. Para los empiristas, la mente al nacer es una "tabula rasa" o pizarra en blanco, y todo el conocimiento es adquirido a través de la experiencia.

El racionalismo de Descartes ha tenido una profunda influencia en la filosofía y en el desarrollo de la ciencia moderna. Su énfasis en la razón y el escepticismo hacia los sentidos ayudó a sentar las bases para el método científico, que busca demostrar las teorías a través de la lógica y la evidencia en lugar de la autoridad o la tradición.

Sin embargo, el racionalismo de Descartes también ha enfrentado críticas. Algunos argumentan que su confianza en la razón ignora la importancia de la experiencia y la observación en el conocimiento. Además, la idea de que tenemos ideas innatas ha sido desafiada, especialmente por los empiristas.

A pesar de estas críticas, el racionalismo de Descartes ha dejado un legado duradero en nuestra forma de pensar sobre el conocimiento, la razón y la verdad. Su pensamiento sigue siendo central en los debates filosóficos sobre la naturaleza y las fuentes del conocimiento.

Aunque el impacto directo de Descartes en la filosofía de la comunicación no es tan evidente como en otras áreas, sus ideas fundamentales han tenido importantes implicaciones en la forma en que entendemos y estudiamos la comunicación.

Primero, es esencial resaltar el método cartesiano de la duda sistemática. Descartes nos animó a cuestionar todo, incluso nuestras propias experiencias y percepciones, hasta encontrar verdades indudables. En la filosofía de la comunicación, esta actitud crítica es crucial. Nos invita a interrogar las suposiciones sobre cómo funcionan los procesos de comunicación, cómo se construyen los mensajes, cómo se interpretan y cuáles son sus efectos.

En segundo lugar, la famosa afirmación de Descartes, "Cogito, ergo sum" (Pienso, luego existo), pone de relieve el papel de la conciencia y la autoconciencia en nuestra existencia. En el ámbito de la comunicación, esto se traduce en la conciencia de uno mismo como un emisor de mensajes y como receptor de los mensajes de los demás. Esta autoconciencia juega un papel vital en la comunicación interpersonal, ya que nos permite adaptar nuestros mensajes de acuerdo con las respuestas de los demás.

En tercer lugar, el dualismo cartesiano, que postula la existencia de la mente y el cuerpo como dos entidades distintas pero interactuantes, tiene implicaciones significativas en la filosofía de la comunicación. Si bien este dualismo ha sido criticado, la distinción entre la mente y el cuerpo nos ayuda a comprender que la comunicación no es sólo una actividad física, sino también mental. Los procesos cognitivos, como el pensamiento, la percepción y la interpretación, son componentes esenciales de la comunicación.

Finalmente, Descartes fue un defensor del uso de un lenguaje claro y preciso. Creía que los pensamientos claros y bien ordenados deben expresarse de manera igualmente clara. Esta idea tiene una resonancia directa en la comunicación efectiva, que requiere la claridad y la precisión en la transmisión de ideas.

En conclusión, aunque René Descartes no se centró explícitamente en la filosofía de la comunicación, su influencia se hace evidente en varias áreas fundamentales. Sus ideas sobre la duda sistemática, la autoconciencia, el dualismo mente-cuerpo y la claridad en la expresión han contribuido a dar forma a nuestra comprensión de los procesos de comunicación y siguen siendo relevantes en las discusiones contemporáneas en la filosofía de la comunicación.

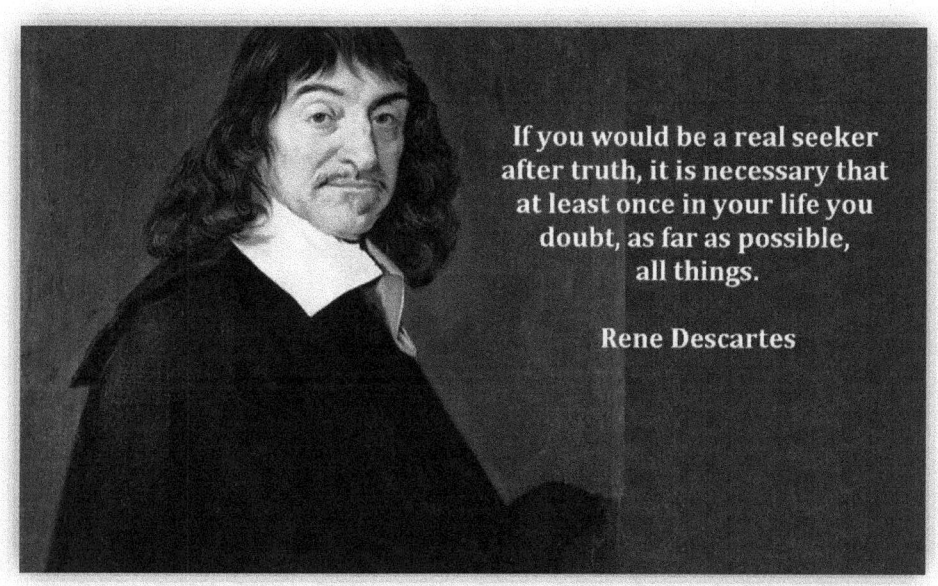

"No describimos el mundo que vemos, vemos el mundo que podemos describir"

"La duda es el origen de la sabiduría"

"No hay mada repartivo de modo más equitativo en el mundo que la razón: Todo el mundo está convencido de tener suficiente"

"Para investigar la verdad es preciso dudar, en cuanto sea posible, de todas las cosas"

"Los malos libros provocan malas costumbres y las malas costumbres provocan buenos libros"

ANTOINE ARNAULD 1612-1694

Antoine Arnauld fue considerado por sus pares como uno de los intelectuales europeos más destacados del siglo XVII. Arnauld había sido recordado principalmente como corresponsal de René Descartes, Gottfried Leibniz y Nicolas Malebranche, y como un cartesiano dogmático y acrítico que hizo pocas o ninguna contribución filosófica. De hecho, como sugieren muchas investigaciones más recientes, Arnauld no era un cartesiano dogmático y acrítico, e hizo muchas contribuciones filosóficas además de facilitar el desarrollo de los sistemas filosóficos de Descartes, Leibniz y Malebranche.

Arnauld fue coautor de obras con otros Port-Royalists, dos de los cuales merecen una mención especial. El primero de ellos es la gramática de Port-Royal. En esta obra de 1660, Arnauld y el coautor Claude Lancelot construyen un texto general sobre gramática, que definen como "el arte de hablar". Definen hablar como "explicar los propios pensamientos por medio de signos que los hombres han inventado al efecto". En 1662, Arnauld coescribió una obra similar llamada La Logique, ou L'art de Penser, es decir, La lógica o el arte de pensar (en adelante: Lógica) con Pierre Nicole. Arnauld y Nicole entienden el propósito de la lógica de "dar reglas para todas las acciones de la mente, y para ideas simples, así como para juicios e inferencias". Así, Arnauld y Nicole pretenden producir un texto basado en razonar bien y hacer buenos juicios. Arnauld y Nicole dividen el texto en cuatro partes: concebir, juzgar, razonar y ordenar.

Concebir es "la visión simple que tenemos de las cosas que se presentan a la mente" y es lo que hacemos cuando representamos cosas a la mente en forma de ideas antes de emitir juicios sobre ellas.

Juzgar es el acto de reunir diferentes ideas en la mente y afirmar o negar una u otra.

El razonamiento es la "acción de la mente en la que forma un juicio de varios otros".

Ordenar (o método) es la acción mental de ordenar "ideas, juicios y razonamientos" de tal manera que el arreglo sea "más adecuado para conocer el tema".

Eric Stencil Email: eric.stencil@uvu.edu Utah Valley University U. S. A.
https://iep.utm.edu/antoine-arnauld/

HENRY MORE

1614-1687

Poeta y filósofo de la religión inglés. Uno de los más destacados miembros del círculo de los platónicos de Cambridge. Aunque le educaron en la tradición calvinista abrazó el anglicanismo. En el Christ's College de Cambridge, donde estudió y, a partir de 1639, enseñó, formó un círculo con filósofos platónicos como Edward Fowler y John Worthington, que estaban bajo la influencia del escritor místico Joseph Mead, autor de La llave del apocalipsis en 1627. Otros miembros del grupo de los platónicos de Cambridge fueron Benjamin Wichcote y Ralph Cudworth. Inicialmente More estuvo fuertemente influenciado por el pensamiento de Descartes, pero paulatinamente abandonó el dualismo cartesiano para convertirse en un crítico del mecanicismo que, según él, conducía necesariamente al ateísmo.   Entre sus alumnos se halla la filósofa Anne Finch Conway, a cuyo requerimiento escribió Conjetura cabalística (1653). Su crítica al dualismo cartesiano la expuso en The Immortality of the Soule (1659) y se acentuó en su obra más importante, Enchiridion Metaphisicum (1671), donde elabora un pensamiento de corte espiritualista. También criticó el pensamiento de Hobbes y el ateísmo subyacente a su filosofía. Su concepción religiosa la expone en Un antídoto contra el ateísmo (1652), Una explicación del misterio grandioso de la devoción (1660), los Diálogos divinos (1652) y Enchiridion Ethicum (1667).

https://encyclopaedia.herdereditorial.com/wiki/Autor:More,_Henry

RALPH CUDWORTH 1617-1687

Filósofo y teólogo inglés, nacido en Aller Somersetshire, y educado en la Universidad de Cambridge, donde más tarde enseñó y figuró como jefe del grupo de teólogos y filósofos conocidos por los Platónicos de Cambridge. Su obra más importante ostenta el largo título de The True Intellectual System of the Universe: the first part, wherein all the reason and philosophy of atheism is confuted and its impossibility demonstrated (1618). Artificioso y erudito ataque contra el ateísmo, otro filosofo que en esta epoca arremete en contra del dogma. Ademas acomete la obra la empresa de presentar noblemente todos los casos que militan en favor del ateísmo para después refutarlos; la tesis resultante, a menudo plúmbea, se hace a veces incomprensiblemente mística en sus argumentos. Comunicar a los demas que el dogma no es la verdad absoluta es una mision fundamental de este y los demas filosofos de la era moderna temprana.

Ralph Cudworth es incluido en el grupo de los Platónicos de Cambridge. Su fuerte conexión con la universidad no evitó que participara de la vida política en la vertiginosa Inglaterra de su tiempo. Su obra principal es The True Intellectual System of the Universe (1678), extenso escrito que es una primera parte del proyecto amplio que el autor se había planteado, aunque ella presente una unidad cierta en sí misma. Fue traducida al latín por Johan Lorenz Mosheim en 1733 y tuvo circulación en Europa. Además, Cudworth dejó una cantidad no despreciable de manuscritos, entre los cuales se encontraban sus dos obras de publicación póstuma: Treatise concerning Eternal and Immutable Morality (1731) y Treatise on Freewill (1838).

Fuente: https://www.definiciones-de.com/Definicion/de/cudworth,_ralph.php © Definiciones-de.com
Strok N. 2022. La unidad de la sustancia inmaterial en Ralph Cudworth. natiska@gmail.com CONICET, Argentina. https://www.redalyc.org/journal/288/28870145011/html/

John Locke (1632-1704)

FILOSOFIA
JOHN LOCKE

Locke sostiene su prioridad ontológica, es decir estudiar al ser en general y a sus propiedades sin embargo también la metodología del pensamiento sobre el lenguaje

Esta idea se compara a la visión actual de la filosofía del lenguaje, para la cual el lenguaje y el pensamiento son considerados en el mismo nivel, es decir como conjuntos idénticos

Todo el pensamiento es sin duda para John Locke una idea que se puede dividir en simples o complejas

Locke fue uno de los mayores exponentes del empirismo y esté defiende que la única fuente del conocimiento es la experiencia y sobre todo que la percepción es la base del conocimiento

John Locke, un influyente filósofo del siglo XVII, hizo varias aportaciones significativas al pensamiento filosófico y político. Algunas de sus principales contribuciones incluyen:

Empirismo: Locke es conocido por su enfoque empírico en el conocimiento, sosteniendo que toda la información proviene de la experiencia sensorial. Su obra "Ensayo sobre el entendimiento humano" argumenta que la mente es una "tabula rasa" (tabla rasa) al nacer, y que el conocimiento se construye a través de la experiencia.

Teoría del contrato social: Locke desarrolló la idea del contrato social, que sostiene que la sociedad se forma mediante un acuerdo entre los individuos para crear un gobierno que proteja sus derechos. Esta teoría influenció el desarrollo de las democracias modernas.

Derechos naturales: Defendió los derechos naturales de los individuos, como la vida, la libertad y la propiedad. Argumentó que estos derechos son inalienables y deben ser protegidos por el gobierno.

Tolerancia religiosa: En su obra "Carta sobre la tolerancia", Locke abogó por la separación entre la Iglesia y el Estado y defendió la libertad de religión, argumentando que la creencia personal no debe ser coaccionada.

Gubernamentalidad limitada: Locke creía que el poder del gobierno debía ser limitado y que los ciudadanos tienen el derecho a derrocar a un gobierno que no proteja sus derechos. La responsabilidad del aquel o aquellos que ocasionan la paralización e inactividad del poder legislativa es difícil de establecer. Un modo de delimitar esa responsabilidad es inscribiéndola en el contexto de cada régimen político, pues la posibilidad real de usurpar las funciones del poder legislativo está en gran medida condicionada a su estructura de poder. En una monarquía, el príncipe está en una posición privilegiada, pues dispone de todos los recursos de la fuerza y el influjo

(1) para sustituir la voluntad del poder legislativo por la suya;

(2) impedir que el poder legislativo se reúna en las fechas que corresponda y que actúe libremente, poniendo una barrera material infranqueable para que realice su fin;

(3) alterar la composición del poder legislativo sin el consentimiento del pueblo, y, por lo mismo, corrompiendo el sistema representativo; y,

(4) en fin, por sí o con el concurso de terceros, transferir la soberanía legislativa a una potencia extranjera. En todos estos casos, la responsabilidad recae sobre el monarca, que dispone de la fuerza pública, el tesoro y los funcionarios del gobierno. En consecuencia, es él quien se hace acreedor de la desobediencia y la resistencia civil.

Locke no trata el asunto en el marco de otras formas de gobierno, porque considera que en ellas es extremadamente difícil que se provoque la paralización del poder legislativo. Existe la posibilidad de una sublevación del pueblo y la conspiración de una minoría (que puede ser una parte del mismo poder legislativo), pero siempre estas causas son menos importantes que la acción de la autoridad unipersonal del poder ejecutivo que conspira y opera contra el poder legislativo.

En otro contexto, Locke considera que la libertad de los individuos en estado de naturaleza, o estado moral original del hombre, consiste en que nacen dotados de la facultad de juzgar y decidir por sí mismos acerca de lo que es necesario y suficiente para su conservación y bienestar, sin estar sujetos a la autoridad de ningún otro hombre, salvo la de Dios. Esta capacidad, igualmente repartida entre todos los miembros del género humano, los hace independientes, o sea, dependientes sólo de sí mismos, exentos de toda sujeción o dominación terrenal.

La independencia de los seres humanos para valerse por sí mismos, en todo lo que concierne a su preservación y bienestar, se funda en el poder para extraer de su propia razón las normas para conducir su vida libremente y hacerse cargo del cuidado de sus semejantes. A las normas que el hombre extrae de su propia razón, Locke las llama indistintamente leyes de la naturaleza o de la razón. Según Locke, todos los hombres, y este es un sello distintivo de la especie humana, disponen de la guía de la ley de la naturaleza para regular y medir sus actos. No tienen, sino que acudir a su propia razón, la cual, en su función práctica, siempre les va indicar la norma conductora de su acción. Esta capacidad de adecuación entre la norma emanada de la razón y el caro humano está tratada por Locke en su obra filosófica y moral.

Los individuos pueden vivir pacíficamente y proteger sus bienes esenciales en estado de naturaleza. La libertad, la igualdad y la independencia de la cual los individuos son portadores y su capacidad para regular su vida gracias al uso práctico de su propia razón, nos interpelan en el momento de explicar por qué querrían integrarse a una sociedad políticamente organizada. Si en estado de naturaleza la ley de la razón ordena y regula relaciones de reciprocidad justas y equitativas, para que nadie tenga más jurisdicción y poder que el otro, ¿por qué querer salir del estado de naturaleza?; ¿por qué abandonar ese estado de "perfecta libertad"? Según Locke, la razón principal es que los individuos, en estado de naturaleza, están expuestos a la incertidumbre e inseguridad en el cuidado de sí (su vida, libertad y posesiones), que el autor llama genéricamente propiedades, y del otro.

En el pensamiento de Locke, el estado de naturaleza no es equivalente al estado de guerra. En estado de naturaleza opera la ley natural, que manda y prohíbe, y separa el mal del bien. Por lo tanto, el estado de guerra es un estado al cual se llega deliberadamente, con el designio de afectar la vida de un ser humano. El argumento es extensivo a la libertad y las posesiones. Locke dice que quien se propone poner a otro bajo su dominio absoluto, pretendiendo arrebatarle su libertad, también se pone en estado de guerra.

Estas ideas no solo influyeron en la filosofía política de su tiempo, sino que también sentaron las bases para el desarrollo del liberalismo y los derechos humanos en la era contemporánea.

La idea es el objeto del Pensamiento

En su obra más trascendente, Dos ensayos sobre el gobierno civil (1690), sentó los principios básicos del constitucionalismo liberal, al postular que todo hombre nace dotado de unos derechos naturales que el Estado tiene como misión proteger: fundamentalmente, la vida, la libertad y la propiedad. Partiendo del pensamiento de Hobbes, Locke apoyó la idea de que el Estado nace de un «contrato social» originario, rechazando la doctrina tradicional del origen divino del poder; pero, a diferencia de Hobbes, argumentó que dicho pacto no conducía a la monarquía absoluta, sino que era revocable y sólo podía conducir a un gobierno limitado.

La autoridad de los Estados resultaba de la voluntad de los ciudadanos, que quedarían desligados del deber de obediencia en cuanto sus gobernantes conculcaran esos derechos naturales inalienables. El pueblo no sólo tendría así el derecho de modificar el poder legislativo según su criterio (idea de donde proviene la práctica de las elecciones periódicas en los Estados liberales), sino también la de derrocar a los gobernantes deslegitimados por un ejercicio tiránico del poder

Jean-Jacques Rousseau (1712-1778)

El hombre ha nacido libre, y en todas partes está encadenado.

La educación debe ser el arte de hacer que la felicidad florezca.

La igualdad no consiste en que todos sean iguales, sino en que todos tienen derecho a serlo cuando así lo deseen.

La felicidad no es hacer lo que uno quiere, sino querer lo que se hace.

El verdadero fundamento de la sociedad es la igualdad de derechos.

Jean-Jacques Rousseau (1712-1778) es una de las figuras más influyentes en la historia de la filosofía, especialmente en el contexto de la ***Ilustración***. Su obra abarca temas que van desde la educación y la política hasta la moral y la naturaleza humana, temas que siguen siendo fundamentales en el pensamiento filosófico, político y social contemporáneo. Rousseau se distingue por sus reflexiones en torno a la libertad, la naturaleza humana y la organización de la sociedad. A través de obras como El Contrato Social y Emilio, Rousseau exploró ideas que hoy son pilares en áreas como la filosofía política, la teoría de la educación y los derechos humanos.

En este analisis se puntualiza la relevancia del pensamiento filosófico de Rousseau en estas áreas, subrayando su impacto en la modernidad y su legado en el pensamiento contemporáneo.

La Naturaleza Humana y el Concepto de "Buen Salvaje".

Rousseau revolucionó la comprensión de la naturaleza humana al proponer que el ser humano es esencialmente bueno en su estado natural, pero que la civilización y las instituciones corrompen su bondad innata. En su obra Discurso sobre el origen y los fundamentos de la desigualdad entre los hombres, Rousseau argumenta que en el "estado de naturaleza," los seres humanos eran libres, pacíficos y guiados por la compasión. Sin embargo, con el surgimiento de la propiedad privada, surgieron la desigualdad y la corrupción de la moralidad. Rousseau desafió así la noción tradicional de que la sociedad es una mejora del estado natural, sugiriendo en cambio que la civilización introduce deseos y competiciones innecesarias, generando alienación y conflictos.

Esta visión del ser humano influyó profundamente en corrientes filosóficas y en movimientos políticos y sociales. Al posicionar la bondad humana en el centro de sus reflexiones, Rousseau contribuyó a un cambio en la forma en que se pensaba sobre la moralidad y la ética, influyendo en teorías posteriores sobre los derechos humanos y las estructuras sociales equitativas.

El Contrato Social y la Teoría de la Voluntad General.

La contribución de Rousseau a la teoría política es quizás la más duradera, especialmente a través de su obra El Contrato Social. En esta obra, Rousseau plantea que los individuos deben someterse a una "voluntad general" para alcanzar una auténtica libertad y una sociedad justa. La noción de "voluntad general" se refiere al interés colectivo que representa el bien común de la sociedad, en lugar de los intereses individuales. Esta idea revolucionaria afirma que la verdadera libertad se encuentra no en hacer lo que cada individuo quiere, sino en actuar de acuerdo con las leyes que uno mismo, como miembro de la comunidad, ha ayudado a establecer.

El concepto de contrato social también desafió las estructuras de poder monárquicas de su tiempo, afirmando que el poder legítimo proviene del consentimiento de los gobernados. Rousseau argumenta que una sociedad es legítima solo si sus leyes y sus instituciones reflejan la voluntad de sus miembros, un principio que influyó en el pensamiento de las revoluciones americana y francesa y que hoy constituye un pilar de la democracia moderna.

El Rol de la Educación en la Formación del Individuo

En su tratado pedagógico Emilio, o de la educación, Rousseau expone su teoría de la educación, donde plantea que la formación de un ser humano libre y autónomo debe basarse en su desarrollo natural y su independencia. Rousseau critica la educación autoritaria que busca moldear al niño en función de las expectativas sociales y propone, en su lugar, un enfoque educativo que respete las etapas del desarrollo infantil y fomente la curiosidad y el aprendizaje autodirigido.

La obra Emilio fue pionera en su tiempo y sigue siendo relevante en el campo de la educación, pues cuestiona los métodos de enseñanza que imponen ideas y disciplinas rígidas en lugar de permitir el crecimiento personal y la autonomía. Su enfoque en la educación centrada en el niño influenció a pensadores posteriores como John Dewey y María Montessori, y hoy es una base fundamental en pedagogías que valoran el aprendizaje personalizado, la creatividad y el desarrollo emocional del estudiante.

Rousseau y su Crítica a la Desigualdad

Rousseau fue uno de los primeros pensadores en analizar críticamente las causas y los efectos de la desigualdad social. En su Discurso sobre la desigualdad, expone cómo la propiedad privada y la acumulación de bienes generan una división de clases que resulta en la opresión de unos sobre otros. Rousseau argumenta que las instituciones sociales y políticas deberían minimizar estas desigualdades para promover una sociedad más justa y equitativa.

Este análisis de la desigualdad social fue innovador y ha sido retomado posteriormente por pensadores en diversos momentos históricos, desde Karl Marx hasta los teóricos contemporáneos de la justicia social. Al señalar la relación entre las instituciones y la desigualdad, Rousseau abrió el camino para un análisis crítico de las estructuras de poder y su influencia en la vida de los individuos, un tema relevante hoy en día en el debate sobre el capitalismo, los derechos económicos y la justicia distributiva.

La Influencia de Rousseau en el Pensamiento Contemporáneo

El pensamiento de Rousseau sigue siendo influyente en múltiples campos, desde la filosofía política y la educación hasta la ética y la psicología. Su noción de la bondad humana influenció las teorías de los derechos humanos y continúa desafiando a quienes abogan por modelos de sociedad basados en la competencia y el individualismo. El concepto de contrato social y la voluntad general son fundamentos de la teoría democrática, y su visión de la educación sigue inspirando movimientos que buscan una educación más humana, inclusiva y respetuosa de la libertad y autonomía del individuo.

En el ámbito de la política, el énfasis de Rousseau en la igualdad y el bien común ofrece una alternativa ética frente al neoliberalismo y otras corrientes que priorizan el crecimiento económico sobre la cohesión social y el bienestar colectivo. Su crítica a la propiedad privada y a las estructuras de poder sigue siendo una fuente de inspiración para quienes promueven la justicia social y la redistribución de recursos.

Como se puede inferir, la relevancia del pensamiento filosófico de Jean-Jacques Rousseau radica en su capacidad para cuestionar las estructuras de poder, los modelos de educación y las ideas de libertad y justicia que prevalecían en su época, muchas de las cuales siguen vigentes. Su visión de una humanidad naturalmente bondadosa, corrompida por las estructuras sociales y políticas, proporciona una crítica fundamental al sistema que, siglos después, continúa siendo pertinente. Rousseau no solo ofrece un análisis profundo de la condición humana y sus desafíos, sino que también abre el camino a la posibilidad de un cambio radical en el que la sociedad esté construida en torno al respeto, la igualdad y la libertad auténtica.

El legado de Rousseau invita a repensar nuestras instituciones, nuestras relaciones y nuestros sistemas de valores, promoviendo la construcción de una sociedad más justa y humana.

En el Contrato Social, se proponen una serie de principios y cambios necesarios para construir una sociedad en la que todos los individuos puedan vivir de manera digna y equitativa.

El Contrato Social y la Voluntad General:
- Rousseau plantea que una sociedad justa debe estar basada en un "contrato social" en el cual los individuos acuerdan renunciar a ciertos intereses individuales para formar parte de una comunidad en la que se priorice el bien común. Esta renuncia no significa una pérdida de libertad, sino un intercambio que permite una mayor libertad colectiva.
- La "voluntad general" representa el interés colectivo de la sociedad, que se alcanza cuando los ciudadanos participan en la toma de decisiones que afectan al grupo en su conjunto. Rousseau argumenta que, cuando las leyes reflejan esta voluntad general, todos los ciudadanos pueden estar seguros de que las decisiones benefician a la comunidad y no solo a unos pocos.

Igualdad como Base de la Justicia:
- Para Rousseau, una sociedad justa es una sociedad donde no existen diferencias extremas de riqueza o poder. La desigualdad extrema, según él, es una fuente de corrupción y opresión, ya que permite que unos pocos controlen los recursos y ejerzan poder sobre los demás.
- Rousseau no promueve la eliminación total de las diferencias, sino que aboga por una igualdad en el acceso a las oportunidades y una moderación en las diferencias económicas para evitar que unos pocos dominen a la mayoría.

Participación Ciudadana y Democracia Directa:
- Rousseau creía en la importancia de la participación activa de los ciudadanos en el gobierno. Para él, la única forma de garantizar que el gobierno refleje realmente la voluntad general es mediante un sistema en el que los ciudadanos participen directamente en la toma de decisiones.
- Este enfoque de democracia directa permite a cada ciudadano tener voz en la creación de las leyes que rigen la sociedad, evitando que un grupo privilegiado o una élite política imponga sus intereses. En una sociedad más justa, todos los ciudadanos tienen el deber y el derecho de

Educación para la Virtud Cívica:
- Rousseau consideraba que la educación es fundamental para crear ciudadanos capaces de comprender y respetar el contrato social. En su obra *Emilio, o De la educación*, sostiene que la educación debe fomentar la autonomía, el pensamiento crítico y el sentido de responsabilidad hacia los demás.
- Una sociedad más justa, según Rousseau, requiere ciudadanos que actúen no solo en su propio interés, sino también en el interés de la comunidad. La educación, entonces, debe enseñar no solo conocimientos académicos, sino valores cívicos y éticos.

Fomento de la Virtud y la Moralidad:
- Rousseau creía que la justicia en una sociedad solo se puede mantener si sus miembros valoran la virtud y la moralidad. La libertad, para él, no significa hacer lo que uno quiera sin consecuencias, sino actuar en beneficio propio sin perjudicar a los demás y dentro del marco de la ley.
- Promover una cultura de respeto mutuo y de valores colectivos ayuda a consolidar una sociedad en la que los ciudadanos se comporten de manera ética y respeten el bien común, reduciendo así los conflictos y la corrupción.

Limitación del Poder y Evitar la Concentración de Riqueza:
- Rousseau consideraba que el poder y la riqueza no deben concentrarse en manos de unos pocos, pues esto lleva a la explotación de las mayorías. Propone, en cambio, limitar las desigualdades para garantizar que nadie tenga tanto como para poder comprar a otro, ni tan poco como para verse forzado a venderse.
- Para Rousseau, las instituciones deben estar diseñadas para impedir que una minoría poderosa controle las decisiones que afectan a toda la comunidad. En una sociedad justa, el poder debe estar distribuido y controlado para evitar el abuso y la injusticia.

Una Sociedad Basada en la Solidaridad y la Comunidad:
- Rousseau defiende la importancia de los lazos comunitarios y la solidaridad entre los ciudadanos. Para él, una sociedad justa es aquella en la que las personas se ven como miembros de una misma comunidad, con derechos y deberes hacia los demás.
- En lugar de una sociedad individualista, Rousseau imagina una comunidad unida donde cada persona siente responsabilidad por el bienestar colectivo. Esto significa que las leyes y políticas deben diseñarse de manera que fomenten la solidaridad y la cooperación, y no solo la competencia.

Es importante señalar que una de las grandes aportaciones Jean-Jacques Rousseau en referencia la comunicacion, se pueden inferir varios aspectos sobre la comunicación humana que siguen siendo relevantes hoy en día. Su visión sobre la naturaleza humana, la educación y la sociedad nos ofrece insights valiosos sobre cómo se desarrollan y se distorsionan nuestras formas de comunicación, y sobre cómo pueden mejorarse para promover una convivencia más armoniosa y auténtica. A continuación, se detallan algunas inferencias clave:

La Autenticidad en la Comunicación:

Rousseau defendía la idea de que, en su estado natural, el ser humano es genuino y compasivo, y que la corrupción surge al entrar en contacto con las estructuras sociales que fomentan la competencia y la hipocresía. Esto sugiere que una comunicación auténtica, que refleje verdaderamente los pensamientos y sentimientos, es una expresión de la naturaleza humana en su estado más puro.

En una sociedad compleja, las personas tienden a adoptar roles y máscaras, lo que puede llevar a una comunicación menos auténtica. Rousseau nos invita a reflexionar sobre la importancia de la sinceridad y la transparencia en las interacciones humanas, fomentando un diálogo genuino.

El Impacto de la Sociedad en la Comunicación:

Rousseau creía que la sociedad, con sus jerarquías y normas, condiciona el comportamiento humano y, por lo tanto, afecta la forma en que las personas se comunican. La competencia, el deseo de aprobación y el miedo al rechazo pueden hacer que la comunicación se vuelva calculada o manipuladora.

Esto nos lleva a inferir que la comunicación humana a menudo está influenciada por factores externos que pueden distorsionar las intenciones originales. La creación de entornos menos competitivos y más cooperativos podría permitir una comunicación más libre y sincera.

La Educación y la Expresión Individual:

En su obra Emilio, Rousseau argumenta que la educación debe permitir a cada individuo desarrollarse según su naturaleza, promoviendo la autonomía y la expresión personal. Esto tiene implicaciones importantes para la comunicación, ya que sugiere que una persona que ha sido educada para pensar y expresar sus ideas libremente será capaz de comunicarse de manera más auténtica y clara.

Rousseau nos deja una lección sobre la importancia de fomentar habilidades de comunicación desde una temprana edad, no solo como técnicas, sino como una forma de expresar el verdadero pensamiento individual sin restricciones.

La Importancia del Contexto Emocional:

Rousseau entendía que las emociones y la compasión son fundamentales en las relaciones humanas y, por ende, en la comunicación. Consideraba que, en el estado de naturaleza, los seres humanos son compasivos por naturaleza, y que esta cualidad debería reflejarse en cómo nos comunicamos.

Esto sugiere que una comunicación humana verdaderamente efectiva debe considerar el contexto emocional, promoviendo la empatía y la comprensión mutua. Una comunicación que no tiene en cuenta los aspectos emocionales es incompleta y corre el riesgo de generar malentendidos o conflictos.

El Papel de la Comunidad y el Bien Común:

Con su concepto de la "voluntad general" en El Contrato Social, Rousseau planteaba que las personas deben considerar el bien común en sus decisiones y acciones. En el ámbito de la comunicación, esto se traduce en la importancia de comunicar no solo en beneficio propio, sino teniendo en cuenta el impacto en los demás.

Esto nos lleva a inferir que la comunicación ética y responsable debe considerar el bienestar de la comunidad, promoviendo el diálogo y el respeto mutuo en lugar de la manipulación o la imposición de ideas.

La Desconfianza de la Palabra y la Prioridad de la Acción:

Rousseau, en algunos de sus escritos, expresó su desconfianza hacia la palabra y la retórica, que pueden ser utilizadas para engañar o manipular. Para él, las acciones hablan más fuerte que las palabras y son un reflejo más auténtico de las intenciones de una persona.

Este aspecto del pensamiento de Rousseau destaca la importancia de la congruencia entre lo que se dice y lo que se hace. En la comunicación humana, esto se traduce en la necesidad de respaldar las palabras con acciones, fomentando la confianza y la credibilidad en las relaciones.

Comunicación y Alienación:

Rousseau argumentaba que la sociedad moderna aliena a los individuos de su naturaleza verdadera. Este proceso de alienación puede crear barreras en la comunicación, haciendo que las personas se sientan desconectadas entre sí y de sí mismas.

Para superar esta alienación, Rousseau nos sugiere que la comunicación debe reconectar a las personas con sus propias emociones y valores genuinos, promoviendo relaciones humanas más profundas y menos fragmentadas.

En resumen, el legado de Rousseau en torno a la comunicación humana nos enseña la importancia de la autenticidad, la empatía, el contexto emocional, y la responsabilidad en nuestras interacciones. Su pensamiento sugiere que una comunicación auténtica, que respete la naturaleza humana y busque el bien común, puede ayudar a construir una sociedad más justa y cohesionada. Para Rousseau, la comunicación no es solo el intercambio de palabras, sino una expresión profunda de la naturaleza humana, y su enfoque nos inspira a buscar relaciones más honestas y significativas.

Immanuel Kant (1724-1804)

El Pensamiento Filosófico de Immanuel Kant y su Relevancia en el Mundo Contemporáneo

Immanuel Kant es una de las figuras más influyentes de la filosofía moderna. Su obra representa una síntesis de los sistemas racionalistas y empiristas anteriores, y sus ideas han marcado el desarrollo de la filosofía, la ética, la política y la epistemología. Con su Crítica de la razón pura, Crítica de la razón práctica y Crítica del juicio, Kant establece una filosofía sistemática en la que examina los límites del conocimiento, la naturaleza de la moralidad y el juicio estético. Este ensayo explora los aspectos fundamentales del pensamiento de Kant y su impacto en la filosofía contemporánea, así como su relevancia para cuestiones éticas, políticas y científicas del mundo moderno.

Epistemología y la Revolución Copernicana de Kant

La epistemología de Kant representa un cambio radical en la filosofía. Antes de Kant, los racionalistas y empiristas estaban en desacuerdo sobre la fuente del conocimiento. Mientras que los racionalistas, como Descartes, sostenían que el conocimiento proviene de la razón, los empiristas, como Hume, argumentaban que todo conocimiento se deriva de la experiencia sensorial. Kant propone una "revolución copernicana" en la filosofía al afirmar que el conocimiento no es solo una relación pasiva con el mundo, sino una construcción activa del sujeto.

Para Kant, el conocimiento surge de la interacción entre los datos de los sentidos y las estructuras mentales innatas que él llama "categorías" (como la causalidad, el tiempo y el espacio). Según Kant, no podemos conocer la "cosa en sí" (el objeto tal como es en realidad), sino solo el "fenómeno" (el objeto tal como aparece en la experiencia). Esta teoría, conocida como "idealismo trascendental," plantea límites a lo que podemos conocer, estableciendo una distinción entre la realidad incognoscible y la experiencia subjetiva.

La epistemología de Kant sigue siendo relevante en el mundo contemporáneo, especialmente en debates sobre la ciencia y la objetividad. En un tiempo en el que se cuestiona la neutralidad y los límites del conocimiento científico, la idea de que todo conocimiento está estructurado por el sujeto nos hace reflexionar sobre las limitaciones inherentes a nuestra comprensión del mundo.

Ética y la Moralidad Autónoma

Una de las contribuciones más significativas de Kant es su teoría ética, que desarrolla en la Crítica de la razón práctica y la Fundamentación de la metafísica de las costumbres. Kant sostiene que la moralidad no debe basarse en las consecuencias de una acción ni en los deseos individuales, sino en principios racionales universales. Este enfoque, conocido como deontología, postula que existen deberes y obligaciones morales que deben cumplirse sin importar las circunstancias.

El concepto central de la ética kantiana es el imperativo categórico, una regla que establece que uno debe "actuar solo según aquella máxima que puedas querer que se convierta, al mismo tiempo, en ley universal." Este principio exige que las acciones sean coherentes con un deber moral que pueda aplicarse a todos, rechazando así la instrumentalización de las personas y exigiendo respeto por la dignidad de cada individuo.

La ética de Kant es fundamental en el desarrollo de los derechos humanos y la justicia social en la era contemporánea. La idea de que cada individuo debe ser tratado como un fin en sí mismo y nunca solo como un medio es la base de los derechos humanos modernos. En un mundo que enfrenta dilemas éticos complejos, como la tecnología, el medio ambiente y los derechos individuales, la ética kantiana proporciona una brújula moral para decisiones difíciles.

La Paz Perpetua y la Filosofía Política de Kant

En su ensayo Sobre la paz perpetua, Kant presenta una teoría política visionaria en la que aboga por una federación de repúblicas que colaboren para garantizar la paz global. Según Kant, los conflictos entre naciones pueden reducirse si los estados adoptan un sistema de gobierno republicano y un marco legal que asegure los derechos individuales y fomente la cooperación pacífica.

La visión política de Kant se centra en la idea de la autonomía y el respeto mutuo entre naciones, así como en la creación de instituciones que promuevan la cooperación internacional. Su idea de una federación de naciones influyó en la creación de organismos internacionales como la Sociedad de Naciones y, más tarde, las Naciones Unidas.

En la actualidad, la filosofía política de Kant es relevante para los debates sobre el orden internacional, los derechos humanos y la justicia global. En un mundo interconectado y marcado por conflictos, el ideal kantiano de una paz perpetua basada en el respeto y la cooperación sigue siendo una meta importante, aunque difícil de alcanzar.

Estética y el Juicio de Gusto

Kant también hizo importantes contribuciones a la filosofía del arte y la estética en su Crítica del juicio. Aquí explora la naturaleza de la belleza y lo sublime, sugiriendo que el juicio estético no es simplemente subjetivo, sino que tiene una validez universal. Kant argumenta que, aunque el juicio de gusto es personal, debe tener la pretensión de universalidad, lo que significa que, en cierto sentido, la apreciación de la belleza tiene un fundamento común en la razón humana.

La teoría estética de Kant establece una distinción entre la belleza libre y la belleza adherente (o dependiente). La belleza libre es aquella que no está condicionada por conceptos o funciones (como una flor), mientras que la belleza adherente se encuentra en objetos con un propósito determinado (como una obra arquitectónica). Esta distinción ha influido en la teoría del arte contemporánea, planteando preguntas sobre la naturaleza de la belleza y el papel de la subjetividad en la experiencia estética.

La relevancia de la estética kantiana en el presente se observa en el campo de la crítica de arte, la filosofía del gusto y la teoría del diseño. La idea de que el juicio estético tiene un aspecto universal sigue influyendo en la crítica cultural y en el debate sobre los valores estéticos en la sociedad moderna.

La Razón y la Autonomía en el Pensamiento Contemporáneo

Una de las ideas centrales en el pensamiento de Kant es la autonomía de la razón, que plantea que el ser humano tiene la capacidad de actuar libremente de acuerdo con principios racionales y morales. Esta idea es la base de su visión ética y política, y sigue siendo un pilar de la filosofía y la ética contemporáneas. Kant sostiene que solo cuando actuamos de acuerdo con principios racionales podemos ser verdaderamente libres, ya que la autonomía es la capacidad de auto-gobernarse sin la imposición de deseos o influencias externas.

La autonomía kantiana es un ideal importante en la ética aplicada moderna, especialmente en el ámbito de la bioética, la justicia social y los derechos individuales. En un mundo donde se discuten los límites de la libertad personal frente al bien común, la filosofía de Kant proporciona un marco ético para pensar en el equilibrio entre la autonomía individual y las obligaciones hacia la sociedad.

Kant y el Pensamiento Crítico en la Ciencia y la Filosofía

Kant también desarrolló una perspectiva crítica que invita a cuestionar los límites y las capacidades del conocimiento humano. Esta idea se extiende más allá de la epistemología y ha influido en la filosofía de la ciencia. Para Kant, la razón tiene límites, y conocer estos límites es esencial para evitar errores y suposiciones infundadas. Esta perspectiva crítica es relevante en un contexto donde la ciencia avanza rápidamente y plantea dilemas éticos y existenciales, como la inteligencia artificial, la manipulación genética y el cambio climático.

La idea kantiana de la crítica invita a los científicos y filósofos contemporáneos a reflexionar sobre las implicaciones de sus descubrimientos y a considerar las limitaciones éticas y prácticas de la ciencia. En este sentido, Kant es un precursor del pensamiento crítico moderno, que busca no solo ampliar el conocimiento, sino también evaluar sus consecuencias y responsabilidades.

La Importancia e Impacto de las Teorías de Kant en Relación a la Comunicación

Immanuel Kant, conocido por sus aportes en epistemología, ética y filosofía política, no desarrolló directamente una teoría sobre la comunicación, pero su pensamiento ha ejercido una influencia significativa en cómo entendemos el proceso comunicativo y sus implicaciones éticas y epistemológicas. Las ideas kantianas sobre la autonomía, la razón, la ética y el respeto mutuo proporcionan un marco filosófico crucial para analizar y mejorar la comunicación humana, especialmente en un contexto donde la interacción y el flujo de información son cada vez más complejos y diversos. A continuación, se presenta un análisis de cómo las teorías de Kant han impactado y enriquecido el ámbito de la comunicación.

- ### La Autonomía y la Ética de la Comunicación

Uno de los principios centrales de Kant es la autonomía, entendida como la capacidad del individuo para actuar según sus propios principios racionales, sin ser controlado por influencias externas o deseos. Este concepto es especialmente relevante en la comunicación, ya que implica la importancia de la libertad y la autenticidad en las interacciones humanas.

Respeto por la Autonomía del Interlocutor: Kant sostiene que cada persona debe ser tratada como un fin en sí mismo, no como un medio para un fin. En términos de comunicación, esto implica que cada interlocutor debe ser respetado y no instrumentalizado. La comunicación ética kantiana requiere que las personas hablen y escuchen desde un lugar de respeto mutuo, evitando la manipulación, la persuasión coercitiva o el engaño.

Verdad y Honestidad en la Comunicación: Para Kant, la mentira y la falta de autenticidad son formas de manipulación que violan la autonomía del otro. Esto establece una base ética para la comunicación sincera y honesta, enfatizando que el respeto por el otro incluye la responsabilidad de ser veraces y transparentes.

⊙ El Imperativo Categórico y la Universalidad en la Comunicación

El imperativo categórico de Kant, que establece que uno debe "actuar solo según aquella máxima que puedas querer que se convierta, al mismo tiempo, en ley universal," ofrece un principio ético fundamental para la comunicación.

Comunicación Basada en Principios Universales: El imperativo categórico sugiere que nuestros actos comunicativos deben ser tales que deseemos que se apliquen a todos. Por ejemplo, si creemos en la importancia de la honestidad, entonces debemos practicar la comunicación honesta en todo momento, independientemente de la situación. Este principio universal evita la manipulación y fomenta una comunicación ética.

Responsabilidad y Consecuencia de las Palabras: Bajo este principio, Kant nos invita a considerar las consecuencias de nuestras palabras y a comunicarnos de manera responsable. En el contexto contemporáneo, esto se traduce en la ética de la comunicación en redes sociales, medios y en el discurso público, donde la información debe ser tratada con respeto y responsabilidad.

⊙ La Racionalidad y el Pensamiento Crítico en la Comunicación

Kant pone gran énfasis en la racionalidad como base de la autonomía y la ética. Esta racionalidad es esencial para un intercambio comunicativo efectivo y significativo.

Fomento del Diálogo Racional: La racionalidad kantiana implica que la comunicación debe ser un intercambio lógico y basado en argumentos, no en emociones o manipulaciones. Este enfoque se refleja en los ideales de la comunicación democrática y el diálogo informado, donde el objetivo es encontrar una comprensión compartida y llegar a conclusiones basadas en el razonamiento.

Pensamiento Crítico y Autonomía en la Recepción de Información: La filosofía de Kant también fomenta el pensamiento crítico al recibir información. En un mundo donde estamos constantemente expuestos a información, la teoría kantiana sugiere que las personas deben analizar y cuestionar los mensajes que reciben en lugar de aceptarlos pasivamente. Esto fortalece la autonomía y fomenta una sociedad de individuos reflexivos y críticos.

⊙ *El Respeto Mutuo y la Dignidad en el Discurso Público*

Kant aboga por tratar a cada individuo con dignidad y respeto, un principio que es particularmente relevante en el discurso público y en la comunicación interpersonal. Este respeto es la base de una interacción ética y constructiva.

Promoción de un Discurso Respetuoso y no Violento: En un entorno donde el discurso público se polariza y, a menudo, se degrada en ataques personales, el respeto kantiano exige que las personas se comuniquen sin menospreciar ni denigrar al otro. La comunicación debe centrarse en ideas, no en ataques a la persona, y debe siempre proteger la dignidad de todos los participantes.

Ética en la Persuasión y la Argumentación: Kant rechaza la manipulación y sugiere que la persuasión debe basarse en el respeto y en argumentos racionales. Esto es relevante para la comunicación política y publicitaria, donde el mensaje debe tratar al receptor como una persona racional y autónoma, no como un medio para un fin.

○ La Paz y la Cooperación Internacional en la Comunicación Global

En su ensayo sobre la paz perpetua, Kant sugiere que la cooperación y el respeto mutuo entre naciones son esenciales para la paz. Esta idea también se puede aplicar a la comunicación en el contexto global, especialmente en un mundo cada vez más interconectado.

Promoción de la Comprensión Intercultural: Kant creía en la necesidad de un marco universal para la paz y la cooperación. En el ámbito de la comunicación, esto se traduce en la importancia de entender y respetar diferentes culturas y contextos al interactuar globalmente. Su ideal de paz promueve una comunicación intercultural que valora la diversidad y fomenta el entendimiento mutuo.

Ética en la Comunicación Internacional y los Medios Globales: La filosofía de Kant plantea que las naciones deben relacionarse en términos de respeto y equidad. En los medios internacionales y en la comunicación entre naciones, esto implica la obligación ética de evitar el uso de la información para manipular, polarizar o causar conflictos, y de fomentar en su lugar una narrativa que respete a todas las partes involucradas.

○ La Relevancia de la Filosofía Kantiana en la Era Digital

La ética y la racionalidad kantiana ofrecen un marco particularmente relevante para enfrentar los desafíos éticos de la comunicación en la era digital. Hoy en día, las plataformas de redes sociales y los medios digitales son canales de comunicación masiva que influyen en la opinión pública y, a menudo, generan conflictos y desinformación.

Lucha contra la Desinformación y la Manipulación: La ética de Kant resalta la importancia de la veracidad y la transparencia en la comunicación. En el contexto digital, esto implica una responsabilidad ética de las plataformas y los usuarios para verificar la información antes de difundirla y evitar la manipulación.

Responsabilidad en el Uso de las Redes Sociales: El imperativo categórico invita a considerar cómo nuestras acciones online, incluyendo la forma en que nos comunicamos y lo que compartimos, afectarán a los demás. Este enfoque promueve un uso más consciente y ético de las redes sociales, con un énfasis en la autenticidad y el respeto hacia los demás.

El pensamiento de Kant ha impactado profundamente la forma en que entendemos la comunicación ética y racional. Sus principios de autonomía, racionalidad, respeto mutuo y universalidad proporcionan una base sólida para una comunicación auténtica, responsable y ética en el mundo contemporáneo. En un contexto global e interconectado, donde los desafíos de la desinformación, la manipulación y la polarización son cada vez más evidentes, la filosofía kantiana sigue siendo un referente valioso para promover un diálogo más humano, respetuoso y constructivo. Al aplicar los ideales de Kant en nuestra comunicación, no solo mejoramos nuestras interacciones individuales, sino que contribuimos a la construcción de una sociedad más justa y reflexiva.

LOS PENSAMIENTOS SIN CONTENIDO ESTÁN VACÍOS, LAS INSTITUCIONES SIN CONCEPTO SON CIEGAS.

A CAUSA DE UNA MENTIRA, UN HOMBRE ES CAPAZ DE ANIQUILAR SU PROPIA DIGNIDAD.

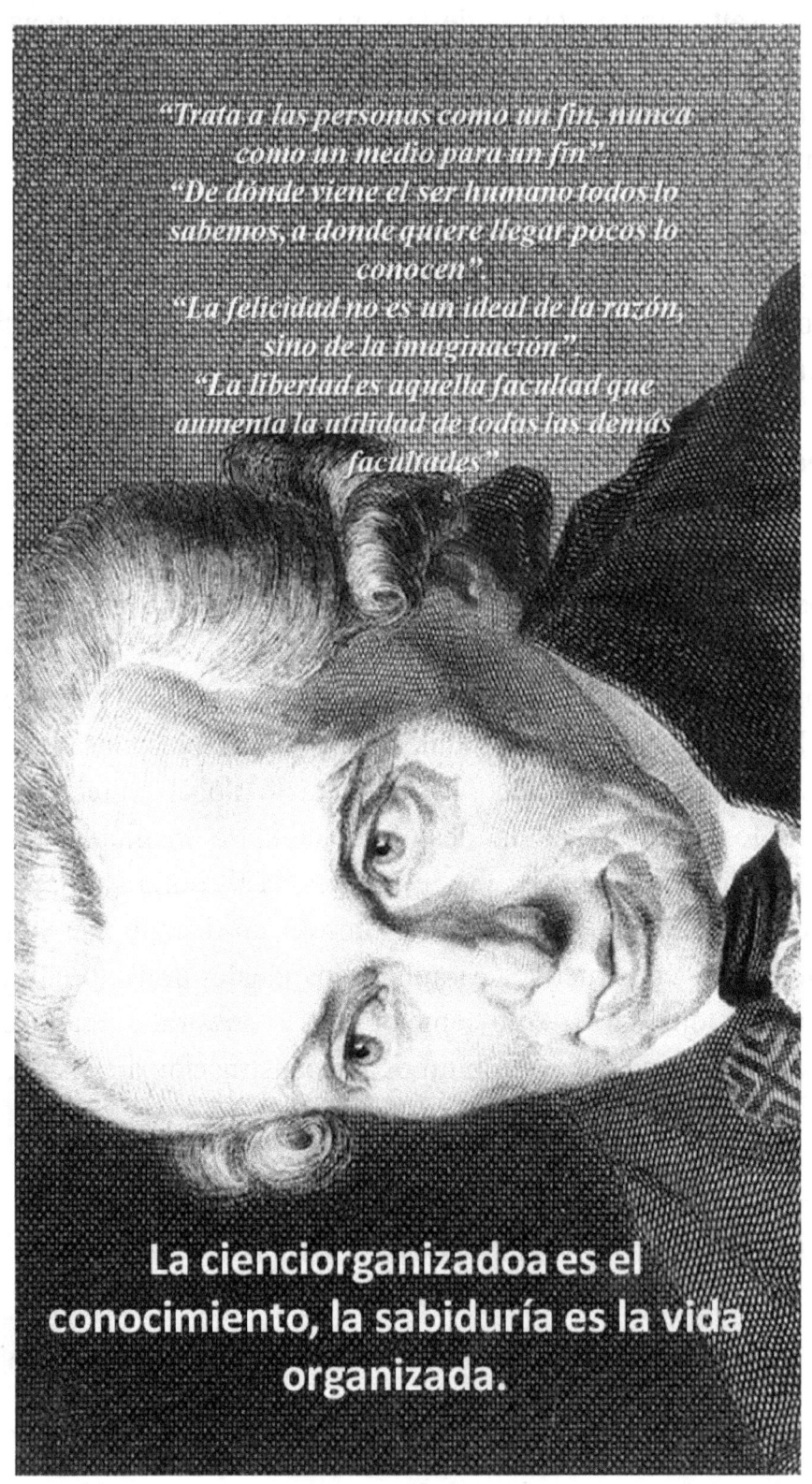

"Trata a las personas como un fin, nunca como un medio para un fin".
"De dónde viene el ser humano todos lo sabemos, a dónde quiere llegar pocos lo conocen".
"La felicidad no es un ideal de la razón, sino de la imaginación".
"La libertad es aquella facultad que aumenta la utilidad de todas las demás facultades".

La cienciorganizadoa es el conocimiento, la sabiduría es la vida organizada.

CAPÍTULO VIII

Filósofos Modernos y Contemporáneos

Saúl Hernández Salazar, Daniel Araiza Hernández,
José Luis Ibave González

CAPÍTULO VIII

Filósofos Modernos y Contemporáneos

Saúl Hernández Salazar, Daniel Araiza Hernández,
José Luis Ibave González

El *pensamiento filosófico moderno* abarca un amplio espectro de ideas y corrientes de pensamiento que surgieron desde el siglo XVII hasta el siglo XIX. Estos períodos fueron caracterizados por cambios radicales en la concepción de la realidad, el conocimiento, la ética y la política. A continuación, se explorarán los puntos medulares más destacados del pensamiento filosófico moderno:

a) ***Racionalismo y empirismo***: Dos corrientes filosóficas fundamentales que surgieron en la filosofía moderna fueron el racionalismo y el empirismo. El racionalismo, desarrollado principalmente por filósofos como René Descartes, Baruch Spinoza y Gottfried Leibniz, sostiene que el conocimiento se adquiere a través de la razón y la introspección. Los racionalistas creían en la existencia de ideas innatas y en la capacidad de la razón humana para alcanzar la verdad. Por otro lado, el empirismo, representado por filósofos como John Locke, George Berkeley y David Hume, sostiene que el conocimiento se deriva de la experiencia sensorial y la observación. Según los empiristas, la mente humana es una "tabula rasa" al nacer y todas las ideas se adquieren a través de los sentidos.

b) ***Dualismo mente-cuerpo***: René Descartes es conocido por su postura dualista sobre la mente y el cuerpo. Argumentó que la mente y el cuerpo son dos sustancias distintas con propiedades diferentes. Mientras que el cuerpo es una entidad física sujeta a las leyes de la naturaleza, la mente o el alma es una entidad no material, no extensa y dotada de facultades racionales. Esta distinción planteó interrogantes sobre la relación entre la mente y el cuerpo, así como sobre la naturaleza de la conciencia y la interacción entre estas dos entidades.

c) ***Crítica a la autoridad y el surgimiento del pensamiento crítico***: Durante la era moderna, hubo un marcado rechazo a la autoridad establecida, tanto en la religión como en la filosofía. Los filósofos modernos buscaron cuestionar las creencias tradicionales y las estructuras sociales dominantes, y enfatizaron la importancia del pensamiento crítico y la autonomía individual. Este enfoque fue particularmente evidente en la Ilustración del siglo XVIII, un movimiento intelectual que promovió la razón, la ciencia y la libertad individual como guías para el progreso humano. Filósofos como Immanuel Kant enfatizaron la importancia de la autonomía moral y la capacidad de razonamiento independiente.

d) ***Materialismo e idealismo***: La filosofía moderna también vio el desarrollo de diferentes posturas metafísicas. El materialismo, defendido por filósofos como Thomas Hobbes, argumentaba que la realidad consiste en entidades materiales y procesos físicos. Según los materialistas, todo lo que existe es físico y puede ser explicado en términos de la materia y sus interacciones. Por otro lado, el idealismo, promovido por pensadores como George Berkeley y Georg Wilhelm Friedrich Hegel, afirmaba que la realidad fundamental es de naturaleza mental o espiritual. Los idealistas sostenían que la mente o el espíritu es lo primordial y que el mundo físico es una manifestación de la mente o la conciencia.

e) ***Crítica a la metafísica tradicional y el surgimiento del escepticismo:*** Varios filósofos modernos cuestionaron la validez de la metafísica tradicional y la existencia de verdades absolutas. David Hume, por ejemplo, planteó dudas sobre la causalidad y argumentó que no podemos tener conocimiento certero sobre la relación de causa y efecto. Su escepticismo radical influyó en la epistemología y planteó la necesidad de una fundamentación más rigurosa para el conocimiento humano. Kant también abordó esta cuestión y propuso una síntesis entre el racionalismo y el empirismo, argumentando que hay estructuras a priori de la mente humana que condicionan la experiencia y la formación del conocimiento.

f) ***La revolución científica y el impacto en la filosofía:*** Durante la era moderna, la filosofía fue profundamente influenciada por los avances científicos y la revolución científica iniciada por Copérnico, Galileo y Newton. Estos descubrimientos científicos desafiaron las concepciones tradicionales sobre la naturaleza y el lugar del ser humano en el universo. La confianza en el poder de la ciencia y la metodología científica para obtener conocimiento objetivo se fortaleció, y muchos filósofos buscaron fundamentar sus argumentos en la evidencia empírica y el método científico.

Estos son solo algunos de los puntos medulares del pensamiento filosófico moderno. Cabe destacar que este período fue sumamente diverso y dio lugar a una variedad de corrientes de pensamiento, muchas de las cuales continuaron desarrollándose y evolucionando en la filosofía contemporánea. El pensamiento filosófico moderno sentó las bases para las investigaciones y debates actuales sobre la naturaleza de la realidad, el conocimiento, la ética y la política.

En esta evolucion filosófica, podemos destacar que el ***pensamiento filosófico contemporáneo*** abarca un amplio espectro de enfoques y temáticas, reflejando la diversidad y complejidad del mundo actual. Algunos aspectos destacados del pensamiento filosófico de la actualidad son:

a) ***Pluralismo filosófico:*** Existe una multiplicidad de enfoques filosóficos en la actualidad, lo que refleja una apertura a diversas perspectivas y un rechazo a la hegemonía de un solo enfoque filosófico. Se valoran las contribuciones de diferentes tradiciones filosóficas y se promueve el diálogo interdisciplinario.

b) ***Filosofía de la mente y de la conciencia:*** La naturaleza de la mente y la conciencia continúa siendo un tema central en el pensamiento filosófico contemporáneo. Se exploran cuestiones relacionadas con la relación mente-cuerpo, la naturaleza de la experiencia subjetiva y la conciencia, y el problema de la cualidad de lo mental (el problema duro de la conciencia).

c) ***Ética aplicada y filosofía política:*** La ética aplicada se ha convertido en un campo importante en la filosofía contemporánea, involucrándose en debates sobre temas como la bioética, la ética ambiental, la ética de la inteligencia artificial y la ética empresarial. Además, la filosofía política contemporánea aborda desafíos éticos relacionados con la justicia social, la distribución de recursos, los derechos humanos y las políticas públicas.

d) ***Filosofía de la tecnología y la inteligencia artificial:*** El avance de la tecnología y la inteligencia artificial ha generado una reflexión filosófica sobre sus implicaciones éticas, sociales y ontológicas. Se investigan cuestiones como la autonomía de las máquinas, la privacidad, el impacto social de la tecnología y la inteligencia artificial, y la relación entre la tecnología y la identidad humana.

e) ***Filosofía de la ciencia:*** La filosofía de la ciencia continúa siendo un campo relevante en la actualidad. Se discuten temas como la naturaleza de la explicación científica, el estatus epistémico de las teorías científicas, la relación entre la ciencia y otros campos del conocimiento, y los desafíos filosóficos planteados por los avances científicos contemporáneos, como la física cuántica y la biología evolutiva.

f) ***Hermenéutica y filosofía del lenguaje:*** La hermenéutica, el estudio de la interpretación y comprensión de textos y significados, ha adquirido importancia en el pensamiento filosófico contemporáneo. Se investigan las implicaciones de la interpretación en la construcción del conocimiento y la comprensión del mundo. Además, la filosofía del lenguaje aborda cuestiones relacionadas con el significado, la comunicación y la relación entre el lenguaje y el pensamiento.

g) ***Feminismo y estudios de género:*** La filosofía feminista y los estudios de género han influido en gran medida en el pensamiento filosófico contemporáneo. Se critica la tradición filosófica dominada por perspectivas masculinas y se analizan las relaciones de poder, la opresión y la discriminación basadas en el género. Además, se exploran temas como la identidad de género, la sexualidad y los roles sociales.

Lo anterior representa solo algunos aspectos destacados del pensamiento filosófico de la actualidad. Es importante no olvidara que la filosofía es un campo fertil en constante evolución y que continúa explorando nuevas preguntas y desafíos a medida que se desarrolla nuestra comprensión del mundo y las complejidades de la existencia humana.

Jean-Baptiste Lamarck
1744-1829

Es el teórico de la evolución temprana donde nos describe que el deseo de transformación es lo que provoca el cambio en un organismo y a su vez provocara el cambio de su descendencia.

Quien era?

Jean-Baptiste Pierre Antoine de Monet caballero de Lamarck (nacido en Bazentin Francia el 1 de agosto de 1744 – falleció en paris 18 de diciembre de 1829) filosofo francés nacido en bizantina el 1 de agosto de 1744 falleció el 8 de diciembre 1829.

Lamarck en su libro philosophie zoologique es donde se plantea por vez primera de manera formal el concepto de biología como disciplina científica. Lamarck (1986) habla de que la filosofía zoológica reúne el primer cuerpo de conocimiento del organismo que a su vez se enlaza el concepto de la evolución con el concepto de la herencia.

postulados referentes a la herencia

En el primero nos habla de **la herencia de caracteres adquiridos** esta fue en esencia fácilmente aceptada por Darwin, en esencia el postulado nos habla de los uso y desuso que afectan o son necesarios para la subsistencia de la especie deja o adquiere eso que necesita para sobrevivir en su ecosistema

En su segundo postulado nos encontramos con **la evolución lineal** que es en esencia nos habla de un fin y un principio para cada organismo de tal manera que estés se adapta a las circunstancias de su ecosistema, este postulado se basa en la herencia adquirida y en la generación espontánea

Jean-Baptiste Lamarck, biólogo y filósofo francés, hizo varias contribuciones significativas al campo de la filosofía y la ciencia. Su contribución más notable es el desarrollo de la teoría del lamarckismo, también conocida como la herencia de las características adquiridas.

Lamarck propuso que los organismos pueden cambiar y adaptarse a su entorno durante su vida, y estos rasgos adquiridos pueden ser heredados por su descendencia. Él creía que estos rasgos adquiridos se transmitían a través de un proceso llamado "uso y desuso" y se fortalecían aún más a través del principio de "herencia de características adquiridas".

Según Lamarck, los organismos podrían desarrollar nuevos rasgos o modificar los existentes a través de su interacción con el medio ambiente. Estos rasgos adquiridos luego se transmitirían a las generaciones futuras, lo que conduciría a la evolución progresiva de las especies a lo largo del tiempo.

La teoría de Lamarck tuvo un impacto significativo en la comprensión de la biología evolutiva y sentó las bases para el posterior desarrollo de la teoría de la selección natural de Charles Darwin. Si bien el mecanismo específico de herencia de las características adquiridas de Lamarck ha sido desacreditado en gran medida, su trabajo contribuyó al reconocimiento de que las especies experimentan cambios con el tiempo y ayudó a dar forma al desarrollo del pensamiento evolutivo.

P.S de Laplace (1749-1827)

Determinista. Demostró la estabilidad mecánica del sistema solar

¿Quién era?

Pierre-Simón Laplace nació en Beaumont en Auge, Normandía, Francia, 23 de marzo de 1749 falleció París, 5 de marzo de 1827

La filosofía de Laplace se destaca por ser determinista en otras palabras todo en el universo esta planeado de antemano

Como hombre de su época tenía una gran variación de temas de interés de estudio siendo matemático, astrologo y físico siguiendo las teorías de Newton

Laplace se destaca principalmente en los temas de probabilidad y de astronomía en algunas de sus investigaciones, siendo así que 1796 publicara una de sus obras maestras Exoposition de systeme du monde donde se postula la hipótesis cosmogónica

> En el fondo, la teoría de probabilidades es solo es sentido común expresado con números

¿Qué es la cosmogónica?

En su entendimiento como que el universo provenía de una nebulosa primitiva que envolvía un núcleo completamente condensado y con la temperatura muy elevada que rotaba sobre el eje que conjunto al movimiento se generaba en el plano ecuatorial e la nebulosa anillos sucesivos que en posterior conformaban plantas y satélites

Mientras tanto Laplace en matemáticas se destaca por su teorema matemáticas que permite simplificar el calculo de determinantes en matrices de elevadas dimensiones a base e descomponerlo en la suma de determinantes menores (Cordero, Miranda 2002)

Joseph de Maistre

1753–1821

Quien era?

Joseph-Marie, conde de Maistre (Chambéry, 1 de abril de 1753 - Turín, 26 de febrero de 1821)

De Maistre fue un teórico político y filósofo uno de los más acérrimo del pensamiento contrarrevolucionario en otras palabras era un conservador de ultraderecha (en un pensamiento actual)
Una de sus obras mas notables en la política es Consideraciones sobre Francia (1797)

A la par de su pensamiento anti-iluminismo es un peligro para un país católico por la razón "este sistema socava el principio de unidad y autoridad, que son las bases de la creencia católica"

En sus teorías políticas podemos observar que tiene grane influencia religiosa "que se ría de las ideas religiosas o que se las venere, no interesa: no por eso dejan de constituir, verdaderas o falsas, el fundamento único de todas las instituciones verdaderas" (De Maistre, 1978: 60).

Cada nación tiene el gobierno que se merece

Joseph de Maistre, filósofo y pensador contrarrevolucionario francés, desempeñó un papel importante en el desarrollo del pensamiento político y social conservador a finales del siglo XVIII y principios del XIX. Sus ideas y escritos filosóficos tuvieron un impacto duradero en varios campos, incluida la política, la religión y la sociedad. Aquí algunos aspectos clave del papel de Joseph de Maistre en la filosofía:

Tradicionalismo y autoridad: De Maistre abogó por un retorno a los valores, instituciones y jerarquías tradicionales como base del orden social y político. Rechazó los ideales de la Ilustración y la creencia en la autonomía individual, defendiendo en cambio la importancia de la autoridad, la obediencia y la preservación de las costumbres y tradiciones establecidas.

Derecho Divino y Monarquía: De Maistre apoyó firmemente el concepto de derecho divino, afirmando que los monarcas derivan su autoridad directamente de Dios. Creía que una monarquía hereditaria, con su estabilidad y continuidad inherentes, era la forma de gobierno más eficaz. De Maistre vio al monarca como una figura sagrada y un baluarte necesario contra la anarquía y el desorden.

Antirracionalismo y escepticismo: De Maistre criticó el énfasis de la Ilustración en la razón y la racionalidad. Expresó su escepticismo sobre la capacidad de la razón humana para comprender plenamente las complejidades del mundo. En cambio, abogó por una comprensión más intuitiva y mística de la verdad, arraigada en la fe religiosa y la revelación.

Papel de la religión y el catolicismo: La religión ocupó un lugar central en la filosofía de de Maistre. Defendió a la Iglesia Católica como una institución vital para el mantenimiento del orden social y el tejido moral de la sociedad. De Maistre creía que la Iglesia Católica proporcionaba la guía y la autoridad espiritual necesarias para garantizar el buen funcionamiento de las personas y las comunidades.

Providencialismo: De Maistre se suscribió a una visión providencialista de la historia, viendo los eventos y desarrollos como parte de un gran plan divino. Creía que Dios intervenía activamente en los asuntos humanos, guiando la historia hacia un fin predeterminado. Esta perspectiva sustentaba su creencia en la necesidad de preservar las instituciones establecidas y oponerse a los cambios revolucionarios.

La filosofía de De Maistre ejerció una influencia significativa en el pensamiento conservador y reaccionario de los siglos posteriores. Sus ideas, con su énfasis en la tradición, la jerarquía y la autoridad religiosa, continúan resonando entre quienes abogan por la estabilidad, el orden y el retorno a los valores tradicionales frente a los desafíos sociales y políticos. Sin embargo, es importante señalar que las ideas de de Maistre también han enfrentado críticas por su rechazo a las libertades individuales, sus tendencias autoritarias y su limitada aceptación de los principios democráticos.

Quien fue?

Isidore Marie Auguste François Xavier Comte fue un filósofo francés que nació el 19 de enero de 1798 y falleció el 5 de septiembre de 1857 formulo la dotrina del positivismo y es considerado el padre de la sociología

Augusto Comte
1798-1857

Con su teoría de la sociología el desarrollo de la sociología de acuerdo con el espíritu positivista vendría el orden social, a la par nos hablaba de que los principios de la sociología al igual que la física y la biología comprende dos partes

Estática y Dinámica

"Saber para prever, prever para obrar"

Para Comte el entendimiento de la sociedad era un ya que buscaba un punto de equilibrio para la sociedad

El positivismo de **Auguste Comte** ha tenido un impacto profundo y duradero en el avance de la teoría sociológica. Su amplio marco filosófico, basado en la observación empírica y los métodos científicos, sentó las bases para el estudio científico de la sociedad. Al enfatizar el estudio sistemático de los fenómenos sociales, el positivismo de Comte fomentó el desarrollo de la teoría sociológica y las metodologías de investigación. En este estudio del positivismo de Comte y su avance de la teoría sociológica, exploraremos sus contribuciones clave, incluido el enfoque en la observación empírica, el desarrollo de las leyes sociales y el papel del positivismo en la configuración de las perspectivas sociológicas.

Observación Empírica y Métodos Científicos: El positivismo de Comte priorizó la observación empírica como base para adquirir conocimientos válidos sobre el mundo social. Abogó por la aplicación de métodos científicos al estudio de la sociedad, alentando a los sociólogos a recopilar datos a través de la observación, la medición y la experimentación sistemáticas. Al fundamentar la investigación sociológica en evidencia empírica, el positivismo de Comte cambió el enfoque del razonamiento especulativo a hallazgos objetivos y verificables. Este énfasis en la observación empírica y los métodos científicos impulsó el avance de la teoría sociológica al proporcionar un enfoque riguroso y sistemático para comprender los fenómenos sociales.

Desarrollo de Leyes Sociales: Comte buscó identificar las leyes sociales que gobiernan el comportamiento humano y la dinámica social. Creía que la sociedad opera en base a leyes objetivas similares a las que gobiernan el mundo natural. El positivismo de Comte pretendía descubrir estas leyes mediante la aplicación de principios científicos. Al estudiar científicamente los fenómenos sociales, los sociólogos podrían identificar regularidades, patrones y relaciones causales dentro de la sociedad. El enfoque de Comte en las leyes sociales contribuyó al avance de la teoría sociológica al proporcionar un marco para comprender las regularidades y dinámicas de la vida social. Sentó las bases para que los teóricos posteriores desarrollaran teorías que explicaran los fenómenos sociales en términos de leyes y principios subyacentes.

Papel del positivismo en la configuración de las perspectivas sociológicas: El positivismo de Comte desempeñó un papel fundamental en la configuración de diversas perspectivas y enfoques sociológicos. Su énfasis en la observación empírica y los métodos científicos influyó en el surgimiento de la sociología positivista, que buscaba establecer la sociología como una disciplina científica distinta separada de la filosofía y otros campos. La sociología positivista se centró en el estudio de los hechos sociales observables y buscó descubrir las leyes generales que rigen la sociedad. Esta orientación positivista sentó las bases para los paradigmas sociológicos posteriores, como el funcionalismo y el estructuralismo, que también enfatizaron la observación empírica, el rigor científico y la búsqueda de leyes sociales.

Además, el positivismo de Comte influyó en el desarrollo de otras teorías sociológicas. Por ejemplo, Émile Durkheim, a menudo considerado como una de las figuras fundadoras de la sociología, se inspiró en el positivismo de Comte en su estudio de los hechos sociales y su énfasis en el papel de la integración social y la conciencia colectiva. El positivismo de Comte también influyó en la sociología interpretativa de Max Weber, que reconoció las limitaciones del positivismo pero aún así enfatizó la necesidad de una investigación científica sistemática y rigurosa para comprender los fenómenos sociales.

Como se puede elucidar, el positivismo de Auguste Comte ha hecho avanzar significativamente la teoría sociológica al promover el uso de la observación empírica, los métodos científicos y la búsqueda de leyes sociales. Al enfatizar la evidencia empírica, Comte cambió el enfoque de la investigación sociológica de la especulación a la observación y medición sistemáticas. Este cambio sentó las bases para los avances posteriores en la teoría sociológica, las metodologías y el establecimiento de la sociología como disciplina científica. El positivismo de Comte influyó en varias perspectivas sociológicas y proporcionó un marco para comprender los fenómenos sociales en términos de hechos observables, leyes sociales y regularidades. Si bien sus ideas específicas han enfrentado críticas y evolucionado con el tiempo, el impacto del positivismo de Comte en el avance de la teoría sociológica es innegable.

Madama de Stael (1766 -1817) Apegada al romanticismo integrando sentimientos y pensamento.

Quien era ella?

Anne-Louise Germaine Necker nació en París, 22 de abril de 1766 falleció el 14 de julio de 1817), Baronesa de Staël Holstein, conocida como Madame de Staël

Madame de Stael no solo era una mujer acaudalada de su época con importantes títulos, eso lo demuestra los diesiste volúmenes que componen sus obras que abarcan obras de ficción de diferente extensión, obras de teatro, estudios de crítica literaria y cultural, obras de historia y panfletos

Por lo tanto no es la mujer que introdujo a Francia el romanticismo alemán, es una de las grandes figuras dentro de la literatura con sus obras Delphine (1802) y Corinne (1807) sino que genera una línea que vincula a la mujer y a la libertad

Stael fue una novelista, teórica de la literatura salonniere y más recientemente como pensadora política, pero en consecuencia de su tormentosa vida sentimental sus estudios y escritos han sido desdibujados de la historia

Madame postulaba que la mujer había sido reducida después de la revolución ya que el hombre así lo consideraba útil en la política y en la moralidad para generar en las mujeres mediocridad de lo más absurdo.

Friederich Schieiermacher (1768 – 1834). Ideólogo hermenéutico

¿Quien era?

Friedrich Daniel Ernst Schleiermacher Breslavia, 21 de noviembre de 1768-Berlín, 12 de febrero de 1834

La hermenéutica es una rama filosofía que estudia lo escrito y el como se escribe es planteada por Aristóteles fue retomada por distinto autores, filósofos hasta llegar Schleiermacher define la hermenéutica como el proceso de dialogo que en teoría es la comprensión entre los interlocutores que implica un común acuerdo

A posteriori Schleiermacher expone con aspectos más psicológicos en el aria del individualismo para expresar a la hermenéutica por una vía de la reconstrucción de la manifestación de la vida

Para Schleiermacher la hermenéutica se divide en dos

El primero de ellos, mira el discurso en relación con la totalidad de la lengua, pues busca entender un discurso tan plenamente como sea posible

El segundo, se orienta a captar el estilo expresivo del autor

Georg Wilhelm Friedrich Hegel (1770 – 1831)

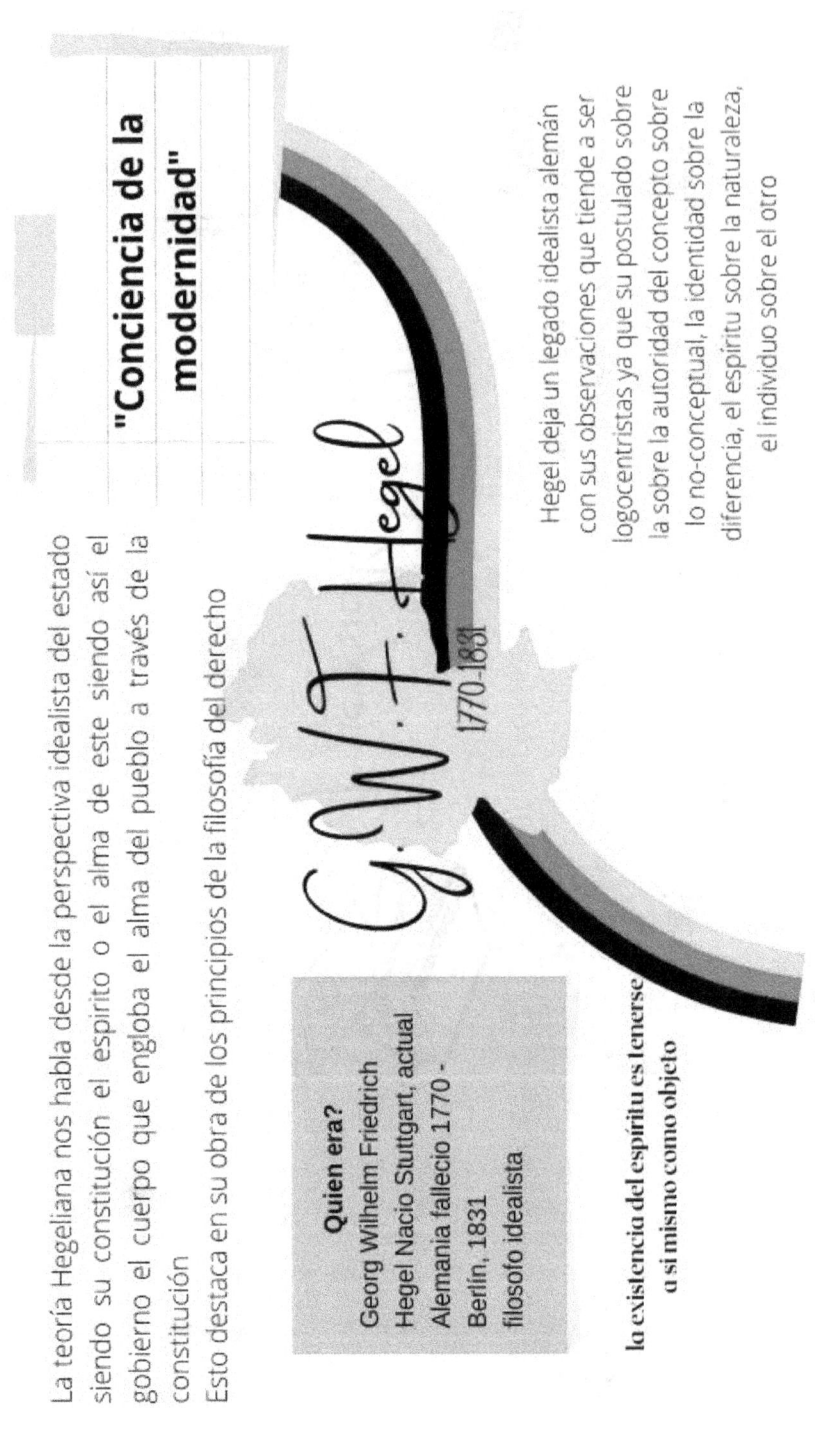

"Conciencia de la modernidad"

La teoría Hegeliana nos habla desde la perspectiva idealista del estado siendo su constitución el espíritu o el alma de este siendo así el gobierno el cuerpo que engloba el alma del pueblo a través de la constitución

Esto destaca en su obra de los principios de la filosofía del derecho

Quien era?
Georg Wilhelm Friedrich Hegel Nacio Stuttgart, actual Alemania fallecio 1770 - Berlín, 1831
filosofo idealista

Hegel deja un legado idealista alemán con sus observaciones que tiende a ser logocentristas ya que su postulado sobre la sobre la autoridad del concepto sobre lo no-conceptual, la identidad sobre la diferencia, el espíritu sobre la naturaleza, el individuo sobre el otro

la existencia del espíritu es tenerse a si mismo como objeto

Georg Wilhelm Friedrich Hegel, un filósofo alemán del siglo XIX, es conocido por sus obras en el ámbito de la filosofía, sobre todo por su desarrollo del idealismo absoluto. Su obra, "Filosofía del derecho" ("Grundlinien der Philosophie des Rechts"), es un texto crucial para cualquiera que estudie a Hegel, la ética, la política y el derecho.

Comprensión dialéctica de la libertad y los derechos:

Hegel presentó la libertad y los derechos como un proceso dialéctico que evoluciona desde los derechos individuales abstractos hacia una concepción más holística en el ámbito de la vida ética. Esta visión desafía las nociones estáticas tradicionales de libertad y nos anima a ver la libertad y los derechos como entidades dinámicas que cambian y evolucionan con el tiempo.

***Implicación moderna**: En la ley, este entendimiento a dado forma al reconocimiento de que las leyes y los derechos deben responder a los cambios sociales. A medida que la sociedad evoluciona, nuestras leyes e instituciones deberían poder adaptarse y proporcionar estructuras eficaces para la protección de los derechos y libertades.*

Esto tiene implicaciones para áreas como el derecho constitucional y los derechos humanos.

"Filosofía del derecho" ofrece una exploración profunda de las ideas de libertad, derecho y vida ética, y éstas se desarrollan dentro del marco de la filosofía sistemática de Hegel. Es crucial notar que este texto se encuentra dentro del sistema filosófico más amplio de Hegel, conectándose con sus trabajos sobre lógica, naturaleza y espíritu.

Tres partes principales componen la "Filosofía del derecho" de Hegel:

1. **Derecho abstracto** (Recht): Esta sección se centra en la idea de un solo individuo como titular de derechos. Hegel explora los conceptos de propiedad, contrato y personalidad, postulando la idea de que la realización de la libertad comienza con el reconocimiento de ciertos derechos individuales.

2. **Moralidad** (Moralität): Hegel pasa del individuo abstracto a los sistemas morales internos de una persona, considerando las intenciones subjetivas y la conciencia. Critica la noción kantiana de la moralidad como deber y explora las insuficiencias de un sistema moral puramente interno.

3. **Vida ética** (Sittlichkeit): La parte final es donde Hegel desarrolla plenamente su noción de libertad, argumentando que la verdadera libertad no se encuentra en el individuo abstracto o en las intenciones morales internas, sino en la vida de una comunidad. Esta comunidad se expresa a través de la familia, la sociedad civil y el Estado, proporcionando una estructura para que los individuos realicen su libertad en relaciones sociales concretas.

Es importante recordar que en todas estas secciones, Hegel ve el despliegue de la libertad y el derecho como un proceso dialéctico, un movimiento a través de la contradicción y la resolución. El objetivo final es lograr la libertad absoluta, donde el individuo y la comunidad estén plenamente integrados y la libertad se realice en la vida ética.

En términos de ética, la obra de Hegel ha tenido una influencia significativa, particularmente su concepto de Sittlichkeit (vida ética). Rechaza la idea de una ley moral universal, sugiriendo en cambio que la verdadera moralidad surge de la vida y las prácticas sociales.

Vida ética (Sittlichkeit):

La idea de Hegel de que la ética está incorporada en las prácticas e instituciones de la vida comunitaria es un alejamiento de las teorías morales abstractas.

Implicación moderna: Se entiende que las consideraciones éticas son parte de los contextos del mundo real, incluida la práctica profesional, las políticas institucionales y las normas sociales.

Education is the art of making man ethical.

En términos de política, el trabajo de Hegel proporciona una base para la comprensión del estado moderno y su papel en la realización de la libertad. Representa al estado como la realización última de la vida ética y lo ve como una encarnación de la voluntad universal.

En términos de derecho, el trabajo de Hegel ha influido en el desarrollo de nuestra comprensión de los derechos y la personalidad. Su énfasis en la dialéctica ha tenido un impacto duradero en la filosofía del derecho, contribuyendo a la comprensión de la naturaleza evolutiva de los sistemas jurídicos.

La Filosofía del derecho de Hegel, por lo tanto, es un estudio completo de estos reinos interconectados, que ofrece una imagen compleja y rica de la libertad humana, la existencia moral, la vida social y el papel del estado.

El Estado y la Libertad:

Hegel ve al estado como una institución donde los derechos y libertades individuales se armonizan con los intereses de la comunidad.

Implicación moderna: *esta idea da forma al derecho constitucional y la naturaleza de la gobernabilidad democrática. El papel del Estado en el equilibrio de las libertades individuales con los bienes públicos es una cuestión crucial en la formulación de políticas y leyes.*

El sistema filosófico integral de Georg Wilhelm Friedrich Hegel ha tenido un profundo impacto en nuestra comprensión de muchos conceptos, incluidos la libertad y los derechos. Hegel postula una visión dinámica y holística de estos conceptos, enfatizando su base en la vida social y comunal, que difiere significativamente de las interpretaciones individualistas tradicionales.

☆ Comprensión dialéctica de la libertad y los derechos

La base de la filosofía de la libertad y los derechos de Hegel es su método dialéctico, que postula que la libertad y los derechos evolucionan y se realizan en un proceso que se desarrolla a lo largo de la historia. Este proceso parte del derecho más abstracto -la libertad personal y el derecho a la propiedad- y avanza hacia formas más concretas en la moralidad (Moralität) y la vida ética (Sittlichkeit).

La razón de este proceso dialéctico es mostrar que la libertad y los derechos no son entidades estáticas, sino que se transforman continuamente y se realizan más plenamente con el tiempo.

☆ La libertad como entidad social

A diferencia de muchos filósofos de la Ilustración que veían la libertad como la ausencia de restricciones a la acción individual, Hegel postuló una concepción más sólida de la libertad. En su opinión, la verdadera libertad no se trata solo de poder hacer lo que uno desea, sino que implica realizar el potencial racional y ético de uno dentro del contexto social. Esta perspectiva se basa en la premisa de que los seres humanos son inherentemente sociales y, por lo tanto, sus libertades y derechos están inextricablemente vinculados a sus relaciones con los demás.

☆ Libertad y derechos en la vida ética (Sittlichkeit)

El concepto hegeliano de Sittlichkeit, o "vida ética", es una contribución significativa al discurso filosófico sobre la libertad y los derechos. Hegel postula que la verdadera libertad y la plena realización de los derechos no se encuentran en el individuo aislado de la sociedad, sino en la participación activa del individuo en instituciones sociales como la familia, la sociedad civil y el estado. Esto desafía la noción convencional de que el estado y la sociedad a menudo se oponen a la libertad y los derechos individuales.

☆ El Estado y la Libertad

Hegel visualiza el estado como la encarnación de la libertad, donde se armonizan los intereses individuales y el bien común. Sostiene que el estado, en su forma ideal, equilibra y protege las libertades y los derechos individuales mientras promueve el bienestar de la comunidad. Esta idea ha tenido una influencia considerable en la teoría y la práctica de los estados democráticos modernos.

☆ Reconocimiento y Libertad

Hegel también subraya el papel del reconocimiento en la actualización de la libertad. Sostiene que la libertad no es simplemente un estatus legal o político, sino un estatus social conferido a través del reconocimiento por parte de otros del propio estatus como persona libre e igual.

En conclusión, la filosofía de Hegel ofrece una comprensión única de la libertad y los derechos. Nos aleja de ver estos conceptos simplemente en términos de la ausencia de interferencias o restricciones, enfatizando en cambio sus dimensiones sociales y comunitarias. Al hacerlo, Hegel proporciona un marco convincente para comprender la compleja dinámica de la libertad y los derechos en nuestras sociedades contemporáneas.

Enfoque holístico de la libertad:

La concepción hegeliana de la libertad es mucho más que la mera ausencia de interferencia. Para él, la verdadera libertad implica reconocerse y realizarse en la vida de una comunidad.

Implicación moderna: Esto tiene implicaciones sobre cómo entendemos la justicia social. En las sociedades modernas, hay un énfasis creciente en la promoción de condiciones que permitan a las personas realizar su potencial, como a través de la educación, la atención médica y los servicios sociales. El objetivo no es simplemente eliminar los obstáculos, sino facilitar positivamente la capacidad de las personas para participar plenamente en la sociedad.

Reconocimiento y Libertad:

Hegel enfatiza la importancia del reconocimiento mutuo en la realización de la libertad. La libertad es un estatus social que proviene de ser reconocido por los demás como una persona libre e igual.

Implicación moderna: esto ha influido en los debates sobre la justicia social, particularmente en torno a cuestiones de discriminación y política de identidad. Informa las leyes y políticas destinadas a garantizar los derechos y el reconocimiento de los grupos marginados.

Georg Wilhelm Friedrich Hegel
Phänomenologie des Geistes

Comunidad y Libertad:

El énfasis de Hegel en la vida comunitaria como esencial para realizar la libertad ha influido en la filosofía política y la formulación de políticas.

Implicación moderna: las políticas que tienen como objetivo construir comunidades fuertes o involucrar a las comunidades en los procesos de toma de decisiones reflejan esta visión hegeliana. Esto se puede ver en el énfasis en la gobernabilidad local, las iniciativas de desarrollo comunitario y los procesos participativos de toma de decisiones.

William Whewell
1794 - 1866

> Cada fracaso es un paso, hacia el éxito

William Whewell fue un teólogo, filósofo y científico británico que nación el 24 de mayo de 1794 en Lancaster reino unido y falleció el 6 de marzo de 1866

Su interés filosófico parte a través de las ciencias exactas, para así dar importancia en el desarrollo de esta así lo estipula en sus obras de Aatronomy and general physics considered in Reference to Natural Theology (1833) y Mechanical Euclid (1837), a las que siguieron History of Inductive Sciences y Philosophy of the Inductive Sciences (1840).

Para whewell la frontera entre la humanidad y la ciencia era sen lugar a duda borrosa por lo tanto fue de igual medida un filosofo moral ya que en esencia sus teorías hablan de construir un sistema completo sobre distintos principios morales

Ralph Waldo Emerson (1803-1882). Trascendentalista que enfatizo los efectospracticos de ideas y principios.

No obstante, con el abrigo de romanticismo de trascendentalismo surgieron movimientos en Norteamérica bajo el termino "Nuevo pensamiento" (1875 – 1920)

Emerson defendía la teoría trascendentalita, que sostiene que la esencia de las cosas se logra mediante un proceso de contemplación e intuición y éxtasis

Así mismo para Emerson el trascendentalismo era la búsqueda del hombre obtuviera la revelación divina y que esta no genera ruido entre el y dios

MASSACHUSETTS

Ralph Waldo Emerson
1803-1866

Quien era?

Ralph Waldo Emerson nacido el 25 de mayo de 1803 en Boston, Massachusetts , EE. UU., murió el 27 de abril de 1882 en Concord , Massachusetts, conferencista, poeta y ensayista estadounidense, el principal exponente de Nueva Inglaterra . trascendentalismo .

El trascendentalismo de **Ralph Waldo Emerson**, una filosofía que surgió en el siglo XIX en los Estados Unidos, se ha convertido en una de las contribuciones más significativas de la nación a la tradición filosófica mundial. Su influencia se siente en una variedad de campos, desde la literatura hasta la psicología y la teología.

Emerson planteó un desafío directo a la mentalidad conformista de su tiempo y alentó a los individuos a confiar en sus propios pensamientos y sentimientos en lugar de buscar respuestas en la opinión de los demás. Este énfasis en el individualismo, en la necesidad de que cada persona busque su propia verdad y defina su propio camino, se convirtió en uno de los fundamentos de la filosofía trascendentalista. El individualismo de Emerson no era solipsista. Más bien, él creía que cada individuo estaba conectado a un "Oversoul" o "Alma del Mundo", una entidad espiritual que abarca a toda la humanidad y la naturaleza. De este modo, cada persona tiene la capacidad de acceder a una fuente de sabiduría y conocimiento que va más allá de lo que puede adquirirse a través de la razón o los sentidos. A través de la intuición, uno puede percibir este Oversoul y, por lo tanto, entender las verdades más profundas del universo.

Emerson también otorgó un papel significativo a la naturaleza en su filosofía trascendentalista. Para él, la naturaleza no es un mero objeto de estudio científico, sino un medio a través del cual las personas pueden conectar con el Oversoul y obtener una comprensión más profunda de la realidad. Por tanto, la observación y la experiencia de la naturaleza se convierten en actos espirituales, un medio para adquirir conocimientos y llegar a la verdad.

La filosofía trascendentalista de Emerson también implicó una fuerte crítica de las instituciones sociales y religiosas. Él cuestionó la autoridad de la iglesia y la tradición, argumentando que cada individuo debe buscar su propia conexión directa con lo divino. Este aspecto de su pensamiento ha tenido un profundo impacto en la filosofía y la teología contemporáneas, particularmente en aquellos movimientos que valoran la experiencia espiritual personal sobre el dogma institucionalizado.

En resumen, la filosofía trascendentalista de Ralph Waldo Emerson es una celebración del individuo y su conexión con un universo más amplio. A través de la intuición y la conexión con la naturaleza, cada persona puede acceder a una verdad más profunda y llevar una vida más auténtica. A pesar de haber surgido en el siglo XIX, el trascendentalismo de Emerson sigue siendo relevante hoy en día, proporcionando una alternativa al materialismo y al conformismo de la sociedad contemporánea.

El trascendentalismo de Ralph Waldo Emerson es una alternativa al materialismo y al conformismo de la sociedad contemporánea por varias razones:

- ✓ **El rechazo del conformismo**: Emerson argumentó que cada individuo debe buscar su propio camino y su propia verdad. Esta es una crítica directa a la noción de conformismo, que implica seguir las normas y expectativas sociales establecidas. Para Emerson, cada individuo es capaz de discernir su propia verdad a través de la intuición y la autoconfianza, liberándose de las expectativas impuestas por la sociedad.

- ✓ **Énfasis en la espiritualidad y la naturaleza**: En contraste con el materialismo, que se enfoca en lo tangible y lo físico, Emerson subrayó la importancia de lo espiritual y lo natural. Sostuvo que la naturaleza es un medio a través del cual los individuos pueden acceder a verdades universales más profundas y experimentar lo divino. Esta perspectiva se opone directamente al enfoque en el consumo y la posesión material que a menudo caracteriza a la sociedad contemporánea.

- ✓ **El valor del individuo**: En lugar de valorar a las personas por su riqueza material o su posición social, como a menudo ocurre en una sociedad materialista, Emerson enfatizó el valor inherente de cada individuo. Aseguró que cada persona tiene un acceso directo e intuitivo a lo divino y a la verdad, independientemente de su posición en la sociedad.

- ✓ **Crítica de las instituciones**: Emerson también criticó a las instituciones establecidas, tanto religiosas como sociales, por sofocar la libertad individual y la creatividad. En una sociedad a menudo dominada por estructuras institucionales y de poder, este aspecto de su filosofía proporciona una alternativa, animando a las personas a buscar su propio camino y a no aceptar ciegamente la autoridad institucionalizada.

Por tanto, el trascendentalismo de Emerson proporciona una respuesta a la sociedad contemporánea, ofreciendo una visión alternativa que valora el individuo, la naturaleza, la espiritualidad y la independencia. A través de su énfasis en la intuición y la autoconfianza, su filosofía anima a las personas a rechazar el conformismo y el materialismo y a buscar un sentido y propósito más profundos en sus vidas.

Ludwig Feuerbach. (1804-1872). Escéptico

Quien era?

Ludwig Andreas von Feuerbach nació 28 de julio de 1804 falleció 13 de septiembre de 1872) fue un filósofo alemán del siglo XIX, conocido por su crítica de las creencias religiosas.

"el hombre de carne y sangre"

Fue uno de los estudiantes mas destacados de Hegel quien crítico asiduamente la teologia especulativa alemana

Es considerado un puente para entender las ideas filosóficas de Hegel y Marx, aunque rechace el idealismo hegeliano

El es sus ideas en el giro antropológico teólogo nos habla que se logra volver al hombre material centro de una dialéctica antropológica propia del humanismo donde el hombre solo es hombre en relación con otro hombre esto lo podemos encontrar en su libro en "la esencia del cristianismo"
Ludwig es uno de los mas grandes representante del materialismo

Morgan fue una de las grandes influencias para la lógica y por ende a las matemáticas ya sea por sus teoremas o por las leyes de Morgan

en la segunda ley nos explica que el complemento de una suma de "n" variable es igual al producto de los complementos de "n"

En la primera ley podemos comprender que el complemento de un producto "n" variable es igual a la suma de los complementos de "n"

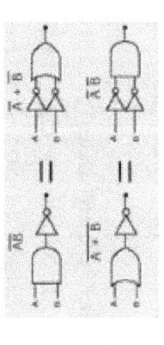

Augustus de Morgan

Nació en 1806 de junio de 27 Madurai india y falleció en marzo de 18 de 1871 en Londres reino unido fue un profesor de matemáticas en la University college de Londres entre 1828 y 1866

John Stuart Mill (1806-1875). Utilitarista

Quien fue?
filósofo, economista y político liberal que nació el 20 de mayo de 1806 en Pentonville Londres reino unido y falleció el 7 de mayo de 1873 en Aviñón Francia

Mill en su pensamiento destacaba que la felicidad como el último objetivo de la ética, sin embargo, Mill era un hombre que creía firmemente que la felicidad es la búsqueda constante de placer y huida del dolor, pero no todo placer tiene el mismo valor que otros y siempre van a ponderar aquellos de más alto valor esto no lo dice en su obra sobre el utilitarismo

La libertada para Stuart Mill es la idea sé que la sociedad se vuelve más fuerte si cada persona siente la libertad de toma sus propias decisiones, ya que esta va a dar el desarrollo de cada persona para así crear a un individuo completo

John Stuart Mill es uno de los filósofos más influyentes del siglo XIX y es conocido por su trabajo en la lógica, la economía política, la filosofía de la ciencia y la ética. Sus contribuciones a la filosofía se pueden categorizar principalmente en tres áreas: utilitarismo, libertad y política, y lógica y ciencia. Mill es quizás mejor conocido por su defensa del utilitarismo, una teoría ética que sostiene que la acción correcta es la que produce la mayor cantidad de felicidad para el mayor número de personas. La "felicidad" aquí se interpreta como placer y la ausencia de dolor. En su libro "Utilitarianism" (1861), Mill argumentó que los placeres intelectuales y morales son superiores a los físicos en términos de calidad, y esta distinción se convirtió en una característica definitoria de su versión del utilitarismo.

En su obra "On Liberty" (1859), Mill defendió la idea de que el individuo tiene derecho a actuar como le plazca, siempre y cuando sus acciones no perjudiquen a los demás. Mill fue uno de los primeros defensores del "principio de daño", argumentando que la única justificación para interferir en la libertad de una persona es prevenir daños a otros. En política, fue un firme defensor del liberalismo, defendiendo la igualdad de género y el sufragio universal. Mill también hizo contribuciones significativas a la lógica y la filosofía de la ciencia. En su obra "A System of Logic" (1843), defendió el método inductivo y argumentó que todos los conocimientos, incluso las leyes de la ciencia, provienen de la experiencia. El enfoque de Mill se conoce a veces como "empirismo radical", ya que rechazaba la idea de que hay alguna verdad innata o a priori.

El pensamiento filosófico de John Stuart Mill se caracteriza por su compromiso con el utilitarismo, su defensa de la libertad individual y la igualdad, y su enfoque empírico de la lógica y la ciencia.

"El amor al poder y el amor a la libertad están en eterno antagonismo"

"Los conservadores no son necesariamente estúpidos, pero casi todos los estúpidos son conservadores"

"Todo ser humano debidamente educado siente un verdadero interés por el bien público"

"No existe mejor prueba del progreso de la civilización que el progreso del poder de cooperación"

"Después del egoísmo la principal causa de una vida llena de insatisfacción, es la falta de cultivo intelectual"

Quien fue?

Pierre-Joseph Proudhon nació en Besançon 15 de enero de 1809 y falleció en Passy, el 19 de enero de 1865 fue un filósofo, político y revolucionario anarquista francés

"La propiedad es un robo"

Padre del anarquismo

P.J. Proudhon
1809-1885

Proudhon en su obra ¿qué es la propiedad? Nos propone una investigación acerca de principios del derecho y gobierno de una forma más anarquista donde nos dice que hay que identificar cundo la propiedad se puede volver hacia la tiranía o una defensa de la libertad

Proudhon en su obra ¿qué es la propiedad? Nos propone una investigación acerca de principios del derecho y gobierno de una forma más anarquista donde nos dice que hay que identificar cundo la propiedad se puede volver hacia la

ELABORADO POR:
JOSHUA BETANCOURT y JOSE LUIS IBAVE

CHARLES DARWIN

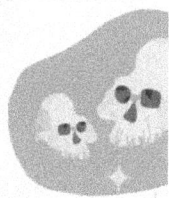

DARWINISMO SOCIAL

¿QUE ES?

El darwinismo social, es la teoría que nos explica que los grupos humanos y las razas se encuentran sujetos a las mismas leyes de selección natural que Charles Darwin había percibido en las plantas y los animales de la naturaleza.

Esta teoría fue muy popular a finales del siglo XIX y principios del siglo XX, los mas débiles se vieron reducidos y sus culturas delimitadas, mientras que los fuertes crecieron en poder y en influencia cultural sobre los débiles.

CARACTERISTICAS

- Aplicación al ser humano de las conclusiones que se extraen de la obra (El origen de las especies por Charles Darwin.
- La selección natural, idea que explica evolución del ser humano.
- A inspirado numerosas incursiones esclavización de la población.
- Es racista, puesto que cree en la superioridad unas razas sobre otras.

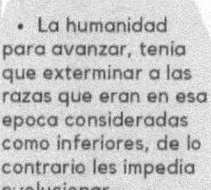

- La humanidad para avanzar, tenía que exterminar a las razas que eran en esa epoca consideradas como inferiores, de lo contrario les impedia evolucionar.

POSTULADOS DE DARWIN

- Darwin escribio algunos postulados como el de que las personas se dividian en razas civilizadas y salbajes, segun el apoyandose en la diferencia craneal y por l tnto, una asimetria en la inteligencia.

CONCECUENCIAS

- Fue usada para desechar el mito de la creación.
- Fue utilizada para eliminar aspiraciones religiosas.
- Su ideología se encuentra relacionada con posturas sexistas, etnocéntricas y racistas.
- Postura que sirvió de inspiración para Adolfo Hitler y así justificar el Holocausto.
- Se creía que el super poblamiento era un fenómeno inherente de la especie humana.

*Con frecuencia la ignorancia engendra mas confianza que el conocimiento: son los que saben poco, y **no** los que saben mucho, los que aseveran positivamente que este o aquel problema nunca será resuelto por la ciencia... **C. Darwin***

Soren Kierkegaard (1813-1855). Considerado como el primer Existencialista.

Quien era?
Filosofo Danes nacido en Copenhague en 1813 y falleció en 1855, fue un existencialista

Kierkegaard es el padre del existencialismo que tenía ciertas crisis emocionales por sus ideas y su religión en una de sus últimas obras nos deja ver «fue y soy un autor religioso, que toda mi obra de escritor se relaciona con el cristianismo, con el problema de hacerse cristiano» (Kierkegaard 1859) sin embargo él no creía que el ser cristiano no es algo que podemos basar en la tradición o la cultura religiosa, sino que proviene del interior.

Aun así, fue el primero en notar que el ser humano siempre vive en una paradoja existencialista relaciona su libertad con su principal inquietud entre sus principales dolencia la angustia y la inquietud, ya que nos habla de que "el yo" tiene libertad absoluta para elegir, pero por el silencio de Dios siempre nos deja en la incertidumbre

Al igual que nos deja con la enseñanza que "la vida solo puede ser comprendida mirando hacia atrás, pero ha de ser vivida mirando hacia adelante"

Søren Kierkegaard fue un filósofo y teólogo danés que es ampliamente reconocido como el fundador del existencialismo, una corriente filosófica que pone énfasis en la experiencia individual, la subjetividad y la libertad personal.

Kierkegaard criticó la tendencia de la filosofía de su época, particularmente el idealismo alemán representado por Hegel, por su enfoque en sistemas abstractos y objetivos de pensamiento. En cambio, Kierkegaard argumentó que la "verdad" es subjetiva y se encuentra en la experiencia individual y personal. Su famosa frase "la verdad es subjetividad" encapsula esta idea. De igual forma, disertó extensamente sobre la experiencia humana de la desesperación y la ansiedad, que consideraba intrínsecas a la condición humana. Según él, la desesperación surge de no vivir auténticamente, es decir, de no reconocer y aceptar nuestra libertad y responsabilidad individuales.

Kierkegaard argumentó que la fe es un "salto" más allá de la razón. Es una elección personal y subjetiva que va más allá de lo que se puede justificar lógicamente. Kierkegaard, que era profundamente cristiano, creía que este "salto de fe" era necesario para aceptar la paradoja del cristianismo, es decir, la idea de que Dios se convirtió en un ser humano en la figura de Jesucristo. Describió tres "etapas" o "esferas" de la existencia: la estética, la ética y la religiosa. La etapa estética se centra en la búsqueda del placer y la evitación del dolor. La etapa ética implica un compromiso con las responsabilidades morales y sociales. La etapa religiosa, que Kierkegaard consideraba la más alta, implica una relación personal y apasionada con Dios.

Cada etapa representa una forma diferente de vivir y de entender el mundo, y cada una viene con su propio tipo de desesperación si no se vive auténticamente. Kierkegaard a menudo usaba la ironía y una serie de pseudónimos para expresar sus ideas. Muchas de sus obras fueron publicadas bajo diversos nombres ficticios, cada uno con su propia personalidad y perspectiva. Esta estrategia literaria permitió a Kierkegaard explorar una variedad de puntos de vista y mantener al lector en un estado de incertidumbre interpretativa, reflejando la incertidumbre inherente a la existencia humana.

El pensamiento de Kierkegaard ha tenido una influencia profunda en una variedad de campos, incluyendo la filosofía, la teología, la psicología y la literatura. Aunque sus escritos son a menudo complejos y desafiantes, su enfoque en la experiencia humana individual y su insistencia en la importancia de la fe, la libertad y la autenticidad han resonado en muchas personas a lo largo de los años.

El ser humano es una síntesis de lo temporal y lo eterno, de lo finito y lo infinito.

Lo que me hace grande no es lo que me sucede, sino lo que hago con ello.

Rudolf Hermann Lotze fue un filósofo y lógico alemán. También contaba con un grado de médico y era muy versado en biología. Nació en mayo 21 de 1817 en Bautzen Alemania y falleció el primero de junio de 1881 en Berlín Alemania

Sus idas filosóficas iban versadas en el conflicto entre la estética y los principios científico que se basaban en el empirismo por lo tanto siempre trato de reconciliarlos por los hechos observados donde la ley natural y los valores son necesarios y objetivos

En su pensar el ser humano está sujeto en mente y cuerpo a las mismas reglas naturales

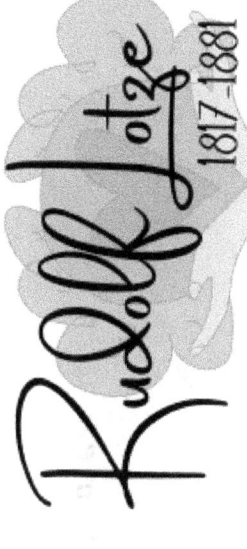

Mijaíl Aleksándrovich Bakunin fue un teórico político, filósofo, sociólogo y revolucionario anarquista ruso nacido el 30 de mayo de 1814 en Pryamukhino y falleció el 1 de julio de 1876 en Berna en suiza

Él promulgo el asociacionismo y el método de acción directa llevarían a la humanidad a su redención

Él creía en la abolición de las clases en la igualdad de los sexos, y por supuesto la propiedad en común de la tierra y de las riquezas que se encuentra en ella

Henry David Thoreau, (1817-1862). Trascendentalista

Que nos hablaba de «Hay una gran defensa de la libertad individual contra toda institución, gobierno o idea preconcebida».

En su obra la desobediencia civil nos dice que desobedecer es un acto público, mientras este sea no violento consiente y político por supuesto contrario a la ley. Thoreau fue encarcelado por oponerse a la guerra y la esclavitud, sus ideas lo llevaron a prisión, pero fue el precursor de pacifismo y la desobediencia civil

"La felicidad es como una mariposa, cuanto más la persigas, más se eludirá, pero si diriges tu atención a otras cosas, vendrá y se sentará suavemente sobre tu hombro". Henry David Thoreau

Quien fue?
Fue un escrito poeta filosofía con tendencia trascendentalita estadounidenses es autor de Walden y La desobediencia civil

Henry David Thoreau fue un filósofo, ensayista y naturalista estadounidense mejor conocido por sus obras "Walden" y "Desobediencia civil". Sus filosofías se centraron en varios temas clave:

Sencillez y autosuficiencia: Thoreau defendió una vida de sencillez y autosuficiencia, evitando las convenciones sociales y el materialismo. Esto es más evidente en su trabajo "Walden", donde detalla sus experiencias viviendo en una pequeña cabaña cerca de Walden Pond en Massachusetts, luchando por la autosuficiencia y el minimalismo.

Desobediencia civil e inconformidad: Thoreau es bien conocido por sus puntos de vista sobre la desobediencia civil y la conciencia individual frente a la autoridad del gobierno. En su ensayo "Desobediencia civil", argumenta que si un gobierno es injusto, la gente debe negarse a seguir la ley y distanciarse del gobierno en general. Este trabajo ha influido significativamente en los movimientos sociales y políticos de todo el mundo, inspirando a líderes como Mahatma Gandhi y Martin Luther King Jr.

Naturaleza y ambientalismo: Thoreau fue una de las primeras figuras importantes de la literatura estadounidense en centrarse en el mundo natural no solo como telón de fondo, sino como un componente central de la existencia. Observó el mundo que lo rodeaba con meticuloso detalle, extrayendo ideas filosóficas de estas observaciones. Creía que la cercanía a la naturaleza era un aspecto crítico de una vida plena, una visión que ha influido en el ambientalismo y la ecología.

Trascendentalismo: Thoreau fue parte del movimiento trascendentalista, un movimiento filosófico de mediados del siglo XIX que enfatizaba la intuición individual y la bondad inherente de las personas y la naturaleza. Los trascendentalistas creían que la sociedad y sus instituciones, en particular la religión organizada y los partidos políticos, corrompen la pureza del individuo. Tenían fe en que las personas están en su mejor momento cuando son verdaderamente "autosuficientes" e independientes.

Crítica de la sociedad moderna: Thoreau criticó la modernidad, la industrialización y el rápido progreso de la sociedad. Creía que estos desarrollos desconectaban a los humanos de su naturaleza esencial y fomentaban una comprensión superficial de la vida.

En general, la filosofía de Thoreau enfatiza la libertad individual, la cercanía a la naturaleza y la resistencia a la autoridad injusta, ofreciendo profundas reflexiones sobre la relación del individuo consigo mismo, la sociedad y el mundo natural.

La creencia de Thoreau en el deber del individuo de resistir las leyes injustas refleja una forma de anarquismo filosófico, mientras que su defensa de la autosuficiencia promueve la idea de la autonomía individual, un principio clave del pensamiento anarquista. Su marco filosófico no apoya el caos o la anarquía típicamente asociados con el anarquismo, sino que enfatiza la independencia y la resistencia pacífica y basada en principios, alineándose con los fundamentos más matizados y filosóficos del anarquismo.

El anarquismo, como filosofía política, aboga por la abolición del gobierno y el establecimiento de una sociedad basada en instituciones cooperativas voluntarias. Enfatiza el principio de la autonomía individual, creyendo que los individuos son capaces de gobernarse a sí mismos sin la interferencia de una autoridad centralizada.

Henry David Thoreau, aunque oficialmente no era un anarquista en términos de identificación con el movimiento político, incorporó muchos principios consistentes con el anarquismo en sus obras filosóficas. Tenía una profunda desconfianza hacia el gobierno, declarando en "Desobediencia civil": "*El mejor gobierno es el que menos gobierna*". Esta creencia resuena con la filosofía anarquista.

La principal contribución de Thoreau al pensamiento anarquista viene a través de su concepto de desobediencia civil. Postuló que los individuos tienen el deber moral de resistir y violar las leyes injustas. Esta es una forma de protesta no violenta contra la autoridad estatal, alineándose con los principios anarquistas que resisten la autoridad centralizada, especialmente cuando comete injusticia. Además, el principio de autosuficiencia de Thoreau, como se ilustra en su experimento en *Walden Pond**, se alinea con los valores anarquistas.

Abogó por un estilo de vida simple, independiente de las convenciones sociales y los deseos materiales, simbolizando una vida sin dependencia de las estructuras estatales. Esta idea es paralela a la visión anarquista de comunidades autónomas y autosuficientes.

Sin embargo, es importante distinguir que Thoreau no abogó por la disolución completa del gobierno, a diferencia de algunas formas de anarquismo. En cambio, abogó por la mejora del gobierno, afirmando: "La autoridad del gobierno ... para ser estrictamente justa, debe tener la sanción y el consentimiento de los gobernados". Esta idea es más afín al libertarismo o al minarquismo.

En conclusión, aunque Thoreau nunca se identificó como anarquista y no pidió la abolición total del gobierno, sus filosofías de desobediencia civil, autosuficiencia y desconfianza en la autoridad del gobierno resuenan con muchos principios del anarquismo. Por lo tanto, sus obras tienen un valor significativo en las discusiones sobre el anarquismo y proporcionan una base filosófica para la resistencia pacífica basada en principios y la autonomía individual.

- *Walden Pond, libro que narra las experiencias de Thoreau a lo largo de dos años, dos meses y dos días en una cabaña que construyó cerca de Walden Pond en medio de un bosque propiedad de su amigo y mentor Ralph Waldo Emerson, cerca de Concord, Massachusetts. "Walden" es tanto un relato detallado del experimento de Thoreau sobre la vida sencilla como un profundo tratado filosófico sobre la autosuficiencia, la independencia personal y la relación del individuo con la naturaleza.*

Thoreau se embarcó en el experimento de Walden para vivir la vida en su forma más simple y ver lo que tenía que enseñar. Construyó una pequeña cabaña, cultivó y cazó su propia comida, y pasó la mayor parte de sus días en soledad, leyendo, escribiendo y observando la naturaleza. A través de esta experiencia, Thoreau desarrolló una profunda creencia en la autosuficiencia y el individualismo, argumentando que la vida de uno debe estar dictada no por las normas y expectativas sociales, sino por los propios valores y deseos.

Una parte considerable de "Walden" está dedicada a descripciones detalladas del entorno natural de Walden Pond. Thoreau observó los cambios de estación, las plantas locales y la vida silvestre con gran interés, extrayendo ideas filosóficas más amplias de estas observaciones. Thoreau creía en el poder restaurador e iluminador de la naturaleza y defendía la preservación del medio ambiente y el respeto por el mundo natural. De igual forma, sirve como una crítica de la rápida industrialización y el consumismo que Thoreau percibió en la sociedad estadounidense del siglo XIX. Lamentó la desconexión de la naturaleza que fomentaba la vida moderna y condenó la búsqueda de la riqueza como un impedimento para la verdadera autocomprensión y la felicidad. Thoreau sugirió que el materialismo y la obsesión por el progreso distraían a las personas de llevar vidas verdaderamente satisfactorias.

La experiencia de Thoreau en Walden Pond lo llevó a nuevos entendimientos espirituales. Influenciado por el trascendentalismo, creía en la bondad inherente de las personas y la naturaleza. Su tiempo en el bosque no se trató solo de aislamiento físico y social, sino también de descubrimiento espiritual. Percibió una profunda conexión entre la humanidad y la naturaleza y creía que la soledad y la autorreflexión podían conducir a una comprensión trascendente.

"Walden" es más que una narrativa de supervivencia física; es una búsqueda de iluminación espiritual y filosófica. A través de su estilo de vida simple, Thoreau demuestra que vivir deliberadamente, ser consciente del entorno y rechazar los bienes materiales innecesarios puede liberar a las personas para realizar verdades espirituales más significativas. ***Hasta el día de hoy, "Walden" sigue inspirando a los lectores con su elocuente descripción de la sencillez, la independencia y la comunión con la naturaleza.***

Las contribuciones filosóficas de Henry David Thoreau han tenido una profunda influencia en una amplia gama de pensadores, activistas y académicos. Su enfoque de la comunicación fue único, priorizando la claridad, la simplicidad y la franqueza, todo lo cual ha tenido un impacto duradero en la literatura. El estilo de escritura claro, directo y emotivo en sus obras han sentado un precedente en el uso de la narrativa personal para comunicar ideas complejas, contribuyendo al género de la escritura de naturaleza y el ensayo personal.

Sus obras comunican ideas filosóficas complejas de manera accesible, haciendo que el discurso filosófico esté más disponible para el público en general. Thoreau usó su plataforma como escritor y orador público para abogar por el cambio social, especialmente en sus discursos y ensayos sobre la esclavitud. Su poderosa retórica y argumentos fueron fundamentales para difundir el sentimiento abolicionista y demostrar el poder de la comunicación efectiva en la defensa social y política.

En resumen, las contribuciones filosóficas de Thoreau a las ideas sobre la desobediencia civil, la simplicidad, la autosuficiencia y la filosofía ambiental, junto con su estilo único de comunicar estas ideas, han tenido un impacto duradero en una variedad de campos, desde la teoría política hasta la literatura y la ciencia ambiental.

EN VEZ DE AMOR, DINERO O FAMA, DAME LA VERDAD.

LA MAYOR PARTE DE LOS HOMBRES, INCLUSO EN ESTE PAÍS RELATIVAMENTE LIBRE, SE AFANAN TANTO EN INNECESARIOS ARTIFICIOS Y LABORES ABSURDAMENTE MEDIOCRES, QUE NO LES QUEDA TIEMPO PARA RECOGER LOS MEJORES FRUTOS DE LA VIDA.

El lenguaje de la amistad no está hecho con palabras sino con significados

Debes vivir en el presente, lanzarte sobre cada ola, encontrar tu eternidad en cada momento. Los tontos se paran en su isla de oportunidades y miran hacia otra tierra. No hay otra tierra; no hay otra vida más que esta

Karl Marx, (1818-1883). Fundador del materialismo historico, concepto de alineacion e inequidad en la politica y la sociedad.

Karl Marx, el influyente filósofo, economista y teórico político alemán, es conocido por sus importantes contribuciones en diversos campos, como la economía, la sociología y la filosofía. Una de las preocupaciones centrales en el trabajo de Marx es el problema del conocimiento: una investigación sobre cómo se genera, difunde y utiliza el conocimiento dentro de la sociedad. Explorando sus puntos de vista críticos sobre la ideología, la lucha de clases y la relación entre conocimiento y poder, encontramos su pensamiento sobre el materialismo historico y las raices del conocimiento. El materialismo historico representa el centro de la filosofía de Marx, un método que analiza los desarrollos históricos a través de la lente de las condiciones materiales y la evolución de las fuerzas productivas. El materialismo histórico, como método de investigación, enfatiza la importancia de las condiciones materiales y la evolución de las fuerzas productivas en la configuración de los desarrollos históricos y las relaciones sociales. Marx creía que el modo de producción en cualquier sociedad determinada influye en su cultura, creencias y sistemas de conocimiento.

Profundicemos ahora en los aspectos clave del materialismo histórico y sus implicaciones para la generación y difusión del conocimiento. Marx creía que el conocimiento y las ideas de la sociedad están arraigados en su estructura económica y relaciones sociales. En otras palabras, el conocimiento está conformado por las circunstancias materiales de una determinada sociedad, y quienes detentan el poder ejercen una influencia considerable en su construcción y difusión. De igual forma, Marx acuñó el término "ideología" para describir el sistema de ideas y creencias que son dominantes en una sociedad determinada. Según Marx, la ideología sirve a los intereses de la clase dominante, a menudo reforzando el *status quo* y manteniendo su poder. Las ideologías pueden crear lo que Marx llamó "falsa conciencia", en la que los individuos adoptan creencias que son contrarias a sus propios intereses de clase. En las sociedades capitalistas, por ejemplo, la burguesía dominante controla los medios de producción y, en consecuencia, tiene el poder de dar forma a las ideologías dominantes. Esto les permite justificar la explotación de la clase obrera y perpetuar un orden social desigual. Marx argumentó que la clase trabajadora, para lograr una verdadera conciencia y liberación, debe superar estos grilletes ideológicos y reconocer su verdadera posición en la sociedad.

Marx analiza la base económica de la sociedad, el modo de producción y la división del trabajo donde iIdentificó diferentes épocas históricas, como el feudalismo, el capitalismo y el socialismo, cada una caracterizada por distintos modos de producción. La base económica, en opinión de Marx, sienta las bases sobre las que se construye la superestructura de la sociedad, incluida su cultura, política y conocimiento. Por ejemplo, bajo el capitalismo, los medios de producción son de propiedad privada de la burguesía o clase capitalista, mientras que la clase obrera, el proletariado, vende su trabajo a cambio de un salario. Esta relación crea una división fundamental del trabajo y el poder, dando forma al conocimiento y las creencias que emergen y se propagan dentro de esa sociedad.

Marx introdujo el concepto de ideología para explicar cómo la clase dominante mantiene su dominio dando forma a las ideas y creencias prevalecientes. En las sociedades capitalistas, la ideología dominante a menudo justifica las estructuras de poder existentes y las desigualdades económicas. Estas ideas, difundidas a través de la educación, los medios de comunicación y las instituciones culturales, pueden conducir a lo que Marx denominó "falsa conciencia" entre las clases oprimidas. La falsa conciencia se refiere a una situación en la que la clase trabajadora interioriza las creencias propagadas por la clase dominante, impidiéndoles reconocer su verdadera posición en la sociedad y su potencial para transformarla. Por lo tanto, el conocimiento está influenciado y limitado por la ideología dominante, lo que refuerza el *status quo* y perpetúa las divisiones de clase.

Deforma suscinta, el materialismo histórico de Karl Marx ofrece una visión profunda de las raíces del conocimiento dentro de la sociedad. Al comprender cómo las condiciones materiales y las relaciones sociales dan forma a las ideologías y a los sistemas de conocimiento, donde se obtiene una perspectiva crítica sobre las dinámicas del poder de las desiguales que impregnan nuestro mundo. El énfasis de Marx en la democratización del conocimiento subraya la importancia de la acción colectiva y la solidaridad en la lucha por una sociedad más equitativa e ilustrada.

Marx vio el conocimiento como un terreno disputado donde chocan intereses en conflicto. La clase dominante busca mantener su dominio controlando los medios de producción de conocimiento, educación y medios. En contraste, las clases oprimidas se esfuerzan por adquirir conocimiento y comprensión para desafiar su explotación y trabajar hacia el cambio social. La lucha por el conocimiento, por lo tanto, es inseparable de la lucha de clases más amplia.

Marx creía que el conocimiento no es neutral sino moldeado por la lucha de clases en curso. La clase dominante pretende mantener su supremacía controlando los medios de producción y difusión del conocimiento, mientras que la clase trabajadora busca adquirir conocimiento para desafiar su explotación y lograr la emancipación.

La lucha por el conocimiento es, por lo tanto, una parte esencial de la lucha de clases más amplia. Marx abogó por la solidaridad entre la clase trabajadora, enfatizando la importancia de la acción colectiva en la adquisición de conocimientos, la comprensión de su posición en la sociedad y el trabajo hacia un cambio transformador.

Marx enfatizó la importancia de la solidaridad entre la clase trabajadora y su búsqueda colectiva del conocimiento para desmantelar las estructuras opresivas. Esta noción de la lucha de clases como fuerza impulsora detrás de la adquisición de conocimiento destaca el compromiso de Marx de empoderar a los marginados y crear una sociedad más equitativa.

Marx reconoció la innegable conexión entre saber y poder. El control de la clase dominante sobre la producción y difusión del conocimiento les otorga la autoridad para influir en la opinión pública, dictar normas sociales y reprimir las voces disidentes. Marx vio esto como una herramienta de opresión, perpetuando la hegemonía de la clase dominante.

En cambio, Marx buscó democratizar el conocimiento y la información, haciéndolos accesibles a todos los miembros de la sociedad. Creía que la verdadera liberación solo podía lograrse cuando el conocimiento se compartía colectivamente y se usaba para el mejoramiento de la humanidad en su conjunto. Para Marx, la democratización del conocimiento era fundamental para desmantelar las estructuras de poder y explotación de clase.

La exploración de Karl Marx del problema del conocimiento proporciona información valiosa sobre la dinámica del poder, la ideología y la lucha de clases. Su crítica a las ideologías dominantes y su papel en la perpetuación de las desigualdades sociales sigue siendo relevante en la sociedad contemporánea. Además, el énfasis de Marx en la democratización del conocimiento subraya la importancia de empoderar a los grupos marginados para desafiar los sistemas opresivos y trabajar por un mundo más justo y equitativo. Aunque algunas de sus ideas han sido objeto de críticas y revisiones a lo largo del tiempo, el legado de Marx perdura e inspira a académicos y activistas a lidiar con la intrincada relación entre el conocimiento y el poder en nuestro mundo en constante cambio.

Marx imaginó una sociedad donde el conocimiento es democratizado y accesible para todos. Reconoció el potencial del conocimiento para ser utilizado como una herramienta de empoderamiento y liberación, abogando por la difusión del conocimiento más allá de los confines de la clase dominante. Democratizar el conocimiento significaba desafiar el control de la burguesía sobre las instituciones educativas, los medios y la difusión de información. Al empoderar a la clase trabajadora con conocimiento, Marx creía que podrían obtener la conciencia y la agencia necesarias para remodelar la sociedad y crear un mundo más equitativo y justo.

Para una mayor comprensión del pensamiento filosófico de Karl Marx, es necesario ahondar acerca de su visión sobre la democratización del conocimiento, un concepto central en su filosofía que enfatiza la importancia de hacer que el conocimiento sea accesible para todos los miembros de la sociedad. iento

La democratización del conocimiento, es una visión que busca derribar las barreras que impiden el acceso al conocimiento, la información y la educación dentro de la sociedad. Marx creía que el conocimiento, como herramienta poderosa, no debería ser monopolizado por la clase dominante, sino que debería compartirse colectivamente para empoderar a los oprimidos y marginados. Su idea está estrechamente ligada a sus críticas más amplias al capitalismo y la lucha de clases. Reconoció que el control de la producción y difusión del conocimiento por parte de la burguesía sirvió para perpetuar el orden social existente y mantener su dominio. Al democratizar el conocimiento, Marx pretendía liberar a la clase trabajadora y crear una sociedad más equitativa.

Para entender la democratización del conocimiento, primero debemos explorar la visión de la ideología de Marx. Según Marx, la clase dominante, a través de su control sobre las instituciones educativas, los medios y la producción cultural, impone su visión del mundo al resto de la sociedad. Esta ideología dominante refuerza las estructuras de poder existentes, justifica las desigualdades sociales e influye en los conocimientos y creencias predominantes. La ideología, por lo tanto, juega un papel crucial en la reproducción del conocimiento. La clase dominante se asegura de que el conocimiento difundido se alinee con sus intereses, lo que lleva a lo que Marx denominó "falsa conciencia" entre las clases oprimidas. La falsa conciencia impide que los individuos reconozcan su verdadera posición en la sociedad y comprendan los mecanismos de explotación.

La democratización del conocimiento desafía la hegemonía del conocimiento controlada por la clase dominante. Marx argumentó que empoderar a la clase trabajadora con conocimiento era esencial para que adquirieran conciencia, reconocieran su explotación y se movilizaran por el cambio social. Este proceso implica brindar acceso a la educación, la información y los recursos necesarios para el pensamiento crítico y la comprensión de las complejidades del mundo.

Al desafiar las ideologías predominantes y difundir conocimientos alternativos, la clase trabajadora puede liberarse de la falsa conciencia y reconocer sus intereses comunes. De esta manera, la democratización del conocimiento sirve como catalizador para la acción colectiva y la lucha por la liberación.

Sin duda, Marx vio la educación como una fuerza transformadora en la sociedad. La educación tradicional, que a menudo refuerza el statu quo, debe ser reemplazada por una forma de educación más inclusiva y emancipatoria. Esta educación empoderaría a las personas para cuestionar el orden social existente, desafiar las estructuras opresivas y visualizar una nueva sociedad basada en la cooperación y la igualdad.

Para Marx, la educación no debería ser simplemente un medio de reproducir habilidades para el mercado laboral, sino que también debería fomentar el pensamiento crítico y la conciencia social. Al impartir conocimientos que reflejen las experiencias y luchas de la clase trabajadora, la educación se convierte en una herramienta para el empoderamiento y la liberación. Así mismo. enfatizó en la importancia de democratizar el proceso de producción de conocimiento. Bajo el capitalismo, los medios de producción de conocimiento a menudo están controlados por intereses privados, lo que da como resultado una investigación y una difusión de la información sesgadas. La democratización del conocimiento exige la propiedad y el control colectivos de la producción del conocimiento, asegurando que la investigación y la información sirvan a los intereses de toda la sociedad y no a los de la clase dominante.

Como resultado de todo lo anterior, podemos inferir que la influencia de Karl Marx en la sociedad del conocimiento contemporánea continúan resonando y dando forma a nuestra comprensión del conocimiento, el poder y la sociedad en el mundo moderno.

Relevancia de la Crítica del Capitalismo de Marx

La crítica de Karl Marx al capitalismo sigue siendo muy relevante en la sociedad del conocimiento contemporánea. Mientras somos testigos de crecientes disparidades económicas, prácticas laborales explotadoras y dominio corporativo, el análisis de Marx del capitalismo como un sistema que fomenta las divisiones de clase y concentra el poder sigue siendo pertinente. Su énfasis en la lucha de clases y el control del conocimiento por parte de la élite gobernante es evidente en los conglomerados de medios corporativos actuales y la influencia de poderosos intereses en la formación de la opinión pública.

El conocimiento como mercancía en la era de la información

En la era de la información, el conocimiento se ha convertido en un bien valioso. Las ideas de Marx sobre la mercantilización del trabajo y los bienes se extienden a la mercantilización del conocimiento. Con el surgimiento de las leyes de propiedad intelectual, la privatización de la investigación y la comercialización de la educación, las preocupaciones de Marx acerca de que el conocimiento se convierta en una fuente de ganancias y control por parte de la clase dominante son evidentes en la sociedad contemporánea. Además, la era digital y las redes sociales han democratizado hasta cierto punto el intercambio de información, pero también han facilitado la difusión de información errónea y narrativas manipuladas. Este fenómeno refleja la crítica de Marx a la ideología dominante que da forma a la difusión del conocimiento y su potencial para mantener las estructuras de poder existentes.

Globalización y movilidad de capitales

En el contexto de la globalización, las ideas de Marx sobre la movilidad del capital y su impacto en la sociedad del conocimiento son cada vez más evidentes. Las corporaciones multinacionales y las instituciones financieras globales ejercen un poder inmenso, dando forma a los sistemas y políticas de conocimiento en todo el mundo. La globalización de la producción y difusión del conocimiento tiene implicaciones tanto positivas como negativas, ya que permite intercambios transculturales pero también perpetúa las estructuras neocoloniales de dominio del conocimiento.

Cuestiones Laborales Contemporáneas y Trabajadores del Conocimiento

El análisis de Marx del trabajo bajo el capitalismo sigue siendo relevante para comprender las condiciones laborales contemporáneas. En la economía del conocimiento, los trabajadores se dedican cada vez más al trabajo intelectual y creativo. Sin embargo, el aumento del trabajo precario, los empleos de la economía informal y la erosión de los derechos de los trabajadores en algunos sectores refleja las preocupaciones de Marx sobre la explotación del trabajo y la alienación de los frutos del trabajo de uno. Además, el énfasis de Marx en el papel de los trabajadores del conocimiento como agentes potenciales de cambio es evidente en la creciente importancia de los movimientos sociales, el activismo de base y el uso de plataformas digitales para movilizar y desafiar las narrativas dominantes.

Ilustración por Roberto De
Vicq De Cumptich

Democratización del conocimiento y la educación

La visión de Marx de la democratización del conocimiento ha inspirado numerosos movimientos que abogan por el acceso abierto a la educación, la información y la investigación. El movimiento de código abierto, las licencias Creative Commons y el libre intercambio de conocimientos en Internet son ejemplos de esfuerzos para desafiar el control tradicional del conocimiento por parte de las élites. Sin embargo, persisten desafíos para lograr una verdadera democratización del conocimiento, ya que el acceso a una educación e información de calidad aún es desigual, particularmente en las comunidades marginadas y las regiones en desarrollo. La comercialización de la educación y la concentración de los recursos de conocimiento en manos de unas pocas instituciones y editoriales continúan siendo áreas de preocupación.

En conclusión, la influencia de Karl Marx en la sociedad del conocimiento contemporánea es innegable. Su crítica del capitalismo, la mercantilización del conocimiento y la influencia de las ideologías dominantes en la configuración de la difusión del conocimiento siguen siendo relevantes en la actualidad. La era digital, la globalización y la naturaleza cambiante del trabajo han aportado nuevas dimensiones a estas ideas, destacando la lucha en curso por la democratización del conocimiento. Mientras navegamos por los desafíos del siglo XXI, recurramos a las ideas de Marx para examinar críticamente la dinámica del poder en la sociedad del conocimiento. Al luchar por la democratización del conocimiento, el empoderamiento de las voces marginadas y la promoción del acceso abierto a la educación y la información, podemos trabajar hacia una sociedad más inclusiva, equitativa e ilustrada.

Friedrich Engels (1820-1895)

Nace en Barmen Alemania en el seno de una familia pudiente económicamente hablando, familia conservadora y con la religión como prioridad. Estando en la Universidad de Berlín, los movimientos revolucionarios llamaron su atención y fue en donde se relacionó con los Hegelianos de Izquierda, donde se sostenía que la religión y la filosofía eran incompatibles.

Un momento clave de su vida, fue cuando fue enviado a Inglaterra para hacerse cargo de los negocios de la familia. Fue en este momento cuando conoció las terribles y degradantes condiciones en las que vivían los trabajadores, lo que lo inspiró a reflexionar y a escribir sus pensamientos sobre el tema en el libro, La Situación de la Clase Obrera en Inglaterra.

Su pensamiento filosófico se centró en la dialéctica materialista. Engels sostenía que cada ente y la realidad en lo general se encuentran en constante transformación como fundamentación del lazo entre la materia con las leyes generales en la vida y de igual forma, la materia no viviente, en la sociedad en la conciencia y en la cultura. De esta forma, la dialéctica materialista se puede entender en el cómo se desarrollan las entidades y la realidad entera, cambios en cantidad y cualidad.

Engels estableció que existen tres leyes generales de la dialéctica. Las leyes dialécticas fundamentales son:

1) la ley de la *unidad y lucha de los contrarios,* la cual pone de manifiesto los impulsos internos, la causa del desarrollo, y constituye la esencia, el núcleo de la dialéctica;

2) la ley *tránsito de los cambios cuantitativos a cualitativos* y viceversa, que caracteriza el desarrollo no como el cambio puramente externo de los objetos, sino como un cambio radical que afecta a sus propiedades internas;

3) la ley de la *negación de la negación,* según la cual el desarrollo tiene carácter progresivo, va de lo simple a lo complejo, de lo inferior a lo superior.

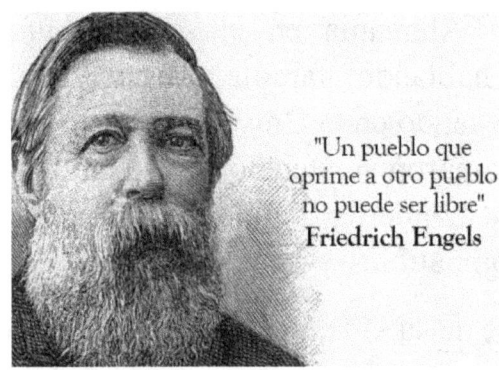

❃ *"Cuando sea posible hablar de libertad, el Estado como tal dejará de existir".*

❃ *"Lo que no se sabe expresar es que no se sabe".*

❃ *La manera en que la sociedad moderna trata a la vasta masa de los pobres es verdaderamente escandalosa. Son llevados a grandes ciudades donde respiran un aire más asqueroso que en el campo que les queda.*

Franz Bentrano (1838-1917)

Franz Brentano fue un influyente filósofo y psicólogo alemán del siglo XIX que tuvo una gran influencia en la filosofía fenomenológica y en la psicología de la conciencia. Se distinguió por reintroducir el concepto de 'intencionalidad' en la filosofía contemporánea, que sostiene que la mente tiene la capacidad inherente de dirigirse hacia (referirse a, ser sobre) algo. Según Brentano, todos los fenómenos mentales contienen esta cualidad de intencionalidad, lo que significa que todos los estados mentales tienen contenido y están dirigidos hacia algún objeto o estado de cosas. Esta idea es crucial en muchas ramas de la filosofía y la psicología modernas, y también tuvo una influencia significativa en filósofos posteriores como Edmund Husserl y Martin Heidegger. De igual forma, es considerado uno de los fundadores de la psicología descriptiva, que se centra en describir los fenómenos mentales en lugar de explicarlos causalmente. Brentano se centró en describir lo que ocurre en la mente y cómo percibimos el mundo, en lugar de intentar explicar por qué ocurren estas percepciones y experiencias. Sus descripciones detalladas de los procesos mentales y la conciencia tuvieron un impacto duradero en la psicología y la filosofía de la mente.

Brentano defendió la idea de que la evidencia de los sentidos es la fuente primordial y definitiva de todo conocimiento. Argumentó que si nuestros sentidos nos informan de algo, entonces es razonable asumir que eso es cierto. Este "criterio de la verdad", como se le llama, ha sido objeto de amplio debate y crítica, pero sigue siendo influyente en la filosofía empírica.

También, hizo contribuciones significativas a la ética, al proponer la teoría del valor, en la cual las cosas tienen valor en la medida en que son amadas o deseadas por seres conscientes. Brentano argumentó que la "bondad" y la "malicia" son propiedades intrínsecas de ciertas experiencias mentales, y que el valor moral de un acto puede determinarse examinando la experiencia mental asociada.

Brentano propuso una ontología clara y simple, con una distinción entre lo mental y lo físico. Argumentó que la existencia de un objeto es independiente de nuestra percepción de él, y viceversa. Esta ontología, aunque controvertida, ha sido una influencia importante en las discusiones filosóficas sobre la naturaleza de la existencia. Se basa en lo que él llama 're-presentaciones', que son esencialmente actos mentales o fenómenos que tienen una relación intencional con sus objetos. En su ontología, Brentano distingue entre las cosas físicas (o 'reales') y los fenómenos mentales.

Cosas físicas o reales: Estos son los objetos del mundo exterior, independientes de nuestra conciencia. Brentano sostiene que existen independientemente de que sean percibidos o no. Aquí, su postura es realista: las cosas en el mundo existen independientemente de nuestra percepción de ellas.

Fenómenos mentales: Son los actos y contenidos de la conciencia. A diferencia de las cosas físicas, los fenómenos mentales no existen independientemente de la conciencia que los posee. Son, en cierto sentido, 'inexistentes' hasta que son percibidos o pensados. Esto no significa que sean menos reales que las cosas físicas; simplemente existen de una manera diferente.

La distinción que hace Brentano entre lo físico y lo mental es fundamental para su ontología. Según él, los fenómenos mentales son intencionales, es decir, siempre se refieren a algo, siempre son 'acerca de' algo, mientras que las cosas físicas no tienen esta propiedad de intencionalidad.

Además, Brentano argumenta que los fenómenos mentales y las cosas físicas no pueden reducirse uno al otro. Son fundamentalmente diferentes en naturaleza y existen en diferentes dominios ontológicos. Este dualismo ontológico es otra característica distintiva de su filosofía. En resumen, la ontología de Brentano propone una clara distinción entre las cosas físicas y los fenómenos mentales, basada en su naturaleza y su existencia.

Por todo lo anterior, se le reconoce su gran legado en la filosofía y la psicología contemporáneas. Sus ideas han influido en áreas tan diversas como la fenomenología, la psicología de la gestalt, la filosofía de la mente, la filosofía de la religión y la ética. Su énfasis en la intencionalidad y su enfoque descriptivo de la psicología han demostrado ser particularmente influyentes.

*Nota: La palabra ontología significa **«teoría del ser»**, también se la conoce como **«el estudio del ser«**. Está formada por dos léxicos griegos, por un lado, óntos, que refiere a ser vivo o ente y, por otro lado, -logía, que hace alusión a ciencia, estudio, discurso o saber, pues deviene de logos. La teoría del ser se refiere a el **estudio de las relaciones entre los entes**, se encarga de responder a **preguntas fundamentales** y muchas veces catalogadas como trascendentales para las personas como, por ejemplo, **la misma existencia humana**. Analiza a **los seres y a todo lo que los rodea en la realidad** en la que viven, mientras que, al mismo tiempo, se cuestiona la esencia de todo lo que existe.*

Franz Brentano diserta sobre la teoría de la consciencia y la filosofía de la mente. Su enfoque en la intencionalidad y la psicología descriptiva proporcionan una estructura teórica para entender la consciencia.

Intencionalidad: Según Brentano, todos los fenómenos psicológicos (o estados mentales, incluyendo pensamientos, deseos, percepciones, emociones, etc.) son intencionales, lo que significa que están dirigidos hacia algo más allá de sí mismos. Por ejemplo, cuando piensas en un objeto, tu pensamiento se dirige hacia ese objeto. Esta intencionalidad es lo que distingue a los fenómenos psicológicos de los fenómenos físicos, que no están inherentemente dirigidos hacia nada.

Consciencia: Para Brentano, la consciencia no es simplemente un objeto o una cosa que poseemos, sino más bien un proceso continuo de experiencias intencionales. Es esencialmente una corriente de pensamientos, percepciones, emociones y demás que son intrínsecamente dirigidos hacia el mundo exterior. Esta concepción de la consciencia como una serie de actos intencionales ha sido muy influyente en la filosofía y la psicología de la mente.

Auto-consciencia: Brentano también argumentó que todo acto consciente incluye una forma de auto-consciencia. Según él, cuando somos conscientes de algo, también somos conscientes de nuestro propio acto de estar conscientes de ese algo. Por ejemplo, cuando ves un árbol, no solo eres consciente del árbol, sino que también eres consciente de que estás viendo el árbol. Esta idea de que todo acto consciente incluye una forma de auto-consciencia es otro aspecto importante de la teoría de la consciencia de Brentano.

Psicología Descriptiva: Brentano desarrolló un método para estudiar la consciencia que él llamó "psicología descriptiva". Este enfoque se enfoca en describir las experiencias conscientes tal como se presentan, en lugar de tratar de explicarlas en términos de causas subyacentes o mecanismos cerebrales. Esta orientación descriptiva y fenomenológica hacia la consciencia ha sido muy influyente en campos como la psicología fenomenológica y la filosofía de la mente.

Friedrich Nietzsche (1844-1900)

Friedrich Nietzsche (1844-1900) fue un filósofo y crítico cultural alemán. Es famoso por sus críticas intransigentes a la moral y la religión europeas tradicionales, así como a las ideas filosóficas convencionales y las devociones sociales y políticas asociadas con la modernidad. Muchas de estas críticas se basan en diagnósticos psicológicos que exponen la falsa conciencia que infecta las ideas recibidas de las personas. Nietzsche utilizó sus análisis psicológicos para apoyar teorías originales sobre la naturaleza del yo y propuestas provocativas que sugerían nuevos valores que, según él, promoverían la renovación cultural y mejorarían la vida social y psicológica en comparación con la vida bajo los valores tradicionales que criticaba. En su obra La genealogía de la moral, retoma la idea de que la conciencia moral consiste fundamentalmente en la preocupación altruista por los demás. Comienza observando un hecho sorprendente, a saber, que esta concepción generalizada de lo que es la moral, aunque sea completamente de sentido común, no es la esencia de ninguna moral posible, sino una innovación histórica. Para defender el cambio histórico, identifica dos patrones de evaluación ética, cada uno asociado con un par básico de términos evaluativos: un patrón bueno/malo y un patrón bueno/malvado. Entendida según el patrón bueno/malo, la idea de bondad se originó en el privilegio de clase social: primero se entendió que los buenos eran aquellos del orden social superior, pero luego eventualmente la idea de bondad fue "internalizada" –es decir, transferida de la clase social misma a rasgos de carácter y otras excelencias personales que típicamente se asociaban con la casta privilegiada (por ejemplo, la virtud del coraje para una sociedad con una clase militar privilegiada, o la magnanimidad para una con una élite rica, o la veracidad y la nobleza (psicológica) para una aristocracia culturalmente ambiciosa). En un sistema así, la bondad está asociada con virtudes exclusivas. No existe la idea de que todos deberían ser excelentes –la idea misma no tiene sentido, ya que ser excelente es distinguirse de la gente común. En ese sentido, la valoración buena/mala surge de un "pathos de distancia" que expresa la superioridad que las personas excelentes sienten sobre las comunes, y da lugar a una "moral noble".

Su pensamiento ha sido objeto de múltiples interpretaciones y debates, pero su visión representa una de las principales contribuciones filosóficas, centradas en:

- Crítica a la moral tradicional: Nietzsche es conocido por su crítica radical a la moral tradicional, especialmente a lo que él llamó la "moral de esclavos" o "moral de rebaño". Sostuvo que esta moral se basa en la negación de los impulsos naturales y la búsqueda de poder y afirmación de uno mismo. Nietzsche abogó por una "moral de señores" o "moral aristocrática", en la que los individuos fuertes y creativos determinan sus propios valores y persiguen una vida de afirmación y superación personal.
- La voluntad de poder: Nietzsche desarrolló el concepto de "voluntad de poder" como una fuerza fundamental que impulsa a todos los seres vivos. No se trata de un mero deseo de dominación, sino de una fuerza creativa y afirmativa que busca expandirse, superarse y alcanzar su máxima expresión. Según Nietzsche, esta voluntad de poder es la base de todas las acciones humanas y está presente en todos los aspectos de la vida.
- El eterno retorno: Otra idea importante en la filosofía de Nietzsche es la del "eterno retorno". Según esta concepción, el universo es infinito y cíclico, y todo lo que ha ocurrido, está ocurriendo o ocurrirá se repetirá una y otra vez eternamente. Nietzsche planteó esta idea como un desafío existencial, invitando a cada individuo a vivir su vida de tal manera que estaría dispuesto a vivir la misma vida exacta una y otra vez, lo que implicaría una aceptación total y afirmativa de la existencia.

- ➤ La crítica a la religión y la metafísica: Nietzsche fue un crítico ferviente de la religión y la metafísica tradicional. Consideraba que estas formas de pensamiento eran productos de la moral de esclavos y que inhibían el desarrollo pleno del potencial humano. Argumentaba que la creencia en un mundo trascendente y en un dios supremo negaba el valor de la vida terrenal y la capacidad del individuo para encontrar significado y propósito en el aquí y ahora.
- ➤ La transvaloración de todos los valores: Nietzsche planteó la idea de la "transvaloración de todos los valores" como un proceso necesario para liberar al individuo de las influencias negativas de la moral de esclavos. En lugar de aceptar pasivamente los valores impuestos por la tradición, la cultura o la religión, debemos cuestionarlos y reevaluarlos de acuerdo con nuestra propia voluntad de poder y perspectiva individual.
- ➤ Estas son solo algunas de las principales contribuciones filosóficas de Friedrich Nietzsche. Su obra es compleja y polifacética, y sigue siendo objeto de estudio y debate en la filosofía contemporánea. Sus ideas han influido en una amplia gama de disciplinas y han sido interpretadas y aplicadas de diversas maneras a lo largo de la historia.

El concepto de "transvaloración de todos los valores" es uno de los aspectos más influyentes y debatidos de la filosofía de Nietzsche. Se encuentra en el núcleo de su crítica a la moral tradicional y es fundamental para comprender su perspectiva sobre cómo los individuos pueden liberarse de las limitaciones impuestas por la moral de esclavos. Para Nietzsche, la moral tradicional, que él llama "moral de esclavos" o "moral de rebaño", se basa en la negación de los impulsos naturales y la exaltación de la debilidad, la compasión y la renuncia a la vida terrenal. Esta moral se ha arraigado en la cultura y la sociedad, imponiendo una serie de valores que desvalorizan el poder creativo, la afirmación de uno mismo y la voluntad de poder.

La "transvaloración de todos los valores" es una propuesta radical de Nietzsche para desafiar y subvertir esta moral establecida. Significa un cambio profundo en la forma en que evaluamos y otorgamos significado a los valores y virtudes tradicionales. En lugar de aceptar pasivamente los valores impuestos por la tradición, Nietzsche insta a los individuos a cuestionar críticamente y reevaluar estos valores de acuerdo con su propia voluntad de poder y perspectiva individual.

En la "transvaloración", Nietzsche propone una inversión de valores, donde aquello que fue considerado "malo" o "pecaminoso" por la moral tradicional podría ser revaluado como "bueno" o "virtuoso", siempre y cuando se origine en la afirmación de uno mismo y el impulso creativo. De manera similar, lo que antes se consideraba "bueno" o "noble" bajo la moral tradicional, como la compasión excesiva o la autonegación, podría ser reevaluado como "malo" si se considera que debilita la vitalidad y la individualidad.

Es importante destacar que la "transvaloración de todos los valores" no significa una completa abolición de cualquier sistema moral. En cambio, Nietzsche propone que cada individuo sea creativo y autónomo en la generación de sus propios valores, liberándose así de las limitaciones impuestas por la moral tradicional. Al hacerlo, se alienta a los individuos a vivir de manera auténtica y genuina, abrazando su voluntad de poder y asumiendo la responsabilidad de sus elecciones y acciones. La idea de "transvaloración" puede ser interpretada de diferentes maneras y ha dado lugar a diversas interpretaciones y críticas. Algunos críticos argumentan que la propuesta de Nietzsche puede llevar al relativismo moral y a la falta de fundamentos sólidos para la ética. Otros consideran que es una invitación al individualismo extremo y la búsqueda desenfrenada del poder a expensas de los demás.

En cualquier caso, la "transvaloración de todos los valores" sigue siendo una idea provocadora y desafiante, que plantea preguntas importantes sobre la naturaleza de la moralidad, la construcción de valores y la autenticidad en la vida humana. Es un concepto central en la filosofía de Nietzsche y continúa generando debates y reflexiones en la filosofía contemporánea.

La crítica de Nietzsche a la religión es un tema importante y recurrente en su obra. Abordó esta cuestión desde múltiples perspectivas, cuestionando tanto la validez de las creencias religiosas como el impacto que la religión tenía en la cultura y la moral de su tiempo. Algunos aspectos clave de la crítica de Nietzsche a la religión:

1. La muerte de Dios: Una de las ideas más conocidas de Nietzsche es la afirmación de que "Dios ha muerto". Con esto, no estaba diciendo que Dios literalmente haya fallecido, sino que la creencia en Dios y en los valores religiosos tradicionales había perdido su fundamento y legitimidad en la cultura moderna. Nietzsche atribuía la muerte de Dios a la influencia creciente de la ciencia, la filosofía secular y la decadencia de la moral tradicional.

2. Nihilismo y decadencia religiosa: Nietzsche veía el nihilismo como una consecuencia inevitable de la muerte de Dios y la decadencia de la religión. Con la pérdida de una base trascendente para los valores y significados, se creaba un vacío existencial y moral en la vida de las personas. El nihilismo, para Nietzsche, representaba una negación de la vida terrenal y una renuncia a la voluntad de poder creativa, lo que consideraba altamente problemático.

3. Desprecio por la vida terrenal: Nietzsche criticaba la idea de que la religión, especialmente en sus formas ascéticas y monásticas, promoviera el desprecio por la vida terrenal y la valoración excesiva del sufrimiento y la abnegación. Consideraba que esto conducía a una negación de la vida, en lugar de una afirmación y una celebración de ella.

4. La moral de esclavos y el resentimiento: Nietzsche identificaba una relación estrecha entre la religión y la moral de esclavos, donde veía que la moral tradicional se había desarrollado a partir del

resentimiento de los débiles y oprimidos contra los poderosos y dominantes. Sostenía que la religión había sido utilizada como una herramienta para mantener a las personas obedientes y sumisas, recompensando la humildad, la paciencia y la sumisión, mientras que despreciaba los instintos naturales de poder y afirmación de uno mismo.

5. La trascendencia y la negación del mundo real: Otra crítica de Nietzsche a la religión se dirigía hacia la idea de trascendencia, que enseña que la verdadera vida y el significado se encuentran más allá de este mundo. Nietzsche argumentaba que esta creencia desvalorizaba la realidad terrenal y fomentaba una actitud de escapismo y alienación frente a los desafíos y responsabilidades de la vida en la Tierra.

6. La esclavización del espíritu humano: Nietzsche veía la religión como una forma de esclavitud mental que inhibía el desarrollo del potencial humano y limitaba la búsqueda de conocimiento y sabiduría genuina. Consideraba que la religión suprimía la curiosidad intelectual y promovía una mentalidad dogmática que sofocaba la libertad del individuo para cuestionar y explorar nuevas ideas.

En resumen, Nietzsche criticaba la religión por su papel en perpetuar una moral de esclavos, su promoción del nihilismo y su negación de la vida terrenal. Consideraba que la religión había ejercido un poderoso control sobre la cultura y la moral de su época, y veía la necesidad de superar estas limitaciones para permitir el florecimiento de la creatividad, la individualidad y la voluntad de poder en el ser humano. Sin embargo, es importante tener en cuenta que la crítica de Nietzsche a la religión no debe ser considerada como un ataque a la espiritualidad en general, sino más bien como una invitación a una evaluación crítica y autónoma de las creencias y valores establecidos.

El concepto del "Superhombre" o "Übermensch" es una de las ideas más influyentes y complejas de la filosofía de Friedrich Nietzsche. Aunque esta idea es interpretada de diversas formas, algunos de los aspectos clave asociados al concepto del Superhombre se discuten a continuación:

1. La superación del ser humano actual: El Superhombre representa la superación del ser humano contemporáneo, es decir, aquellos individuos que han trascendido las limitaciones impuestas por la moral tradicional y han alcanzado un nivel superior de existencia. Nietzsche critica a la mayoría de las personas como seres regidos por la "moral de esclavos" o "moral de rebaño", que se rigen por la sumisión, la obediencia y la renuncia a la afirmación de sí mismos. El Superhombre, en contraste, encarna una actitud de afirmación de la vida, la voluntad de poder y la capacidad para crear nuevos valores y significados.

2. Autonomía y creatividad: El Superhombre es un ser autónomo y creativo que se libera de las influencias de la moral tradicional y crea sus propios valores. En lugar de aceptar pasivamente los valores impuestos por la cultura o la religión, el Superhombre se embarca en

un proceso de "transvaloración de todos los valores", en el que cuestiona críticamente los fundamentos morales establecidos y los reevalúa según su propia voluntad de poder.

3. La voluntad de poder: La voluntad de poder es una idea central en la filosofía de Nietzsche y está estrechamente relacionada con el concepto del Superhombre. La voluntad de poder se refiere a una fuerza vital y creativa que impulsa a todos los seres vivos a perseguir la afirmación de sí mismos y a expandirse en el mundo. El Superhombre, en su búsqueda de autotrascendencia, vive en armonía con esta voluntad de poder y la utiliza para manifestar su potencial máximo.

4. Vida terrenal y eterno retorno: Nietzsche enfatiza que el Superhombre vive plenamente en el aquí y ahora, valorando la vida terrenal y la existencia en el mundo real. El Superhombre acepta el concepto del "eterno retorno", que implica vivir cada momento como si tuviera que repetirse infinitamente. Esto impulsa al individuo a vivir su vida con pasión y afirmación, asumiendo la responsabilidad total de sus elecciones y acciones.

5. Individualidad y diversidad: Nietzsche consideraba que el Superhombre no se presenta como un ideal uniforme, sino que se manifiesta en la diversidad y singularidad de cada individuo. No hay una definición rígida o una lista de características que un individuo deba cumplir para ser considerado Superhombre. En cambio, cada

individuo puede alcanzar su potencial único y convertirse en un Superhombre a través de su propia autotrascendencia y creatividad.

6. Crítica y peligro del concepto: A pesar de su atractivo y potencial liberador, el concepto del Superhombre también ha sido objeto de críticas y controversia. Algunos críticos argumentan que el ideal del Superhombre puede conducir al elitismo y al desprecio de aquellos que no logran alcanzar este nivel de existencia. Además, el concepto ha sido malinterpretado y utilizado de manera perversa en algunos contextos históricos, como en ciertas ideologías políticas.

En conclusión, el concepto del Superhombre es un aspecto central en la filosofía de Nietzsche, que representa la superación del ser humano actual, la autonomía creativa y la afirmación de la vida terrenal. A través de la voluntad de poder y la "transvaloración de todos los valores", el Superhombre busca trascender las limitaciones impuestas por la moral tradicional y vivir una vida auténtica y plena. Sin embargo, este concepto también plantea desafíos y requiere una interpretación cuidadosa para evitar posibles malentendidos o aplicaciones perniciosas.

La "voluntad de poder" ("Will to Power" en inglés) es un concepto fundamental en la filosofía de Friedrich Nietzsche. Representa una fuerza primordial que él consideraba que impulsa a todos los seres vivos, incluidos los seres humanos, a buscar la afirmación de sí mismos y a expandirse en el mundo. La voluntad de poder es una de las ideas más complejas y debatidas de Nietzsche y se relaciona con muchos aspectos de su pensamiento filosófico. Aquí se presentan algunas de las principales características y significados asociados con la "voluntad de poder":

- o Fuerza vital: Nietzsche veía la voluntad de poder como una fuerza vital y creativa que subyace a toda la realidad. Esta fuerza es inherente a la naturaleza misma de los seres vivos y se manifiesta en su impulso para sobrevivir, crecer, expandirse y afirmarse en el mundo.

- o Afirmación de sí mismo: La voluntad de poder impulsa a los individuos a buscar su afirmación de sí mismos y a manifestar su individualidad y potencial único. Nietzsche veía esto como una expresión natural de la vitalidad y la creatividad presentes en cada ser vivo.

- o Búsqueda de poder: La voluntad de poder no debe entenderse simplemente como un deseo de dominación o control sobre los demás. En cambio, se refiere a la capacidad de ejercer influencia en el mundo y en uno mismo, para crear y transformar la realidad de acuerdo con la propia voluntad y visión.

- o Superación y autotrascendencia: La voluntad de poder también está relacionada con la idea de superación y autotrascendencia. Nietzsche veía en la voluntad de poder la capacidad de trascender las limitaciones impuestas por la moral tradicional y las normas sociales, para alcanzar un nivel superior de existencia y vivir de manera auténtica y plena.

✸

- o Crítica a la moral de esclavos: La noción de voluntad de poder está estrechamente vinculada a la crítica de Nietzsche a la moral de esclavos, que él consideraba que negaba y reprimía la expresión natural de la voluntad de poder en favor de la sumisión y la renuncia a la vida terrenal.

✸

- o Interpretaciones diversas: A lo largo de la historia, ha habido diversas interpretaciones de la "voluntad de poder" en la filosofía de Nietzsche. Algunos filósofos y estudiosos han visto la voluntad de poder como una fuerza biológica o psicológica, mientras que otros la han interpretado como una metáfora más amplia para la creatividad, el dinamismo y la afirmación de la vida.

Es importante tener en cuenta que el concepto de "voluntad de poder" no debe ser entendido como una ley física o una fuerza mecánica, sino como una noción filosófica compleja que abarca diversos aspectos de la existencia humana y de la realidad en general. Como muchos de los conceptos de Nietzsche, la "voluntad de poder" es objeto de debate y reflexión continua en la filosofía contemporánea.

"Así Hablaba Zaratustra" - La Búsqueda del Superhombre y la Transvaloración de los Valores en la Filosofía de Nietzsche

"Así Hablaba Zaratustra" es la obra cumbre de Friedrich Nietzsche, publicada en cuatro partes entre 1883 y 1885. En esta novela filosófica, Nietzsche presenta la figura del profeta Zaratustra, quien abandona la soledad de su retiro y desciende de la montaña para compartir sus enseñanzas con la humanidad. A través de aforismos, discursos y diálogos poéticos, Nietzsche expone su filosofía del Superhombre y la transvaloración de todos los valores. En este ensayo, exploraremos las principales ideas presentadas en "Así Hablaba Zaratustra" y su relevancia en el pensamiento filosófico de Nietzsche.

El Superhombre y la Voluntad de Poder.
En "Así Hablaba Zaratustra", Nietzsche introduce el concepto del Superhombre o Übermensch, que representa el ideal de la humanidad futura. El Superhombre es aquel que ha trascendido la moral tradicional y se ha liberado de las influencias del rebaño, es decir, de la moral de esclavos. Este individuo se guía por su voluntad de poder, una fuerza vital y creativa que impulsa a todos los seres vivos hacia la afirmación de sí mismos y la expansión de su potencial. La voluntad de poder no debe confundirse con un mero deseo de dominación, sino que se refiere a la capacidad de ejercer influencia sobre uno mismo y el entorno, en busca de la autorrealización y la autotrascendencia.

La Transvaloración de Todos los Valores.

Otro tema fundamental en la obra es la transvaloración de todos los valores. Nietzsche critica la moral tradicional, especialmente la religiosa, por imponer valores que considera negadores de la vida y limitadores de la creatividad humana. Propone una reevaluación radical de los valores aceptados por la sociedad, con el objetivo de liberarse de la moral de esclavos y abrazar una moral de señores o aristocrática. La transvaloración implica cuestionar y redefinir los conceptos de bien y mal, y de virtud y pecado, de acuerdo con la voluntad de poder y la afirmación de la vida terrenal.

El Eterno Retorno.

Una de las ideas más desafiantes presentadas en "Así Hablaba Zaratustra" es la del eterno retorno. Nietzsche plantea que el tiempo es cíclico y que todo lo que ha ocurrido, ocurre y ocurrirá se repetirá infinitamente. Esta concepción lleva a un desafío existencial, invitando al individuo a vivir su vida de tal manera que estaría dispuesto a repetirla eternamente. Esto implica una aceptación total de la existencia y una valoración profunda de cada momento, incluso de los aspectos más difíciles de la vida.

El Cambio y la Transformación.

A lo largo de la obra, Zaratustra se embarca en un viaje de desarrollo personal y crecimiento espiritual. A medida que interactúa con diversos personajes y enfrenta diferentes desafíos, su filosofía evoluciona y se transforma. Esto resalta la importancia del cambio y la evolución en la vida del individuo, en lugar de adherirse a ideas rígidas y estáticas. Nietzsche enfatiza la necesidad de mantener una actitud de búsqueda constante y una mente abierta hacia nuevas perspectivas.

Sin duda, Friedrich Nietzsche presenta una filosofía compleja y provocativa que invita al individuo a trascender las limitaciones impuestas por la moral tradicional y abrazar una vida de afirmación, creatividad y autotrascendencia. El concepto del Superhombre y la transvaloración de todos los valores proponen una reevaluación radical de la ética y la moral, fomentando la autonomía y la búsqueda de una vida auténtica y plena. A través de la figura de Zaratustra, Nietzsche expresa sus ideas de manera poética y filosófica, desafiando a los lectores a cuestionar y reexaminar su comprensión del mundo y su propia existencia. "Así Hablaba Zaratustra" sigue siendo una obra influyente y provocadora que sigue generando reflexiones y debates en la filosofía contemporánea.

Nietzsche y la Crítica a la Cultura de Masas: **La Rebelión contra el Rebaño**

Nietzsche, es conocido por su aguda crítica a la cultura de masas y la mentalidad del rebaño. En sus obras, Nietzsche cuestiona la influencia opresiva de la mediocridad y la conformidad que la cultura de masas ejerce sobre el individuo. A continuación, se explorn las ideas de Nietzsche sobre la cultura de masas y cómo esta debilita la individualidad, la creatividad y la voluntad de poder del ser humano.

La Mentalidad del Rebaño y la Moral de Esclavos

Nietzsche introduce la noción de la "mentalidad del rebaño" para describir la actitud colectiva de conformidad y sumisión que prevalece en la sociedad. La cultura de masas promueve una moral de esclavos que desvaloriza la afirmación de sí mismo y la búsqueda de poder creativo. En lugar de buscar su propia autorrealización, las personas son presionadas para adaptarse a las normas sociales y los valores impuestos por la mayoría. El individuo se convierte en un mero engranaje dentro de la maquinaria de la cultura de masas, perdiendo su singularidad y creatividad.

Mediocridad y Uniformidad

Nietzsche denuncia que la cultura de masas tiende a fomentar la mediocridad y la uniformidad. La búsqueda de la excelencia y la individualidad se ahoga en una ola de conformidad y conformismo. La cultura de masas crea un terreno fértil para la aparición de una sociedad de individuos "idénticos", que siguen patrones prefabricados y consumen la misma cultura homogénea. La originalidad y la diversidad son sacrificadas en aras de una falsa sensación de seguridad y pertenencia.

Espectadores Pasivos en la Sociedad del Espectáculo

Nietzsche también señala que la cultura de masas fomenta una actitud de pasividad y espectadorismo en la sociedad. En lugar de ser creadores activos de su propio destino, las personas se convierten en meros espectadores pasivos de la vida. La cultura de masas les ofrece entretenimiento fácil y superficial, en lugar de desafiarlos a buscar la trascendencia y la autotrascendencia. El individuo se vuelve complaciente, resignándose a vivir una vida sin sentido y sin una búsqueda auténtica de significado.

La Necesidad de la Transvaloración de los Valores

Para Nietzsche, la transvaloración de todos los valores es una respuesta necesaria a la cultura de masas. Es un llamado a cuestionar y reevaluar los valores impuestos por la sociedad y buscar una moral de señores que afirme la voluntad de poder y la afirmación de sí mismo. Solo a través de la transvaloración, el individuo puede liberarse de la mentalidad del rebaño y buscar una existencia auténtica y creativa.

En conclusion, la crítica de Nietzsche a la cultura de masas sigue siendo relevante en la sociedad contemporánea. La influencia opresiva de la mediocridad y la conformidad todavía amenaza la individualidad y la voluntad de poder del ser humano. Nietzsche nos desafía a rebelarnos contra la mentalidad del rebaño y a buscar nuestra propia voz y singularidad en medio de la cultura homogénea. La transvaloración de todos los valores se presenta como una vía para liberarnos de las cadenas de la cultura de masas y buscar una existencia más auténtica y afirmativa. En un mundo dominado por la cultura de masas, las palabras de Nietzsche resuenan como un recordatorio para encontrar el valor de ser el individuo único y creativo que somos, en lugar de ser arrastrados por la corriente de la mediocridad colectiva.

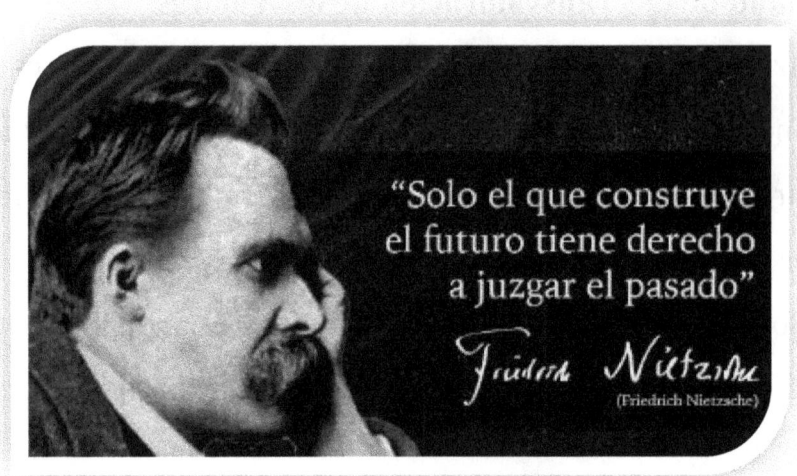

Friedrich Nietzsche, como filósofo, no se centró específicamente en teorías de comunicación o en el estudio de la comunicación como disciplina. Sin embargo, su pensamiento y escritos tienen implicaciones y contribuciones relevantes al proceso de comunicación desde diferentes perspectivas:

Lenguaje y significado: Nietzsche estaba interesado en el poder del lenguaje y cómo las palabras y los símbolos afectan nuestra comprensión del mundo. Su crítica a la moral tradicional y la religión revela cómo el lenguaje puede ser utilizado para imponer valores y creencias a través de metáforas y conceptos abstractos. Desde esta perspectiva, Nietzsche alienta a cuestionar el uso del lenguaje y estar atento a cómo las palabras pueden influir en la comprensión y la percepción.

Perspectivismo: Nietzsche defendía la idea de que no hay una única verdad objetiva, sino múltiples perspectivas subjetivas. Cada individuo tiene una visión única del mundo basada en sus experiencias y valores personales. Esta concepción del perspectivismo tiene implicaciones en el proceso de comunicación, ya que reconoce que la comprensión de un mensaje puede variar según el contexto y la percepción individual del receptor.

Retórica y persuasión: Nietzsche era un maestro en el uso de la retórica y la persuasión en su escritura. Su estilo literario y su habilidad para expresar ideas complejas a través de metáforas y aforismos influyen en cómo los escritores y oradores pueden comunicar efectivamente sus pensamientos y argumentos.

Interpretación y hermenéutica: La filosofía de Nietzsche a menudo requiere una cuidadosa interpretación y análisis. Su obra deja espacio para múltiples interpretaciones, lo que ha llevado a diferentes escuelas de pensamiento que buscan desentrañar sus ideas y significados. Esto destaca la importancia de la hermenéutica y la comprensión crítica en el proceso de comunicación.

Crítica y cuestionamiento: La obra de Nietzsche invita constantemente a la crítica y al cuestionamiento de las ideas establecidas. Su enfoque en la transvaloración de todos los valores sugiere que debemos ser críticos con nuestras creencias y cuestionar constantemente las normas sociales y culturales. Esta actitud crítica también puede influir en cómo nos comunicamos con los demás, alentándonos a ser más reflexivos y cuestionadores.

Si bien Nietzsche no se centró explícitamente en la comunicación, su filosofía ofrece perspectivas valiosas que pueden enriquecer la comprensión y el análisis de la comunicación humana. Sus ideas sobre el lenguaje, el perspectivismo, la retórica, la interpretación y la actitud crítica tienen aplicaciones relevantes en la teoría y práctica de la comunicación.

"Lo que no me mata, me fortalece"

Edmund Gustav Albert Husserl (1859-1938)

Filósofo alemán que es ampliamente considerado el fundador de la ***fenomenología***, un enfoque filosófico que busca describir la estructura inmediata de la experiencia tal como se presenta en la primera persona. Los conceptos clave de la fenomenología de Husserl son:

Intencionalidad: Husserl adopta el concepto de intencionalidad de su maestro Franz Brentano, quien lo define como la característica principal de los actos mentales por la cual siempre están "dirigidos" hacia algo. En otras palabras, toda conciencia es conciencia "de" algo. Este "algo" es el objeto intencional de la conciencia, que puede ser una cosa, una persona, un evento hipotético, etc.

***Epoché o Reducción Fenomenológica*: Para Husserl, el objetivo de la fenomenología es describir las experiencias tal como se presentan a la conciencia, sin referirse a suposiciones teóricas o empíricas sobre su causa o naturaleza. Para hacer esto, Husserl propone un método llamado epoché o reducción fenomenológica, que implica poner "entre paréntesis" o suspender las creencias sobre el mundo externo para centrarse en la experiencia en sí misma.**

Esencia y Variación Eidética: Husserl también está interesado en la búsqueda de las "esencias" o las características universales de diferentes tipos de experiencias. Para hacer esto, propone un método de "variación eidética", que implica imaginar variaciones de una experiencia particular para identificar lo que permanece constante a través de estas variaciones. Esto, según Husserl, revelará la esencia de esa experiencia.

Vida Mundana y Actitud Natural: Husserl distingue entre dos actitudes o enfoques hacia el mundo: la actitud natural, que es nuestra forma cotidiana de experimentar el mundo, asumiendo la existencia de un mundo exterior independiente de nuestra conciencia; y la actitud fenomenológica, que suspende esta suposición para centrarse en la experiencia misma.

Intuición y Evidencia: Para Husserl, el objetivo final de la fenomenología es alcanzar una forma de conocimiento basada en la "intuición" o la "evidencia" directa de las cosas tal como se presentan a la conciencia. En contraposición a las formas indirectas de conocimiento basadas en la inferencia o la teoría, Husserl busca un conocimiento que sea directo e inmediato.

Edmund Gustav Albrecht Husserl
Fenomenología

Para ejemplificar el concepto fenomenologico, consideremos que en nuestra vida cotidiana, cuando vemos un árbol, por lo general pensamos en él como una entidad física que existe independientemente de nuestra percepción. Esto es lo que Husserl llamaría la "actitud natural". Sin embargo, si adoptamos la "actitud fenomenológica", debemos poner entre paréntesis, o suspender, nuestras creencias sobre la existencia del árbol y centrarnos únicamente en cómo se nos presenta en nuestra experiencia.

Desde el punto de vista fenomenológico, el "árbol" no es simplemente un objeto físico, sino un fenómeno que se nos aparece de una determinada manera. Por ejemplo, puede que lo veamos de frente, desde un ángulo, a la sombra, bajo la luz del sol, etc. Cada uno de estos aspectos es parte de cómo se nos presenta el árbol en nuestra experiencia.

Además, nuestra experiencia del árbol no es estática, sino que cambia a medida que nos movemos alrededor de él, mirándolo desde diferentes perspectivas. Aún así, a través de todos estos cambios, seguimos reconociendo la experiencia como la del "mismo" árbol. Esto nos lleva a la idea de la intencionalidad: nuestra conciencia está dirigida hacia el árbol como un objeto constante, a pesar de las variaciones en nuestra experiencia perceptiva.

A través de la variación eidética, podríamos intentar determinar qué es lo esencial en nuestra experiencia del árbol. Por ejemplo, ¿qué es lo que hace que una experiencia sea reconocida como la experiencia de "ver un árbol"? ¿Cuáles son los rasgos universales que distinguen a esta experiencia de, digamos, ver un edificio o una montaña? Así, la fenomenología nos permite explorar nuestras experiencias desde una perspectiva fundamentalmente diferente, centrándose en cómo las cosas se nos aparecen en nuestra conciencia en lugar de en cómo son en sí mismas. De esta manera, la fenomenología de Husserl busca llegar a una descripción pura de nuestra vida experiencial.

Es por ello que la fenomenología de Husserl ofrece un enfoque detallado y sistemático para explorar la experiencia consciente. Su trabajo ha tenido un impacto profundo en una variedad de campos, incluyendo filosofía, psicología, ciencias cognitivas y humanidades.

La experiencia por sí misma, no es ciencia

No hagas castillos en el aire

La experiencia es la fuente de todo sentido

John Dewey (1859-1952)

John Dewey. Filósofo de la Educación

Pensamiento Crítico

Reflexión: Dewey sostenía que el pensamiento crítico requiere reflexión, la cual implica cuestionarse a uno mismo, a las ideas y a las prácticas existentes. Los individuos deben ser capaces de evaluar sus propias ideas y las de los demás, y estar abiertos a cambiar sus puntos de vista cuando la evidencia lo justifique.

Conexión con la experiencia: Dewey argumentaba que el pensamiento crítico está enraizado en la experiencia. Las experiencias individuales proporcionan el contexto para el pensamiento crítico y la reflexión. A través de nuestras experiencias, somos capaces de cuestionar, analizar y reflexionar sobre el mundo que nos rodea.

Resolución de problemas: Dewey veía el pensamiento crítico como una herramienta para la resolución de problemas. Según él, la resolución de problemas requiere un pensamiento crítico activo, en el que las personas deben generar ideas, evaluar soluciones y tomar decisiones basadas en la reflexión y la evaluación.

Inquirir y aprender de forma continua: Dewey creía que el pensamiento crítico implica una constante indagación y aprendizaje. Los individuos deben estar dispuestos a hacer preguntas, buscar respuestas y aprender de forma continua para adaptarse y responder a su entorno en constante cambio.

Compromiso democrático: Dewey también vinculó el pensamiento crítico con la democracia. El pensamiento crítico, argumentaba, es esencial para la ciudadanía activa en una democracia, ya que permite a los individuos participar de manera informada y reflexiva en la sociedad.

John Dewey es una de las figuras más prominentes de la filosofía pragmática estadounidense y es conocido por su influencia en la educación y la pedagogía. Su pensamiento ha tenido un impacto significativo en la sociedad en varios aspectos, como: Educación democrática, pensamiento crítico, experiencia y aprendizaje, relación escuela-sociedad, egalitarismo y justicia social.

Como un defensor de la democracia y la educación, tenía fuertes creencias en el egalitarismo y la justicia social. Para él, estos no eran solo conceptos abstractos, sino principios que debían informar las políticas y prácticas educativas. Aseveraba que todos los individuos tienen igual derecho a la educación. De acuerdo con su visión, la educación no solo es un medio para el desarrollo personal, sino también un mecanismo para promover la igualdad en la sociedad. El acceso a una educación de calidad para todos, independientemente de su origen socioeconómico, género, raza o religión, es un componente esencial de una sociedad democrática. A través de la educación, Dewey creía que podríamos nivelar el campo de juego para todos y fomentar una mayor igualdad en la sociedad.

Dewey argumentaba que la educación es una herramienta vital para promover la justicia social. Veía a la escuela como un lugar donde los estudiantes pueden aprender sobre los valores democráticos y desarrollar una conciencia de los problemas sociales. Las escuelas, para Dewey, deberían fomentar un sentido de responsabilidad y ciudadanía entre los estudiantes y ayudarles a comprender que tienen un papel que desempeñar en la mejora de su sociedad. Según él, una democracia funcional depende de una educación que permita a todos los ciudadanos participar de manera informada y efectiva en la sociedad. Del mismo modo, la educación, para ser verdaderamente efectiva, debe ser democrática en sí misma, es decir, debe respetar y responder a las necesidades e intereses de todos los estudiantes. Para el, losse circunscriben en:

- **Aprendizaje Activo:** Dewey sostenía que los estudiantes aprenden mejor cuando están activamente involucrados en su propio aprendizaje. Esto puede implicar aprender a través de la experimentación y la experiencia, en lugar de simplemente recibir pasivamente la información.

- **Interacción Social:** Dewey también creía que el aprendizaje es un proceso social e interactivo. Los estudiantes aprenden de y con otros. Por tanto, las aulas deberían ser lugares de cooperación, donde los estudiantes trabajen juntos para resolver problemas y explorar nuevas ideas.

- **Vínculo con la Vida Real:** Dewey defendía que la educación debería estar estrechamente vinculada con la vida real. Los estudiantes deben aprender en contextos que reflejen la vida fuera de la escuela, para prepararse para participar plenamente en la sociedad.

- **Formación Ciudadana:** Según Dewey, uno de los principales objetivos de la educación es formar ciudadanos democráticos. Esto implica enseñar a los estudiantes a pensar críticamente, a respetar la diversidad de opiniones, y a comprometerse activamente con su comunidad y su sociedad.

- **Respeto por la Individualidad:** Dewey argumentaba que cada estudiante es un individuo único con sus propios intereses y necesidades. La educación democrática debería respetar esta individualidad y permitir a cada estudiante seguir su propio camino de aprendizaje.

Estos principios de la filosofía de la educación democrática de Dewey han tenido un profundo impacto en la educación, influyendo en las políticas educativas y las prácticas pedagógicas. Su enfoque centrado en el estudiante, basado en la experiencia y comprometido con la democracia, sigue siendo relevante hoy en día.

Por lo tanto, Dewey propugnaba por un sistema educativo que reflejara los principios de igualdad y justicia social, donde cada individuo tiene las mismas oportunidades para aprender y crecer. Este sistema no solo beneficiaría a los individuos, sino que también serviría al interés colectivo al crear una sociedad más justa, equitativa y democrática. La escuela, según Dewey, tiene un papel fundamental en la formación de ciudadanos conscientes, críticos y comprometidos con la sociedad en la que viven.

John Dewey consideró que el pensamiento crítico es un elemento esencial de una educación democrática y de un ciudadano activo y comprometido. Según Dewey, el pensamiento crítico no se limita a un conjunto de habilidades de resolución de problemas, sino que también incluye una disposición hacia la curiosidad, la reflexión y el cuestionamiento. Sostenía que el pensamiento crítico requiere reflexión, la cual implica cuestionarse a uno mismo, a las ideas y a las prácticas existentes. Los individuos deben ser capaces de evaluar sus propias ideas y las de los demás, y estar abiertos a cambiar sus puntos de vista cuando la evidencia lo justifique. De igual forma, establecio que este tipo de pensamiento está enraizado en la experiencia. Las experiencias individuales proporcionan el contexto para el pensamiento crítico y la reflexión. A través de nuestras experiencias, somos capaces de cuestionar, analizar y reflexionar sobre el mundo que nos rodea. Lo veia como una herramienta para la resolución de problemas. Según él, la resolución de problemas requiere un pensamiento crítico activo, en el que las personas deben generar ideas, evaluar soluciones y tomar decisiones basadas en la reflexión y la evaluación.

Dewey creía que el pensamiento crítico implica una constante indagación y aprendizaje. Los individuos deben estar dispuestos a hacer preguntas, buscar respuestas y aprender de forma continua para adaptarse y responder a su entorno en constante cambio; vinculandolo con la democracia. El pensamiento crítico, argumentaba, es esencial para la ciudadanía activa en una democracia, ya que permite a los individuos participar de manera informada y reflexiva en la sociedad. La filosofía de Dewey sobre el pensamiento crítico abarca una visión amplia que incluye la reflexión, la conexión con la experiencia, la resolución de problemas, el aprendizaje continuo y el compromiso democrático. Según Dewey, el desarrollo de las habilidades de pensamiento crítico es esencial para una educación efectiva y para una ciudadanía activa y comprometida.

Martin Heidegger (1889-1976)

Martin Heidegger se ha mantenido como una de las figuras más influyentes en el pensamiento contemporáneo y es una influencia clave para la teoría literaria y cultural moderna. El maestro oculto del pensamiento moderno. El trabajo de Heidegger toca los supuestos más profundos, generalmente no considerados, de todo trabajo de pensamiento, formando una reevaluación del impulso al conocimiento mismo; el influenciador directo o indirecto de la visión tradicional de la indagación intelectual y científica, para la búsqueda de la verdad. Muchas veces una actitud intrínsecamente desinteresada, o incluso crítica, frente a formas injustificadas de autoridad, dando paso a argumentos que nos impulsan a conocer los elementos comprometidos de la dominación y el control.

Su pensamiento lo alinea con aquellos que "ven la modernidad como un movimiento de dominación étnica y de clase, del imperialismo europeo, del antropocentrismo, la destrucción de la naturaleza, la disolución de la comunidad y la tradición, del surgimiento de la alienación, de la muerte de la individualidad en la burocracia".

La cuestión de ser

La principal preocupación de Heidegger no es cómo esta cosa particular X se relaciona con esa cosa particular Y, sino más bien cómo es que el significado de X e Y y sus posibles relaciones se determina en primer lugar.

¿Qué significa que tales cosas sean; ¿Qué significa decir que son? Esta cuestión de la "ontología" (el estudio del ser), más que cuestiones relativas a las relaciones "ónticas" entre seres particulares, es lo que interesa principalmente a Heidegger. Además, su preocupación central no es sólo con las "ontologías regionales", es decir, con el significado del ser de, por ejemplo, las cosas biológicas, las cosas artificiales, las cosas mentales, las cosas sociales o las cosas imaginarias. Más bien, siguiendo la comprensión de Aristóteles de la ontología como "filosofía primera", Heidegger quiere saber ante todo acerca del "ser como tal". ¿Cuál es el sentido de ser que comparten todas las entidades? ¿Qué es el ser de todos los seres?

Hay un tranvía fuera de control que se precipita por las vías del tren. Más adelante, sobre las vías, hay cinco personas amarradas e incapaces de moverse. El tranvía se dirige directamente hacia ellos. Estás parado a cierta distancia en el patio del tren, al lado de una palanca. Si tira de esta palanca, el carro cambiará a un conjunto diferente de vías. Sin embargo, nota que hay una persona en la vía lateral. Tienes dos opciones: (1) No hagas nada y el tranvía matará a las cinco personas en la vía principal. (2) Tire de la palanca, desviando el carro hacia la vía lateral donde matará a una persona. ¿Qué harías?

Pues evidentemente hace mucho tiempo que eres consciente de lo que quieres decir cuando usas la expresión "ser". Nosotros, sin embargo, que solíamos pensar que lo entendíamos, ahora nos hemos quedado perplejos. Heidegger continúa diciendo que en nuestro tiempo no solo no tenemos una respuesta a esta pregunta sobre el significado del ser, sino que ya ni siquiera estamos perplejos acerca de esta fundamental de las preocupaciones filosóficas. Hemos olvidado la cuestión del ser.

"El ser de los entes 'es' en sí mismo no un ser", por lo que el "primer paso filosófico para comprender el problema del ser consiste en... no determinar los entes como entes remontándolos en sus orígenes a otro ser, como si el ser tuviera el carácter de un ser posible"

El velo de ignorar.

No sabe dónde estará en el problema del tranvía. Sin embargo, debe elegir el escenario con anticipación. En cuanto al interés personal, ¿le gustaría que se tirara de la palanca?

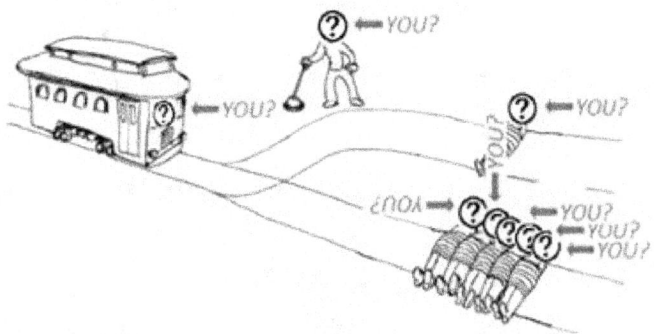

Tú eres el del sombrero. Si ninguno de los dos hace nada, los vagones chocarán y matarán a cinco personas. Si ambos tiran de la palanca, solo cuatro personas morirán, además los carros se mantendrán enteros. Sin embargo, si tiras y el otro no hace nada, su carro no solo matará a cinco personas, sino que también te atropellará (no te puedes apartar del camino). Además, te es imposible comunicarte con la otra persona. ¿Qué harías?

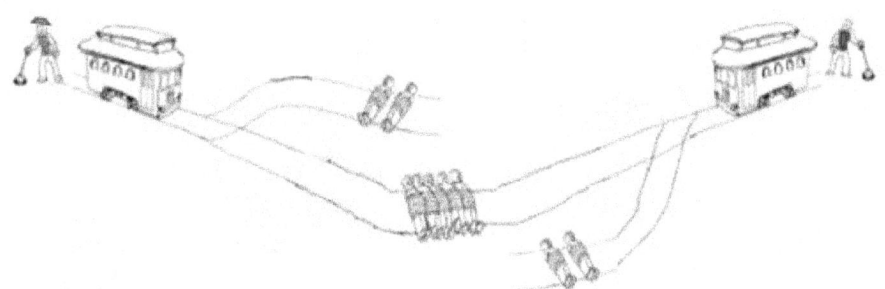

Un tranvía se precipita por la vía 1 hacia una caja opaca. Usted está parado en un interruptor que redirigirá el tranvía a la vía 2, donde está un hombre atado a las vías dentro de una caja de vidrio transparente. La vía 2 luego se vuelve a conectar a la vía 1 donde conduce a la caja opaca. Ha oído hablar de otras instancias de este escenario, creadas por una entidad conocida solo como "el predictor".

Si el predictor cree que cambiará el carro a la vía dos, dejará el cuadro opaco vacío, pero si cree que cambiará solo, pondrá a cinco personas en las vías del cuadro opaco. El Predictor nunca ha predicho incorrectamente. El Predictor predice que elegirás al azar y también pondrá a las personas en la caja. El Predictor ya se ha movido para configurar otra prueba y los contenidos en el cuadro opaco ya están en su lugar. ¿Qué harías? ¿Moverías para las dos cajas o una caja?

Las "universidades" como "sitios de la investigación y de la enseñanza científica", se convertirán en instituciones meramente operativas, y cada vez "más próximas a la realidad efectiva", en las que ya nada se decide. El último remanente de una *decoración cultural*, lo han de conservar tanto tiempo cuanto tengan que permanecer aún como instrumentos de la propaganda "político-cultural". Algo así como un ser esencial de la "*universitas*" no se va a poder desplegar más desde éstas: por un lado, porque la puesta al servicio político-nacional de algo semejante la hace superflua, pero, por el otro lado, igualmente, porque "la operación científica" misma mantiene su curso de un modo mucho más seguro y cómodo *sin* lo "universitario", lo que dice, aquí, simplemente, *sin* la voluntad por la meditación. La filosofía, entendida aquí como una meditación pensante sobre la verdad, y esto quiere decir: la cuestionabilidad del Ser, y no como algo histórico ni "sistemas" de erudición predeterminados; ella no tiene ningún lugar en la universidad y mucho menos en la institución operativa, en la que se convertirá. Pues ella no "tiene" en ninguna parte un lugar tal, no ser aquel que ella misma funde, pero hacia el cual ningún camino, que proceda de una institución establecida, sería, de forma inmediata, capaz de conducir.

ANTONIO GRAMSCI

Uno de los marxistas más destacados del siglo XX y pionero del partido comunista italiano.

Biografía:

Nació en 1891 en cerdeña, al sur de Italia, donde su padre trabajaba como funcionario, quien fue encarcelado por intrigas políticas, lo cual produjo una extrema pobreza en su familia, obligándolo a trabajar a muy temprana edad. En 1911 Gramsci se dirigió a estudiar en la universidad de Turín al norte de Italia, ahí paso su tiempo entre socialistas, inmigrantes sardos y trabajadores de regiones pobres. Dejo sus estudios y se dedico al periodismo, donde se destaco por su lucidez intelectual.

En 1913 Gramsci se unió al partido socialista italiano, a pesar de no haber completado la educación universitaria, logro formarse como Marxista Hegeliano y estudio intensamente la Teoría de Marx como una filosofía de la praxis.

Filosofía de la praxis

Este enfoque marxista se centro en el desarrollo de la conciencia de clases y la liberación de la clase trabajadora a través del proceso de lucha.
Es el territorio donde se unen la idea y la acción, la cual propone una idea del contrapoder, la contra hegemonía, que es la idea de la sociedad de las clases sometidas que confronta con la hegemonía de las clases dominantes.

Los consejos de la fabrica

Gramsci creo los consejos de la fabrica, los cuales consistían en organos politicos cuyo objetivo maximo era lograr la revolucion proletaria.
En 1919 y 1920 la agitacion obrera llego a su maximo apogeo, haciendo que se configurara el bienio rojo, donde las empresas prohibieron los consejos de fabricacion y se produjo una huelga general. Los empresarios apelaron a un lider politico anti-comunista (Benito Mussolini) quien seria el principal protagonista en la historia de italia sometiendo a la fuerza a los lideres de izquierda, apartir de estos episodios las arengas revolucionarias de gramsci se hicieron mas extremas.

Concepto Hegemonía

Gramsci usa el concepto de Hegemonía, para entender como las clases dominantes ejercen su poder en la sociedad y plantea que la misma es una imposición de tipo cultural, en donde las clases dominantes imponen sobre las demás.

Cuadernos de la carcel

En 1925 fue detenido y condenado a 20 años de cárcel. Los cargos fueron actividad conspirativa, apología del delito e incitación al odio de clase.
el fiscal fascista que lo condenó expresó:
"Debemos impedir funcionar a este cerebro".

Escribió (Los cuadernos de la cárcel), en más de 3,000 páginas Gramsci propone los mecanismos para cambiar la realidad.
Cree que la filosofía y la política están unidos en un sujeto colectivo, es decir el proletariado.

ELABORADO POR:
Joshua Betancourt - Jose Luis Ibave

Las condiciones objetivas y subjetivas de la revolución

Para Gramsci, toda revolución precisa de condiciones:
Están las objetivas, las cuales proveen la crisis del capitalismo: miserias, desocupaciones, etc.
Luego están las subjetivas, las cuales dicen que los sectores sociales reconocen los problemas comunes y se ponen de acuerdo para solucionarlos.

Antonio Gramsci fue un filósofo italiano cuyo pensamiento puede ser dividido en varias áreas clave.

1. *Hegemonía Cultural*: Gramsci es más conocido por su teoría de la hegemonía cultural, que sostiene que el estado mantiene el control no solo a través de la violencia y la fuerza económica, sino también ideológicamente, a través de una hegemonía cultural en la que las ideas de la clase dominante se convierten en la norma cultural.

2. *Intelectuales y Educación*: Gramsci argumentaba que para cambiar la sociedad, es necesario cambiar la conciencia de las personas. Creía que los intelectuales tienen un papel vital en esto, ya que son los "organizadores" de la cultura y la educación. También sostuvo que todos son intelectuales en su propia manera, aunque no todos tienen la función social de los intelectuales.

3. *El Estado y la Sociedad Civil*: Gramsci veía al estado no solo como un aparato de gobierno, sino también compuesto por la sociedad civil (instituciones como la familia, la escuela, los medios de comunicación). Para él, la sociedad civil es el ámbito donde se lleva a cabo la lucha por la hegemonía cultural.

4. *El Príncipe Moderno*: En sus Cuadernos del cárcel, Gramsci propuso la noción de "El Príncipe Moderno", que debe ser una fuerza colectiva y consciente que promueva una contrahistoria y una contrahegemonía para desafiar las estructuras de poder existentes.

5. ***El Bloque Histórico***: Según Gramsci, para que una clase social gobierne efectivamente, debe aliarse con otras clases y estratos sociales para formar un "bloque histórico". Este bloque histórico no sólo establece una hegemonía económica y política, sino también intelectual y moral.

Gramsci tuvo un interés particular por los problemas de la cultura y la educación y es por ello que dejo de manifiesto que ninguna reforma cultural puede dejar de estar ligada a un programa de reforma económica, o mejor, el programa de reforma económica es precisamente la manera concreta de plantearse toda reforma intelectual y moral.

La educación es la mediación con la que se construirá la "reforma intelectual y moral" de la sociedad; por esa razón se articulan dos conceptos centrales en la teoría de Gramsci: 1) los intelectuales y 2) la cultura.

Sobre los intelectuales, Gramsci dedicó un espacio pormenorizado para entender cuál era su papel en la formación de las hegemonías. Para Gramsci, la relación que hay entre la estructura y la superestructura siempre es mediada por los intelectuales, por eso es que, además de criticar su rol como reproductores de un discurso de poder que acepta las formas de explotación y control económico subsistentes, debemos desarticular los modos en que traducen el mundo y orientan la cultura. En ese sentido, primero es indispensable afirmar que el intelectual nunca es "neutral", su sistema de valores, o se posiciona en la legalidad que reproduce las formas de dominio, o bien busca romper con el orden establecido para conformar un nuevo bloque histórico. Al intelectual que sirve a los intereses de los bloques hegemónicos en el poder Gramsci lo llama "orgánico", porque desempeña una tarea primordial en avalar las políticas "tradicionales" que oprimen a aquellas que pugnan por un cambio. También existe el intelectual que convierte su conciencia en un acto de organización transformadora. De este último, por tanto se le considera como un precursor, un inspirador activo, un "progresista", alguien que une su acción política a una concepción de un mundo más justo. Sin embargo, "el intelectual del proletariado no es el depositario de la verdad de la conciencia histórica, el intelectual orgánico de una clase no es el que se piensa como tal, sino el que actúa políticamente en la organización hegemónica de la clase". El intelectual sólo lo es en la medida en que su pensar y su hacer político están en consonancia. Es por eso que el intelectual es un educador, un formador de conciencias, sean éstas conservadoras o de avanzada.

Sobre la cultura, Gramsci toma dos de sus referentes filosóficos: Labriola y Croce. La filosofía de la praxis de Labriola y el historicismo-cultural de Croce son parte de la revisión que realiza Gramsci; en específico, la discusión sobre el valor de verdad del materialismo histórico marxista y de la falsa interpretación de la línea positivista del determinismo económico.

¿Cuál es entonces el objetivo de la educación para Gramsci? En una sociedad que pretende reformar intelectualmente al conjunto de sus relaciones de producción (económicas, culturales y políticas), la educación es el instrumento por excelencia para crear la conciencia desde abajo. Gramsci piensa en la educación en un sentido no sólo "escolar", sino en un sentido "amplio": educar es una filosofía de la praxis; su cometido es tejer una red entre el "desarrollo intelectual" y "una concepción de la vida crítica y coherente". El proyecto de Gramsci es una "pedagogía política" que aporta una disciplina al educando, una responsabilidad social y un interés por mantener la creatividad y la crítica de las condiciones de la realidad en todo momento. La educación es ese conjunto de tensiones entre la conciencia de las formas de producción capitalista, de la libertad individual y de la posibilidad de hacer cambios sustantivos a la vida política de las sociedades.

Las observaciones críticas que hace Gramsci todavía son actuales. Si se piensa en el "determinismo economista" del neoliberalismo supuso el fracaso de los sistemas escolares en el mundo, al mismo tiempo que la privatización de la educación y el maltusianismo que condenó al subempleo y la explotación a miles que consideraron como un "fatalismo" irreversible ser destinados a la miseria social; del mismo modo, el regreso de los grupos de ultraderecha de corte nacionalista, del racismo como vindicación política o el fracaso del capitalismo para subsanar los retos del crecimiento poblacional, hacen necesario preguntarse: ¿se necesita esa reforma moral e intelectual? ¿Es posible recuperar la "educación" en el sentido de Gramsci, como "pedagogía política"?

Como se puede elucidar, la filosofía de Gramsci se caracteriza por su enfoque en la superestructura cultural e ideológica de la sociedad, enfatizando la importancia de la cultura, la educación y la ideología en la lucha de clases y en el cambio social.

Rudolf Carnap

FRASE
"El sentido de una expresión descansa en el método de su verificación".

OBRAS DESTACADAS

- La Construcción Lógica del Mundo.
- Pseudoproblemas de la filosofía.
- El lenguaje físico como lenguaje universal de la ciencia.
- La eliminación de la metafísica por medio del análisis lógico del lenguaje.
- La sintaxis lógica del lenguaje.
- Significado y necesidad.
- Fundamentos lógicos de la probabilidad.

BIOGRAFÍA

Rudolf Carnap nació en Alemania, sus principales intereses fueron la física, la filosofía y la lógica.

Quedo marcado por las obras de Alfred North Whitehead y Bertrand Russell, usandolos de referencias en sus aportaciones.

Carnap se traslado a Viena en 1925 invitado por Moritz Schuck y en los años siguientes se convirtió en el gran defensor y articulador de las tesis iniciales mas estrictas del positivismo lógico defendidas por el circulo.

LA CONSTRUCCION LOGICA DEL MUNDO

Su primera obra importante fue la construcción lógica del mundo, la cual era una estructura lógica que reconstruia como se produce el conocimiento humano, empezando por el punto de partida, Carnap lo que buscaba era el origen, algo mas primitivo que el yo, utilizando el elemento psicológico.

Partia de la experiencia elemental vivida por un individuo, esa relación de semejanza a través de la cual dos experiencias elementales eran reconocidas por medio de la comparación entre una y el recuerdo de la otra, a partir de aquí Carnap decía que se podía reconstruir todo el mundo físico y psiquico.

CITA

"Si dos sujetos tienen diversas opiniones sobre la longitud de un segmento, sobre la temperatura de un cuerpo o sobre la frecuencia de una oscilación, esta diversidad de opiniones nunca se atribuye en fisica a una insuperable diferencia subjetiva, sino que se trata mas bien de llegar, con un experimento apropiado a la unificación de aquellas opiniones.

CITA

"La filosofía debe ser sustituida por la lógica de la ciencia, es decir, por el análisis lógico de los conceptos y de proposiciones de las ciencias, dado que la lógica de la ciencia no es mas que la sintaxis lógica del lenguaje de la ciencia".

ELABORADO POR:
JOSHUA BETANCOURT
JOSE LUIS IBAVE

Omar Ingarden

JOSHUA BETANCOURT
JOSE LUIS IBAVE

BIOGRAFIA

OMAN INGARDEN (1893-1970) ES CONOCIDO SOBRE TODO POR SUS APORTACIONES AL ESTUDIO DEL ARTE Y DE LA LITERATURA. NO OBSTANTE, SUS INVESTIGACIONES NO SE LIMITARON A ESTE ÁMBITO.

INGARDEN SE PREOCUPO POR EL OBJETO DE LA CONCIENCIA Y NO POR EL ANÁLISIS INTENCIONAL DE LA CONCIENCIA MISMA, COMO LE OCURRIÓ A HUSSERL, INGARDEN CONSIDERO NECESARIO INVESTIGAR EL MODO DE SER DE LOS OBJETOS ANTES DE SACAR CONCLUSIONES ACERCA DE SU RELACIÓN CON LA CONCIENCIA Y SU POSIBLE DEPENDENCIA DE ELLA.

APORTACIONES

- LA OBRA DE ARTE LITERARIA.
- LA COMPEHENSION DE LA OBRA DE ARTE LITERARIA.

EN ESTAS OBRAS SE CONJUNTA LA MAYOR PARTE DE LAS INVESTIGACIONES FENOMENOLÓGICAS SOBRE LA LITERATURA REALIZADAS POR EL FILOSOFO POLACO. EN ESTAS OBRAS SE DESCRIBEN LOS COMPONENTES INTENCIONALES DE CADA ESTRATO Y SU INTERACION PARA LOGRAR LA ARMONIA POLIFONICA.

LA OBRA DE ARTE LITERARIA

EN ELLA ROMAN INGARDEN DISCUTE DOS TENDENCIAS TEÓRICAS DESARROLLADAS EN SU EPOCA, EN EL ÁMBITO DE LOS ESTUDIOS LITERARIOS. POR UN LADO, CRITICA A EL NEOPOSITIVISMO, EN EL CUAL POSTULA QUE LA OBRA LITERARIA ES IGUAL AL FENÓMENO FÍSICO, LO QUE SUPONE QUE SE REDUCE A LETRAS SOBRE PAPEL

A TRAVÉS DE LA FENOMENOLOGÍA, INGARDEN EXPLORÓ EL MODO SER DE LA OBRA DE ARTE LITERARIA, ES DECIR, SU PERSPECTIVA FUE ONTOLÓGICA, A TRAVÉS DE UNA INVESTIGACIÓN RELACIONADA A LA REFUTACION AL IDEALISMO TRASCENDENTAL.

Friedrich Waismann

BIOGRAFÍA

Filósofo austriaco, nacido en Viena en 1896 y muerto en Oxford en 1959. Sus principales aportaciones en el ámbito de la filosofía se centraron en el campo de la filosofía del lenguaje, concretamente en el seno de la denominada "corriente analítica", cuyo iniciador fue M. Schlick, y que pretende llevar a cabo un análisis lógico del lenguaje.

Fue alumno de Moritz Schlick, miembro del Círculo de Viena y uno de los principales teóricos del empirismo lógico. Tras la ocupación alemana de Austria, se exilió en Inglaterra y fue profesor en Cambridge y Oxford.

CITA

"Hay algo profundamente emocionante en la filosofía... No es cuestión de 'aclarar ideas', ni de 'corregir el uso del lenguaje', ni de ninguna otra de esas condenadas cosas.

¿Qué es la filosofía? La filosofía es muchas cosas y no hay fórmula que la satisfaga a todas, pero si me pidieran que expresara en una sola palabra su característica esencial diría sin titubeos: la visión. En el fondo de toda filosofía digna de ese nombre hay una visión... Cuando digo 'visión', quiero significar eso, no quiero novelar.

Lo característico de la filosofía es atravesar esa costra muerta de la tradición y lo convencional, romper las cadenas que nos unen a pre-concepciones heredadas, para lograr un modo nuevo y más amplio de ver las cosas... Lo decisivo es un nuevo modo de ver."

APORTES

- Introduction to mathematical thinking (1936), Verifiability (1945).
- The Relevance of Psychology to Logic (1949).
- The Principles of Linguistic Philosophy (1965) y How I See Philosophy (1968).
- How I see Philosophy.

HOW I SEE PHILOSOPHY (1968)

En "Mi perspectiva de la filosofía", Friedrich Waismann mostraba su independencia respecto de las tesis más conocidas del Círculo de Viena:

"Decir que la metafísica es un sinsentido, es un sinsentido. Con ello se deja de reconocer el enorme papel que estos sistemas han representado por lo menos en el pasado. Por qué fue así, por qué tuvieron semejante dominio sobre la mente humana, es algo que no intentaré discutir aquí. Los metafísicos, como los artistas, son antenas de su época: tienen sentido para percibir hacia dónde se mueve el espíritu"

ELABORADO POR:
Joshua Betancourt y Jose Luis Ibave

En clara concordancia con la ortodoxia del positivismo lógico, Waismann afirma que las ciencias no se fundan, sino que se describen.

ELABORADO POR:
JOSHUA BETANCOURT y JOSE LUIS IBAVE

HERBERT MARCUSE

DEBIDO A SU APERTURA A HABLAR EN LAS PROTESTAS ESTUDIANTILES, MARCUSE PRONTO VINO A SER CONOCIDO COMO: EL PADRE DE LA NUEVA IZQUIERDA. (TÉRMINO QUE ÉL RECHAZABA).

BIOGRAFIA

Nació el 19 de julio de 1898 en Berlín. Era hijo de Carl Marcuse, un fabricante de productos textiles de origen judío procedente de Pomerania, y de Gertrud Kreslawskyun. Sirvió como soldado en la Primera Guerra Mundial y participó en la revolución alemana de noviembre de 1918.
Después de completar sus estudios en la Universidad de Friburgo de Brisgovia obteniendo el grado de doctor en 1922, regresó a Berlín donde trabajó en una librería y editorial. En 1924 contrajo matrimonio con Sophie Wertheim. En 1928 volvió a Friburgo para continuar sus estudios de filosofía con Edmund Husserl y Martin Heidegger. Admiraba a Heidegger por su «filosofía concreta», pero al mismo tiempo le criticaba su individualismo y su enfoque ahistórico.

HISTORIA

Escribió una tesis sobre La ontología de Hegel y la teoría de la historicidad.
Su proposito en 1929 era obtener con este tema su habilitación (disertación postdoctoral para obtener el permiso para ejercer la docencia universitaria y postular a una plaza de profesor) en Friburgo, bajo la dirección de Heidegger.
El proyecto no prosperó debido a las diferencias de Marcuse con Heidegger, principalmente debidas a que este último mantuvo al principio una opinión positiva del nacionalsocialismo.
No obstante, el trabajo inicialmente preparado como disertación se publicó como ensayo en 1932.

LA ASIMILACION

Los movimientos antisistémicos más emblemáticos han sido asimilados por la sociedad y orientados a operar para los fines que la sociedad coactiva reconoce como válidos. El motivo de esta asimilación, según Marcuse, consiste en que el contenido mismo de la conciencia humana ha sido fetichizado (en términos marxistas) y que las necesidades mismas que el hombre inmerso en esta sociedad reconoce, son necesidades ficticias, producidas por la sociedad industrial moderna, y orientadas a los fines del modelo.
Marcuse distingue entre las necesidades reales (las que provienen de la naturaleza misma del hombre) y las necesidades ficticias (aquellas que provienen de la conciencia alienada, y son producidas por la sociedad industrial). La distinción entre ambos tipos de necesidades solo puede ser juzgada por el mismo hombre, puesto que sus necesidades reales solo él las conoce en su fuero más íntimo.

EL HOMBRE UNIDIMENSIONAL

Es que el sujeto unidimensional es víctima de su propia impotencia y de la opresión continua de un método de dominación más complicado de lo que Adorno y Horkheimer imaginaron. Esta es la concepción del poder por la que Marcuse se considera como puente entre la primera y la segunda generación de la escuela de Fráncfort. Este hecho se contrasta fundamentalmente con el capitalismo temprano, en que el movimiento proletario era una fuerza con el potencial efectivo de derribar al régimen.

GILBERT RYLE

SE LE CONSIDERA UNO DE LOS MIEMBROS DESTACADOS DE LA LLAMADA ESCUELA ANALÍTICA.

ELABORADO POR:
JOSHUA BETANCOURT y JOSE LUIS IBAVE

BIOGRAFÍA

Nació en Brighton, Inglaterra en 1900 y fue formado en la Escuela de Brighton, junto a sus hermanos John y George (más adelante, Gilbert fue presidente del consejo escolar de la Escuela de Brighton, que celebra un día en su honor).

En 1919 ingresó en el Queen's College de Oxford para estudiar Clásicos, pero rápidamente se sintió atraído por la Filosofía. Se graduó en clásicas (1921), literatura (1923), y política, filosofía y economía (1924), y fue nombrado conferenciante de filosofía en el Christ Church, de Oxford en 1925. Un año más tarde, se convirtió en tutor en el Christ Church, donde permaneció hasta 1940.

En la Segunda Guerra Mundial fue comisionado en la Guardia Galesa. Por sus capacidades lingüísticas, fue reclutado para la inteligencia durante la Segunda Guerra Mundial y al final de la guerra había sido promovido al rango de Mayor. Después de la guerra, regresó a Oxford y fue elegido Profesor de Filosofía Metafísica de Waynflete y miembro del Magdalen College de Oxford

THE CONCEPT OF MIND

En El concepto de lo mental, Ryle argumenta que el dualismo involucra errores de categoría y filosóficos. A los estudiantes de 1967-68 en Oxford se les preguntaría retóricamente qué ocurría al decir que hay tres cosas en el campo: dos vacas y un par de vacas. También se les invitó a reflexionar sobre si el tapón de un barril de cerveza es parte del barril o no.

PHILOSOPHICAL ARGUMENTS

"Los argumentos filosóficos que constituyen este libro pretenden no aumentar lo que sabemos sobre las mentes sino rectificar la geografía lógica del conocimiento que ya poseemos.

Ryle pensó que ya no era posible creer que la tarea de un filósofo fuera estudiar los objetos mentales en oposición a los objetos físicos. Sin embargo, en su lugar, Ryle vio la tendencia de los filósofos a buscar objetos cuya naturaleza no fuera ni física ni mental. Ryle creía, en cambio, que "los problemas filosóficos son problemas de cierto tipo, no son problemas de tipo ordinario sobre entidades especiales".

Ryle ofrece la analogía de la filosofía como si fuera una cartografía. Los hablantes competentes de un idioma, cree Ryle, son para un filósofo lo que los aldeanos comunes son para un cartógrafo. El aldeano común tiene una comprensión competente de su pueblo, y está familiarizado con sus habitantes y la geografía. Sin embargo, cuando se le pide que interprete un mapa por el mismo conocimiento que tiene prácticamente, el aldeano tendrá dificultades hasta que pueda traducir su conocimiento práctico en términos cartográficos universales.

El aldeano piensa en el pueblo en términos personales y prácticos, mientras que el cartógrafo piensa en el pueblo en términos neutrales, públicos, cartográficos

SABER CÓMO Y SABER QUE

Para él, la filosofía no se extendía más allá de la filosofía de la mente, la lógica filosófica y la filosofía del lenguaje. La ética, la filosofía política y la estética eran "filosofía" solo por una pesada tradición histórica.

APORTACIONES

- Philosophical Arguments
- The Concept of Mind
- Dilemmas
- A Puzzling Element in the Notion of Thinking
- Plato's Progress

ALFRED Tarski

BIOGRAFIA

Lógico y matemático polaco, nacido en Varsovia, fue profesor de filosofía de la matemática en la universidad de esta ciudad. Al comienzo de la Segunda Guerra Mundial emigró a EEUU, donde se desempeñó como profesor en la facultad de matemáticas de la Universidad de Berkeley.
Particularmente, sus estudios han sido importantes en el campo de la semántica, de la teoría de los conjuntos y en la teoría de los modelos. Preciso es recordar sus resultados sobre la categoricidad, las generalizaciones del teorema de Löwenheim Skolem y el método de decisión para la geometría y el álgebra elemental.

Junto con Aristóteles, Gottlob Frege y Kurt Gödel, Tarski es considerado uno de los lógicos más grandes de todos los tiempos. De los cuatro, Tarski es uno de los mejores matemáticos, el más prolífico y el que desarrolló una actividad educativa más intensa. Entre sus muchos y relevantes discípulos se cuenta Julia Robinson.
En 1941 publicó en inglés uno de los manuales de lógica más acreditados, Introduction to Logic and to the Methodology of Deductive Sciences.

APORTACIONES

- Introduction to Logic and to the Methodology of Deductive Sciences.
- Lógic, semántic and maths.
- On the concept of logical consecuence.

ELABORADO POR:
JOSHUA BETANCOURT y JOSE LUIS IBAVE

ON THE CONCEPT OF LOGICAL CONSECUENCE

Defendió que la conclusión de un argumento se sigue lógicamente de sus premisas si y solo si cada interpretación de las expresiones no lógicas que hace verdaderas a las premisas hace verdadera a la conclusión; por tanto, la explicación de la consecuencia lógica depende de la teoría semántica de la verdad.

KARL POPPER

Es considerado como uno de los filósofos de la ciencia más importantes del siglo XX. Popper argumentó que una teoría en las ciencias empíricas nunca puede ser probada, pero puede ser falsada, lo que significa que puede y debe ser examinada por experimentos decisivos para distinguir la ciencia de la pseudociencia.

BIOGRAFIA

Filósofo y pensador austríaco, nacido en Viena en 1902 y muerto en Londres en 1993. Estudió en la Universidad de su ciudad natal, donde formó parte del denominado 'Círculo de Viena', a pesar de que fue muy crítico hacia el positivismo lógico. En 1935 publicó su primer libro sobre metodología científica, La lógica del descubrimiento científico. Durante el ascenso del nazismo, abandonó su país para establecerse en Nueva Zelanda, donde permaneció desde 1937 hasta el final de la Guerra.

APORTACIONES

Fruto de sus reflexiones sobre la política y el poder, escribió La sociedad abierta y sus enemigos, donde afirma que lo que define a la ciencia es su capacidad para refutar las teorías incorrectas, es decir, aquello que carece de precisión; y La pobreza del historicismo, donde critica a los regímenes totalitarios y en particular al marxismo; fue profesor de lógica y método científico en la Universidad de Londres, entre 1949 y 1969.

LA LÓGICA DE LA INVESTIGACIÓN CIENTÍFICA

En ella el filósofo austríaco aborda el problema de los límites entre la ciencia y la metafísica, y se propone la búsqueda de un llamado criterio de demarcación entre las mismas que permita, de forma tan objetiva como sea posible, es decir, a partir de criterios (epistémicos, metodológicos, reglas y normas) bajo los cuales se evalúe la teoría y así, distinguir las proposiciones científicas de aquellas que no lo son.

ELABORADO POR:
JOSHUA BETANCOURT Y JOSE LUIS IBAVE

DEMOCRACIA LIBERAL

En el discurso político, es conocido por su vigorosa defensa de la democracia liberal y los principios de crítica social que creía que hacían posible una floreciente sociedad abierta. Su filosofía política abarca ideas de todas las principales ideologías políticas democráticas e intenta conciliarlas, como la socialdemocracia, el liberalismo clásico y el conservadurismo liberal

CITA

"Creo, sin embargo, que al menos existe un problema filosófico por el que se interesan todos los hombres que reflexionan: es el de la cosmología, el problema de entender el mundo… incluidos nosotros y nuestro conocimiento como parte de él. Creo que toda ciencia es cosmología, y, en mi caso, el único interés de la filosofía, no menos que el de la ciencia, reside en los aportes que ha hecho a aquella; en todo caso, tanto la filosofía como la ciencia perderían todo su atractivo para mí si abandonasen tal empresa."

Mortimer Adler

Biografía

Filósofo estadounidense, nacido en Nueva York el 28 de diciembre de 1902 y fallecido el 28 de junio de 2001. Estudió en la Universidad de Columbia y enseñó posteriormente psicología en dicha universidad (1923-1929). También fue profesor de filosofía del derecho en la Universidad de Chicago entre 1930 y 1952. En ese mismo año se trasladó a San Francisco para dirigir en esa ciudad el Instituto para la Investigación Filosófica, del cual es fundador.

Dialectic

El principal aporte filosófico de Adler se inscribe en el ámbito de la dialéctica; si bien incluye en el mismo consideraciones originales y personales en algunos aspectos, su posición en otros no dista mucho de la que defendieron Platón y Aristóteles, especialmente en la relación que éstos establecen entre dialéctica y diálogo. En su primer libro, Dialectic (1927), propone la creación de una Summa dialectica que podría presentar las obras de los filósofos de la historia como si de intervenciones en un diálogo desarrollado durante tres milenios se tratasen.

Aportes

- The Conditions of Philosophy.
- Great Books of the Western World, fue editor publicado en 54 volúmenes entre 1945 y 1952.
- The Annals of America (20 vols., 1969).
- Encyclopaedia Britannica (1974) donde fue director de planificación de la decimoquinta edición.

ELABORADO POR:
JOSHUA BETANCOURT y JOSE LUIS IRAVE

FRANK P. RAMSEY

BIOGRAFIA

Filósofo inglés, nacido en Cambridge en 1903 y muerto en 1930. Seguidor del Wittgenstein del Tractatus, intentó una fundamentación de los Principia Mathematica de Whitehead y Russell a la luz del Tractatus, en defensa de una posición logicista frente al axiomatismo de Hilbert y el intuicionismo de Brouwer. A pesar de ello, no siempre siguió por completo a Wittgenstein: consideró que también las proposiciones matemáticas, y no sólo las lógicas, son tautologías, de forma que la matemática podría derivase de una lógica en la que se prescindiera de los axiomas de reducibilidad e infinitud.

APORTACIONES

- The Foundations of Mathematics.
- Truth and Probability.
- Facts and Propositions.
- General Propositions and Causality.

EPISTEMOLOGIA

En epistemología sostuvo que las denominadas "proposiciones generales" no pueden ser llamadas propiamente "proposiciones", puesto que no pueden establecerse en ellas distinciones entre "verdadero" y "falso", como sí se puede hacer en las "verdaderas proposiciones", que son funciones de verdad. Sin embargo, sí que pueden establecerse en ellas distinciones como "razonable" y "no razonable".

En lógica inductiva, siguiendo a Peirce, rechazó que la inducción pudiera justificarse de modo puramente formal, pero a su vez admitió las inferencias inductivas como justificadas en la práctica.

"ACLARATORIA"

En línea con las tendencias predominantes en filosofía analítica, Ramsey también fue partidario de considerar la filosofía como una disciplina fundamentalmente "aclaratoria", si bien reconoció que las "aclaraciones" deben tener cierto límite y que no todo problema filosófico se resuelve mediante una mera aclaración del significado de las palabras.

ELABORADO POR:
JOSHUA BETANCOURT
JOSE LUIS IBAVE

Norberto Bobbio (1909-2004)

Norberto Bobbio fue un filósofo, jurista y politólogo italiano muy influyente, reconocido por sus contribuciones a la filosofía del derecho, la teoría política y la teoría de la democracia. Su pensamiento se enfoca en los temas de la democracia, los derechos humanos, el liberalismo y el socialismo, proporcionando una perspectiva clara y pragmática.

Uno de los temas más importantes en el pensamiento de Bobbio es la democracia. Bobbio adopta una visión procedural o formal de la democracia, argumentando que el elemento esencial de la democracia es el proceso de decisión política, más que el resultado de dicho proceso. La democracia, en su opinión, no garantiza un conjunto específico de resultados políticos, sino que simplemente ofrece un marco en el cual los ciudadanos pueden participar en el proceso de toma de decisiones.

En relación a los derechos humanos, Bobbio sostiene que estos son una herramienta crucial para la protección de las libertades individuales. Argumenta que los derechos humanos deben ser garantizados y protegidos por el estado, y que la presencia de estos derechos es un indicador de la salud y el éxito de una democracia.

Bobbio también es conocido por su defensa del liberalismo. Propone un tipo de liberalismo que equilibra los derechos y libertades individuales con una preocupación por la justicia social y la igualdad. Según Bobbio, esta es una visión más equilibrada y pragmática del liberalismo, que puede coexistir con el socialismo democrático.

A pesar de su defensa del liberalismo, Bobbio también se identificó con el socialismo democrático. Bobbio argumentaba que la justicia social es un componente esencial de una sociedad democrática, y que el socialismo democrático puede proporcionar un medio para lograr este objetivo. Sin embargo, es crucial señalar que la versión del socialismo que apoyaba Bobbio se basa en principios democráticos y respeta las libertades y derechos individuales.

La obra de Bobbio presenta un compromiso constante con el diálogo y la deliberación, enfatizando la importancia de los procedimientos democráticos y los derechos humanos. A través de sus escritos, proporciona una perspectiva equilibrada y pragmática sobre los desafíos políticos y sociales, argumentando en favor de un tipo de liberalismo que se preocupa tanto por los derechos individuales como por la justicia social.

Una de sus principales aportaciones es en referencia a la teoria de la formas de gobierno dentro del pensamiento histotico politico, donde considera que generalmente cualquier teoría de las formas de gobierno presenta dos aspectos: *uno descriptivo y otro prescriptivo*. En su función *descriptiva* el estudio de las formas de gobierno se resuelve en una tipología o en una clasificación de los diversos tipos de constitución política que de hecho, es decir, en la experiencia histórica y más precisam ente en la experiencia histórica conocida y analizada por el autor, se presentan a la vista del observador. El escritor político en este caso se comporta como un botánico que después de haber observado y estudiado atentamente un cierto número de plantas, las divide de acuerdo con las diferencias o las une según las afinidades, y al final llega a clasificarlas bajo un cierto orden. Las primeras grandes clasificaciones de las formas de gobierno, como las de Platón y Aristóteles, son de este tipo. Dicho de otro modo: derivan de los datos recabados de la observación histórica, y reflejan la variedad de las formas en las que se organizaron las ciudades griegas. A diferencia del botánico que no se pone otro problema más que el de la descripción y no manifiesta alguna preferencia, entre una u otra especie descrita, el escritor político no se limita a describir; generalmente se plantea otro problema, que es el de indicar, de acuerdo con un criterio de selección que naturalmente puede cambiar de autor a autor, cuál de las formas de gobierno descritas es buena, cuál mala, cuál mejor y cuál peor, y eventualmente también cuál es la óptima y cuál la más incorrecta. En otras palabras: no se limita a describir, o sea, a manifestar un juicio de hecho, sino que sin darse cuenta exactamente asume también otra función, la de expresar uno o más juicios de valor, la de orientar las preferencias ajenas, en una palabra la de *prescribir*. Asi mismo señala que una tipología puede emplearse de dos modos. Al primero lo llamo "sistemático", al segundo "axiológico". El uso sistemático de una tipología tiene lugar cuando ésta se utiliza para dar orden a los datos recopilados; el uso axiológico es aquel que se da a la misma tipología cuando es empleada para establecer entre los tipos o las clases ordenadas sistemáticam ente un cierto orden de preferencia, que tiene el objetivo de suscitar en los demás una actitud de aprobación o desaprobación, y en consecuencia, repito, de orientar una preferencia. Propone que el uso axiológico frente a la variedad de las formas de gobierno son posibles tres posiciones: a) todas las formas existentes son buenas; b) todas las formas son malas, y c) entre las formas de gobierno algunas son buenas y otras son malas. En términos generales se puede decir que la primera posición es la de una filosofía relativista e historicista según la cual cada forma de gobierno es adecuada para la situación histórica concreta que la ha producido (y que no podría producir otra diferente). Un ejemplo de la segunda posición la veremos en Platón, según el cual todas las formas de gobierno reales son malas, en cuanto son una degeneración de la única forma óptim a que es la ideal. La tercera posición es la más frecuente: habiendo sido teorizada en una obra que ha hecho época en la historia de la filosofía política, en la Política de Aristóteles, podemos llamarla aristotélica. Todavía hay necesidad de agregar que una axioiogía en general no se limita a distinguir lo bueno (en sentido absoluto) de lo malo (en sentido absoluto), sino también se preocupa por establecer mediante un juicio com parativo un orden, una jerarquía, o mejor dicho un orden jerarquizado, entre las cosas que son objeto de evaluación. Lo mismo sucede con el uso axiológico de las tipologías de las formas de gobierno, con la consecuencia de que las formas buenas no son todas buenas en el mismo grado, pues hay algunas mejores que otras, al tiempo que no todas las formas malas lo son en el mismo grado, pues hay algunas peores que otras. Mediante el juicio de valor comparativo, una axioiogía de las formas de gobierno termina por ser la sistematización de éstas en un orden jerarquizado, que por medio de una escala de preferencias permite pasar no simplemente de lo bueno a lo malo, sino de lo mejor a lo peor mediante el menos bueno y el menos malo.

Por lo menos se pueden distinguir tres maneras de hacer un modelo del óptimo Estado:

a) Se puede construir un modelo de óptimo Estado mediante la idealización de una forma histórica. Así sucedió, por ejemplo, con Atenas y sobre todo con Esparta en la antigüedad (y no solamente en la antigüedad), con la república romana, considerada por algunos de los grandes escritores políticos como un modelo de Estado del que se debería descubrir el secreto de su fortuna y de su fuerza, con la república de Venecia en el Renacimiento, con la monarquía inglesa en la época moderna. Se podría agregar que el primer Estado socialista del m ndo, la Unión Soviética, ha desempeñado la misma función en cuanto es considerado como Estado-guía por los partidos comunistas de los Estados que todavía no han sido transformados por una revolución.

b) Otra manera de construir un modelo de óptima república consiste en combinar en una síntesis ideal los diversos elementos positivos de todas las formas buenas para eliminar los vicios y conservar las virtudes. Se trata del ideal, del llamado Estado mixto.

c) Finalmente, la construcción de la óptima república puede ser confiada a la elaboración intelectual pura, abstraída completamente de la realidad histórica, o incluso a la imaginación, a la visión poética, que se complace en diseñar Estados ideales que ja más existieron y que nunca existirán. Se trata del pensamiento utópico que en todos los tiempos, especialmente en épocas de grandes crisis sociales, ha tenido apasionados e inspirados creadores. Mientras las dos formas anteriores de óptima república son idealizaciones de la realidad, la utopía se sale de la historia y proyecta su construcción en un lugar y en un tiempo imaginarios.

Las diversas formas de gobierno no constituyen únicamente distintas formas de organizar la vida política de un grupo social, sino también son estadios o momentos diferentes y sucesivos, (generalmente uno concatenado con otro, uno derivado completamente del desarrollo de otro) del proceso histórico.

Bobbio manifiesta que debe agregarse que generalmente en el uso histórico de una tipología de ninguna manera es irrelevante la distinción entre formas buenas y formas malas, porque la mala como degeneración de la buena abre la puerta a la nueva forma buena, la cual, a su vez, corrompiéndose crea las condiciones para un cambio siguiente. Cuando la monarquía —que es la forma buena— decae en la tiranía —que es la forma mala— nace como reacción la aristocracia, que es a su vez una forma buena, la cual al decaer en oligarquía genera la democracia y así sucesivamente. En resumen, la forma mala funge como etapa de paso obligado de una forma a otra y por consiguiente desempeña un papel positivo (a pesar de su negatividad sustancial), no en sí misma sino considerada como un momento de una totalidad. También se podría decir, aunque es un problema, que cuando una tipología es usada históricamente, es decir, para trazar las líneas de una filosofía de la historia, readquiere una función meramente descriptiva y pierde todo carácter prescriptivo. Cuando lo que es axiológicamente negativo se transforma en históricamente necesario, el juicio de realidad es superior al de valor.

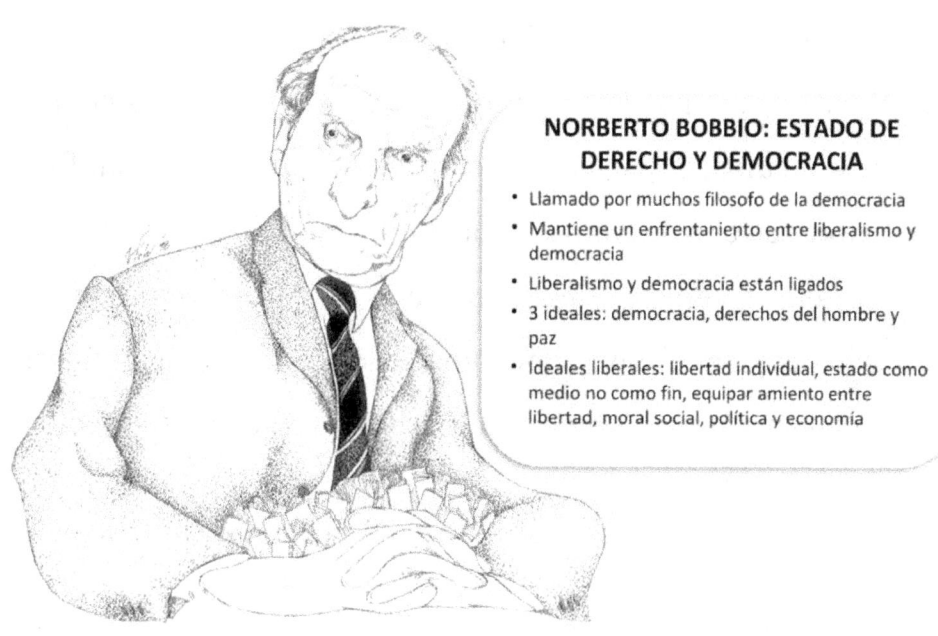

NORBERTO BOBBIO: ESTADO DE DERECHO Y DEMOCRACIA

- Llamado por muchos filosofo de la democracia
- Mantiene un enfrentaniento entre liberalismo y democracia
- Liberalismo y democracia están ligados
- 3 ideales: democracia, derechos del hombre y paz
- Ideales liberales: libertad individual, estado como medio no como fin, equipar amiento entre libertad, moral social, política y economía

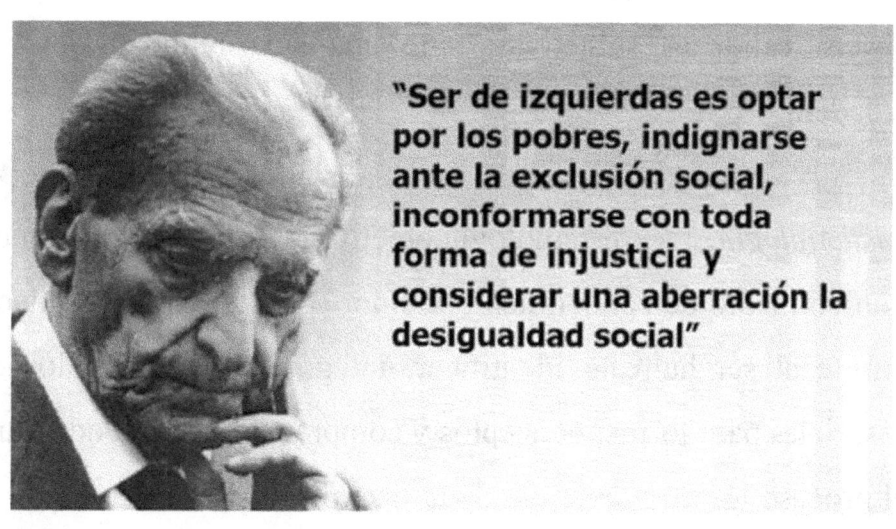

"Ser de izquierdas es optar por los pobres, indignarse ante la exclusión social, inconformarse con toda forma de injusticia y considerar una aberración la desigualdad social"

Ayn Rand (1905-1982)

Filósofa y escritora ruso-estadounidense, nacida en San Petersburgo. Ayn Rand desafía las doctrinas filosóficas prevalecientes de nuestro tiempo y la culpa, el pánico y la desesperación que crearon. Ella fue la defensora de una nueva filosofía moral, una ética del interés propio racional, que se opone rotundamente a la ética del altruismo y el sacrificio personal. Su pensamiento filosófico se basa en un sistema que ella misma llamó "objetivismo", cyyos principales aspectos que se destacan son:

Metafísica: En su metafísica, Ayn Rand sostiene que existe una realidad objetiva externa, independiente de la mente del individuo. La realidad es lo que es, y la conciencia humana tiene la capacidad de percibirla y comprenderla a través de los sentidos y la razón. Rechaza el idealismo y cualquier forma de relativismo, sosteniendo que no existen realidades subjetivas, sino una sola realidad objetiva y verdadera.

Epistemología: La epistemología objetivista defiende la razón como el único medio de conocimiento válido. La razón es la facultad que permite al ser humano identificar, integrar y organizar los datos sensoriales para formar conceptos y comprender la realidad. A través del proceso lógico y objetivo de la razón, los seres humanos pueden alcanzar un conocimiento objetivo y verídico sobre el mundo que les rodea.

Ética: En la ética objetivista, Ayn Rand defiende un sistema moral basado en la naturaleza del ser humano y en su búsqueda racional de la vida y la felicidad. El principio moral fundamental es el egoísmo racional, que significa que cada individuo tiene el derecho moral de buscar su propia vida y felicidad, siempre y cuando no viole los derechos individuales de otros. El egoísmo no es el egoísmo desenfrenado o la explotación de otros, sino la búsqueda racional de los intereses propios en armonía con los derechos de los demás.

Política: El objetivismo aboga por un sistema político de laissez-faire o capitalismo de libre mercado. Rand sostiene que el papel adecuado del gobierno es proteger los derechos individuales de las personas, incluidos los derechos a la vida, la libertad, la propiedad y la búsqueda de la felicidad. El gobierno no debe intervenir en la economía ni en la vida personal de los ciudadanos, excepto para hacer cumplir la ley y proteger los derechos. En una sociedad objetivista, las transacciones comerciales y las relaciones sociales se basan en intercambios voluntarios y libres de coerción.

Estética: Ayn Rand también desarrolló una teoría estética basada en su filosofía objetivista. Consideraba que el arte tenía la función de reflejar y celebrar los valores y virtudes humanas. Su concepto de "estilo heroico" en la literatura y las artes visuales enfatizaba la representación de seres humanos como héroes, individuos racionales y valientes, que luchan por alcanzar sus objetivos y valores.

Justificación filosófica: Ayn Rand justifica el objetivismo a través de una argumentación racional y basada en la realidad. En sus obras filosóficas principales, como "La rebelión de Atlas" (Atlas Shrugged) y "La virtud del egoísmo" (The Virtue of Selfishness), presenta una defensa exhaustiva de su filosofía y critica otras corrientes filosóficas, políticas y económicas que considera incompatibles con el objetivismo.

El objetivismo de Ayn Rand ha tenido un impacto significativo en la forma en que algunos defienden y critican el capitalismo. A continuación, exploraremos tanto el impacto como las críticas del objetivismo de Rand al capitalismo.

El objetivismo ha proporcionado una base filosófica para la defensa del individualismo y del egoísmo racional en el contexto del capitalismo. Al considerar que el individuo tiene el derecho moral de buscar su propia vida y felicidad, siempre que respete los derechos individuales de los demás, el objetivismo ha abogado por un enfoque más individualista en el sistema económico. La filosofía de esta corriente ha enfatizado la importancia de la libertad individual y el derecho a la propiedad privada en el marco del capitalismo. Al argumentar que el gobierno debe tener un papel limitado en la vida de las personas y que la propiedad privada es un derecho inviolable, el objetivismo ha apoyado una visión de libre mercado y una economía de libre empresa.

De igual forma, ha tenido un impacto en el movimiento libertario, particularmente en aquellos que defienden una versión más radical y pura del capitalismo de libre mercado. Ayn Rand y sus ideas han sido una fuente de inspiración para muchos libertarios que abogan por una mínima intervención gubernamental en la economía y en la vida de las personas.

Sin embargo, objetivismo y su relación al capitalismo no esta excento de críticas. Una crítica común al objetivismo es que presenta una visión simplista de la naturaleza humana. Al enfocarse en el egoísmo racional como el principio moral fundamental, algunos críticos argumentan que ignora aspectos más complejos y altruistas de la naturaleza humana, como la empatía y la cooperación. Otros críticos sostienen que el objetivismo, en su énfasis en el egoísmo y la búsqueda individual de la felicidad, puede conducir a la desigualdad extrema y a la deshumanización de las relaciones humanas. Afirman que una excesiva concentración en el beneficio propio puede llevar a la explotación de otros y socavar el bienestar de la sociedad en su conjunto.

Algunos argumentan que el objetivismo, al centrarse principalmente en los derechos individuales y el egoísmo, no aborda adecuadamente la responsabilidad colectiva y el bienestar general de la sociedad. La crítica es que este enfoque puede no ser suficiente para abordar problemas sociales y económicos complejos, como la pobreza y la desigualdad estructural. Si bien el objetivismo aboga por un gobierno limitado, algunos críticos argumentan que puede ignorar o subestimar la necesidad de ciertas intervenciones gubernamentales para abordar problemas como los monopolios, la protección ambiental y la regulación de prácticas comerciales potencialmente dañinas.

En resumen, el objetivismo de Ayn Rand ha influido en la defensa del capitalismo de libre mercado y ha proporcionado una justificación ética para el individualismo y el egoísmo racional. Sin embargo, también ha sido objeto de críticas por su visión simplista de la naturaleza humana y su falta de consideración por el bienestar colectivo. El debate sobre el impacto y la validez del objetivismo en el contexto del capitalismo continúa siendo objeto de discusión en los círculos filosóficos y políticos.

*Cuando un hombre, una corporación comercial o una sociedad entera se acerca a la bancarrota, hay dos caminos que los involucrados pueden seguir: pueden evadir la realidad de su situación y actuar de manera frenética, ciega y en el momento oportuno, no atreviéndose a mirar hacia adelante, deseando que nadie diga la verdad, pero esperando desesperadamente que algo los salve de alguna manera, o pueden identificar la situación, verificar sus instalaciones y descubrir sus activos ocultos y comenzar a reconstruir. .... **Ayn Rand***

«Cualquier hombre o mujer que esté dispuesto a pensar. Todos aquellos que saben que la vida del hombre debe estar guiada por la razón, aquellos que valoran su propia vida y no están dispuestos a entregarla al culto de la desesperación en la selva moderna de la impotencia cínica, así como no están dispuestos a entregar el mundo a la Edad Media y el gobierno de los brutos.»

La conciencia del hombre que comparte con los animales en las dos primeras etapas de su desarrollo: *sensaciones y percepciones*; pero es el tercer estado, *las concepciones*, lo que le hace hombre. Las sensaciones se integran en las percepciones automáticamente, por el cerebro de un hombre o de un animal. Pero integrar las percepciones en los conceptos mediante un proceso de abstracción es una hazaña que solo el hombre tiene el poder de realizar, y tiene que realizarla por elección. El proceso de abstracción y de formación de conceptos es un proceso de *la razón*, del pensamiento; no es automático ni instintivo ni involuntario ni infalible.
Bottom of Form

Simone Weil (1909-1943)

Simone Weil, filósofa, activista y mística, dejó una huella indeleble en el pensamiento del siglo XX. Su vida y obra encarnaron un compromiso inquebrantable con la dignidad humana, una crítica profunda de las estructuras de poder, y una reflexión lúcida sobre la violencia y la compasión.

Nacida en París en 1909, Weil demostró un intelecto prodigioso desde temprana edad, posteriormente asistió a la École Normale Supérieure, una de las instituciones académicas más prestigiosas de Francia. Fue maestra, trabajadora de fábrica, luchadora en la Guerra Civil Española, y finalmente miembro de la Resistencia francesa en la Segunda Guerra Mundial. Su vida fue un testimonio de su convicción filosófica: la dignidad humana debe ser la guía de nuestras acciones e instituciones.

En la obra de Weil, la dignidad humana no es un concepto abstracto, sino una exigencia moral y espiritual concretizada en la atención al sufrimiento del otro. Se oponía a las estructuras de poder, tanto económicas como políticas, que degradan al individuo a la condición de objeto o instrumento. En sus escritos, tales como "Factory Journal" y "Oppression and Liberty", examinó cómo el capitalismo sin restricciones y los sistemas autoritarios atentan contra la dignidad al negar la libertad y la autonomía del individuo.

Sin embargo, Weil no se limitó a la crítica. Propuso alternativas como el trabajo digno y la participación política activa para garantizar el reconocimiento de la humanidad del otro.

Defendió una forma de trabajo que permite a las personas expresarse y desarrollarse como seres humanos, y no ser reducidas a meros engranajes en una máquina económica.

La reflexión de Weil sobre la violencia es profundamente humana y preocupada. En "The Iliad, or The Poem of Force", ella lee la antigua epopeya como un testimonio de cómo la fuerza brutal puede desfigurar y degradar lo humano. Para Weil, la violencia no sólo es una tragedia física, sino también una catástrofe moral y espiritual.
Pero en la violencia, Weil también ve la posibilidad de la compasión. En su ensayo "The Love of God and Affliction", ella sostiene que el sufrimiento puede ser una ventana a la compasión y al amor divino. Esta visión de la compasión no es ingenua ni romántica; es un llamado a reconocer la humanidad del otro en su vulnerabilidad y dolor.

En resumen, la vida y obra de Simone Weil nos invita a una profunda reflexión sobre la dignidad humana, el poder, la violencia y la compasión. Nos reta a examinar nuestras instituciones y relaciones con los demás, a resistir las formas de poder que degradan y alienan, y a encarnar una compasión que ve al otro en su plenitud y humanidad. A pesar de la brevedad de su vida, Simone Weil dejó un legado filosófico que sigue resonando en nuestros tiempos. Su pensamiento nos llama a imaginar y a luchar por un mundo donde la dignidad humana sea respetada y afirmada en todos los ámbitos de la vida.

Simone Weil filósofa conocida por su pensamiento radical y su compromiso ético con los desfavorecidos. Su obra abarca una amplia gama de temas, desde la política y la ética hasta la mística y la teología.

Teoría del trabajo: En sus primeros trabajos, Weil reflexionó sobre la condición de los trabajadores industriales, con quienes se solidarizó y trabajó en algunas ocasiones. Weil consideraba que el trabajo industrial degradaba al ser humano, no solo físicamente, sino también espiritualmente, ya que este sistema despojaba a los trabajadores de su autonomía y los reducía a meros instrumentos. Propuso un tipo de trabajo que respetara la dignidad y la libertad humanas y que promoviera la cooperación y la comunidad en lugar de la competencia y el individualismo.

Atención y Gracia: Weil veía la atención como una forma de amor desinteresado, como una forma de vaciarse a uno mismo para recibir a otro. Esto se extiende a su concepción de la gracia divina, que consideraba como un regalo inmerecido y siempre disponible, pero que debía ser recibido con atención y humildad. La atención, según Weil, es la verdadera oración, una apertura a la gracia que transforma al individuo.

Desposesión y el mal: Weil pensaba que la raíz del mal era la posesividad, el deseo de poseer y controlar. Esta creencia se manifiesta en su crítica del colonialismo, el capitalismo y cualquier sistema que despoje a las personas de su dignidad y libertad. Por otro lado, la desposesión, el dejar ir el deseo de controlar, es una forma de abrirse a la gracia y a la solidaridad con los demás.

Conexión con otras filosofías: Aunque es conocida como filósofa cristiana, Weil también mostró interés y respeto por otras tradiciones religiosas, especialmente por el hinduismo y el budismo, y a menudo incorporaba elementos de estas tradiciones en su pensamiento.

Teología Mística: Weil tenía una visión mística de Dios, considerándolo como el bien absoluto, pero también como algo esencialmente ausente en el mundo. A través de la aflicción y el sufrimiento, creía que podíamos acercarnos a esta ausencia divina, que es en realidad una forma de presencia.

Simone Weil, a pesar de su breve vida, dejó una impresión duradera en una variedad de campos, incluyendo la política. En sus escritos, examinó las tensiones entre la libertad y la autoridad, la dignidad humana y las estructuras de poder, y la justicia y la caridad. Al inicio, Weil fue influenciada por el marxismo y trabajó como militante sindicalista. Creía en los derechos de los trabajadores y veía el capitalismo como un sistema que aliena y explota a las personas. Sin embargo, ella criticó a los marxistas por su enfoque demasiado materialista y económico de la lucha de clases, argumentando que también necesitaban considerar las necesidades espirituales y culturales de los trabajadores. Sin embargo, Weil también era conocida por su pacifismo. Durante la Segunda Guerra Mundial, se unió a la resistencia francesa, pero insistió en que solo realizaría tareas no violentas. Creía que la guerra y la violencia degradaban la humanidad y socavaban la posibilidad de una verdadera comunidad. Su pensamiento en este tema está reflejado en su famoso ensayo, "La Iliada o el poema de la fuerza", en el que analiza cómo la fuerza bruta puede degradar y destruir el espíritu humano. Un importante aspecto de su filosofia fue su oposicion firmaa las formas de autoridad y gobierno que consideraba opresivas y deshumanizantes. Sin embargo, no se identificaba explícitamente como anarquista y criticaba tanto el capitalismo como el socialismo estatal.

Weil se opuso firmemente al colonialismo y criticó las formas en que las naciones europeas explotaban y oprimían a las personas en sus colonias. Creía que este sistema no solo dañaba a las personas colonizadas, sino que también corrompía a las naciones colonizadoras.

La política para Weil, como su filosofía en general, era una cuestión de ética y humanidad. Se centró en cómo las estructuras de poder y las ideologías pueden degradar la dignidad humana y la libertad, y defendió una política basada en la compasión, la solidaridad y el respeto por cada individuo. El pensamiento de Simone Weil es un llamado a la compasión, la solidaridad y el amor desinteresado. Aunque su filosofía puede ser desafiante y difícil de categorizar, ofrece una visión poderosa y convincente de lo que podría ser una vida ética y espiritualmente enriquecedora.

Michel Foucault (1926-1984)

Michel Foucault fue uno de los pensadores más influyentes y provocadores del siglo XX. Su trabajo sobre la libertad, la subjetividad y el poder ahora es fundamental para pensar en una gama extraordinariamente amplia de disciplinas, que incluyen filosofía, historia, educación, psicología, política, antropología, sociología y criminología y, por ende, ampliamente reconocido por sus profundos análisis de las instituciones sociales y de la relación entre poder, conocimiento y comunicación.

Sus teorías han influido en nuestras concepciones modernas del poder y la comunicación. Foucault rechazó la idea de que el poder es simplemente una herramienta que algunas personas o grupos utilizan para dominar a otros. En cambio, vio el poder como una red omnipresente que se entrelaza en todos los aspectos de la vida social.

Según Foucault, el poder no es algo que se "posee", sino más bien una fuerza que se negocia y que fluye a través de todas las relaciones sociales, moldeando e influenciando nuestras acciones e interacciones. Por lo tanto, el poder no solo opera a nivel de las instituciones del estado, sino también en las interacciones más personales y cotidianas. Este cambio radical en la comprensión del poder ha influido significativamente en la sociología, la psicología y la ciencia política.

La teoría de Foucault sobre la comunicación está intrínsecamente ligada a sus ideas sobre el poder y el conocimiento. Para Foucault, la comunicación no es simplemente el intercambio de información. En cambio, es un proceso a través del cual se construyen, mantienen y cambian las relaciones de poder. Foucault argumentó que las formas de comunicación (por ejemplo, el discurso) son medios a través de los cuales el poder se ejerce y el conocimiento se produce y se legitima.

Esta perspectiva ha influido en los estudios de comunicación al llevar a los académicos a analizar más de cerca cómo las relaciones de poder influyen en la producción y la recepción de mensajes, y cómo el discurso puede ser usado para mantener o desafiar las estructuras de poder existentes. Aunque Foucault murió antes del advenimiento de la era digital, sus teorías han resultado ser increíblemente relevantes para entender el mundo digital en el que vivimos hoy. La idea de que el poder permea todas las áreas de la vida social puede verse claramente en cómo los algoritmos y la recopilación de datos masivos influyen en nuestras vidas cotidianas. Del mismo modo, su concepto de comunicación como una herramienta para ejercer poder puede verse en cómo las plataformas de redes sociales y los motores de búsqueda controlan el flujo de información y modelan nuestra percepción de la realidad.

Michel Foucault desarrolló varios enfoques metodológicos para analizar la sociedad y el poder. Entre los más notables se encuentran:

Arqueología del Saber: Este es un enfoque que se enfoca en el análisis de los discursos históricos. Foucault quería entender cómo ciertos tipos de conocimiento y 'verdad' se construyen y mantienen a través del lenguaje. La "arqueología" implica excavar capas de discursos para entender cómo nuestras formas actuales de conocimiento y entendimiento se han construido históricamente.

Genealogía: Este enfoque, inspirado por el trabajo de Friedrich Nietzsche, implica el examen de la historia de las ideas y las instituciones, no como una línea de progreso, sino como una serie de luchas y conflictos. Foucault utilizó la genealogía para demostrar cómo las ideas que damos por sentadas en el presente (sobre la sexualidad, la locura, el crimen, etc.) tienen historias complicadas y a menudo contradictorias.

Biopolítica: La biopolítica se refiere a las maneras en que el poder se ejerce sobre los cuerpos y la vida de las personas a nivel de la población. Foucault usó este concepto para analizar la manera en que los estados modernos buscan regular la salud, la sexualidad, la reproducción, y otros aspectos de la vida biológica.

Análisis del Discurso: Foucault propuso que debemos analizar el discurso -las formas en que hablamos y escribimos sobre ciertos temas- para entender cómo se produce y se mantiene el poder. Por ejemplo, él examinó los discursos médicos y legales para entender cómo se construyen y mantienen las normas sociales.

Poder-saber: Foucault insistió en que el poder y el conocimiento están inseparablemente vinculados. Él argumentó que el conocimiento no es neutral, sino que está imbuido de relaciones de poder. Por lo tanto, el análisis de la sociedad también debe implicar un análisis de cómo el conocimiento se produce, se distribuye y se utiliza en el ejercicio del poder.

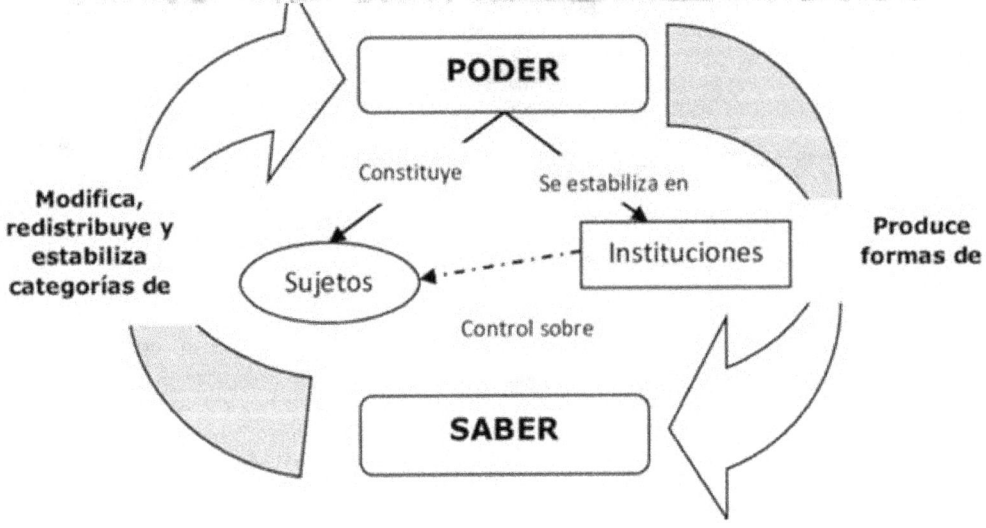

Michel Foucault desarrolló una teoría profundamente crítica y compleja sobre la relación entre el conocimiento y el poder. Para Foucault, el conocimiento no es simplemente una colección de hechos o verdades que existen independientemente del mundo social y político. En cambio, el conocimiento es algo que se construye socialmente y que está profundamente arraigado en sistemas de poder. De esta manera, los sistemas de poder y las estructuras sociales determinan qué se acepta como conocimiento, quién tiene la autoridad para definir y producir ese conocimiento, y cómo se utiliza ese conocimiento.

Los aspectos clave de esta posición se disertan a continuación:

Producción de Conocimiento: Según Foucault, los sistemas de poder son fundamentales en la producción de conocimiento. Esto se puede ver en sus estudios de "la clínica" y "la prisión", donde argumenta que ciertos tipos de conocimiento (como el conocimiento médico y criminológico) son producidos por y sirven para mantener las estructuras de poder existentes. Esto significa que el conocimiento no es neutral; está imbuido de las relaciones de poder en las que se produce.

Distribución de Conocimiento: El poder también juega un papel en determinar quién tiene acceso al conocimiento y cómo se distribuye. Esto puede verse en la forma en que ciertos grupos (por ejemplo, los académicos, los expertos, los profesionales médicos) son otorgados la autoridad para determinar qué conocimiento es válido y valioso, y cómo ese conocimiento se disemina en la sociedad.

Uso del Conocimiento: Finalmente, Foucault sostuvo que el conocimiento se utiliza para ejercer el poder. Por ejemplo, en su estudio de la psiquiatría, argumentó que el "conocimiento" sobre la locura no solo se utiliza para entender y tratar la enfermedad mental, sino también para controlar y regular a aquellos que se consideran "locos". De esta manera, el conocimiento no es simplemente algo que usamos para entender el mundo, sino también una herramienta que se utiliza para gobernar y controlar a los demás.

Para Foucault, el conocimiento no es una simple acumulación de hechos objetivos, independientes de su contexto histórico y cultural. Más bien, el conocimiento se construye a través de discursos y prácticas que están incrustados en las estructuras de poder. De esta manera, la "verdad" no es algo universal o absoluto, sino que es producida por el poder.

En su obra "La arqueología del saber", Foucault desarrolló una metodología para analizar cómo el conocimiento se construye a través de los discursos. Argumentó que los discursos, o las formas en que hablamos y escribimos sobre ciertos temas, no solo reflejan el mundo, sino que también lo construyen. Los discursos determinan lo que se puede decir y pensar, quién puede hablar y desde qué posición. Así, ciertos tipos de conocimiento se validan y otros se excluyen.

Además, en su análisis de las "disciplinas" en "Vigilar y Castigar", Foucault argumentó que el poder y el conocimiento se entrelazan en las instituciones como las escuelas, los hospitales y las prisiones.

Estas instituciones no solo imponen control y orden, sino que también producen tipos específicos de conocimiento sobre los individuos (como estudiantes, pacientes, delincuentes) que luego se utilizan para regular y controlar su comportamiento. Foucault también introdujo el concepto de "poder-saber", sugiriendo que el poder y el conocimiento son inseparables. El poder produce conocimientos que legitiman y refuerzan sus propias operaciones, mientras que el conocimiento confiere poder a quienes lo poseen o controlan.

La propuesta de Foucault es que el conocimiento es una construcción social que está profundamente arraigada en las estructuras de poder. Esto no solo implica que debemos cuestionar la supuesta objetividad del conocimiento, sino también que debemos examinar cómo el conocimiento se utiliza en la práctica para ejercer poder y control. Esta perspectiva ha tenido un impacto duradero en una variedad de campos, desde la sociología y la historia hasta los estudios de género y la educación.

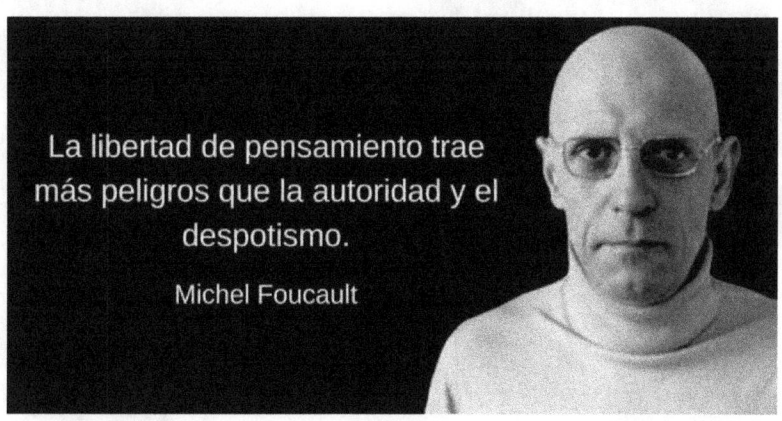

Foucault desarrolló una visión compleja y matizada de las luchas de poder y la producción de conocimiento, rechazando las ideas convencionales de que el poder es algo que solo se ejerce desde arriba hacia abajo, y que el conocimiento es meramente una representación objetiva de la realidad

Luchas de poder: Para Foucault, el poder no es una cosa que se tenga, sino una dinámica que se ejerce. El poder no está solo en manos de las autoridades o instituciones estatales, sino que es una red que se extiende por toda la sociedad, y que atraviesa todas nuestras relaciones sociales. En lugar de ser un mero sistema de opresión que impide a las personas hacer lo que quieren, Foucault ve el poder como productivo, en el sentido de que crea sujetos, normas, expectativas y comportamientos. Las luchas de poder, en este marco, son una parte esencial de la vida social, no solo en términos de la resistencia contra la opresión, sino también en términos de la forma en que las normas y expectativas se negocian y se transforman continuamente.

Producción de conocimiento: Foucault estaba especialmente interesado en cómo el poder y el conocimiento están interrelacionados. Su concepto de "poder-saber" sugiere que los sistemas de conocimiento (o "discursos") no son solo reflejos neutrales de la realidad, sino que también están formados por relaciones de poder, y a su vez ayudan a formar y consolidar estas relaciones de poder.

Michel Foucault introdujo el término "biopolítica" en su curso de 1976 en el Collège de France, titulado "Society Must Be Defended". En sus conferencias y obras posteriores, como "Historia de la sexualidad", desarrolló aún más esta idea.

La biopolítica, según Foucault, es una forma de poder que se ejerce sobre los seres humanos en su calidad de seres vivos, miembros de una población, más que en su calidad de sujetos individuales. En lugar de emitir órdenes para ser obedecidos por los sujetos, la biopolítica se preocupa por gestionar la vida: la salud, la higiene, la reproducción, la esperanza de vida, etc.

El objetivo de la biopolítica es optimizar la vida de la población en general, maximizando su productividad y minimizando los riesgos para su salud. Esto se logra a través de una variedad de técnicas, que van desde la estadística y la epidemiología hasta la medicina preventiva y la intervención social. Por ejemplo, las campañas de vacunación, la planificación urbana saludable, las políticas de alimentación y ejercicio son todas formas de biopolítica.

Foucault argumentó que la biopolítica se convirtió en una característica central de los estados modernos a finales del siglo XVIII y principios del XIX, en la transición de la soberanía del "derecho de hacer morir y dejar vivir" a la biopolítica de "hacer vivir y dejar morir".

Un aspecto clave de la biopolítica es lo que Foucault llamó "biopoder", el poder de "hacer vivir". Esto implica una serie de prácticas y tecnologías que están diseñadas para mejorar la vida y prevenir la enfermedad y la muerte. Esto puede incluir todo, desde las políticas de salud pública hasta la educación sexual y la regulación de los alimentos.

Por otro lado, la biopolítica también puede ser vista como una forma de control y dominación. Al gestionar y regular la vida, el biopoder también tiene el efecto de categorizar, normalizar y excluir. Algunos individuos o grupos pueden ser considerados como una amenaza para la salud y el bienestar de la población y por lo tanto pueden ser marginados o excluidos.

La noción de biopolítica ha sido enormemente influencial, y ha sido utilizada y desarrollada por una variedad de teóricos y críticos en campos que van desde la teoría política y la filosofía hasta los estudios de género y los estudios culturales.

Dentro del concepto de biopolitica, el pensamiento de Foucault dentro de su complejidad multifacetica, se enfoca en aspectos de gubernamentalidad, neoliberalismo y la "guerra de razas", proporcionando una lente valiosa para analizar el poder y la sociedad contemporánea. Dento de lo que el llama "gubernamentalidad", describe la forma en que el poder se ejerce en las sociedades modernas. Este concepto, que combina "gobierno" y "mentalidad", se refiere a la racionalidad, las técnicas y las estrategias a través de las cuales se gobierna una sociedad. Para Foucault, la gubernamentalidad no solo incluye el poder estatal, sino también una serie de instituciones y prácticas, como la educación, la psiquiatría y el trabajo social, que forman y regulan a los individuos y poblaciones.

Aunque Foucault murió antes de que el neoliberalismo se convirtiera en el modelo económico y político dominante en gran parte del mundo, ofreció algunas de las primeras y más influyentes críticas a este paradigma. Según Foucault, el neoliberalismo marca un cambio en la gubernamentalidad en la medida en que trata a los individuos como "empresarios de sí mismos" y busca extender la lógica del mercado a todos los aspectos de la vida social. Este giro hacia lo que Foucault llamó "biopolítica" tiene implicaciones profundas para cómo se forman y controlan los individuos y las poblaciones.

Foucault utilizó el concepto de "guerra de razas" para describir cómo el poder se ejerce a través de la división y el conflicto. Para Foucault, la "raza" no se refiere necesariamente a las categorías biológicas, sino a las divisiones sociales y políticas. En su curso "Society Must Be Defended", Foucault argumenta que el poder estatal moderno surgió de la lucha y el conflicto, y que la "guerra de razas" es una forma de explicar la persistencia de estas luchas en las sociedades modernas. Aunque las ideas de Foucault sobre la "guerra de razas" han sido objeto de debate y controversia, han influido en una serie de teorías críticas sobre el poder, el racismo y la colonialidad.

Estos conceptos -gubernamentalidad, neoliberalismo y "guerra de razas"- son fundamentales para entender el pensamiento de Foucault sobre el poder y la sociedad, y han tenido un impacto duradero en una variedad de campos, desde la filosofía y la teoría social hasta los estudios políticos y culturales.

Comunicación: La teoría de Foucault sobre la comunicación está intrínsecamente ligada a sus ideas sobre el poder y el conocimiento. Para Foucault, la comunicación no es simplemente el intercambio de información. En cambio, es un proceso a través del cual se construyen, mantienen y cambian las relaciones de poder. Foucault argumentó que las formas de comunicación (por ejemplo, el discurso) son medios a través de los cuales el poder se ejerce y el conocimiento se produce y se legitima. Esta perspectiva ha influido en los estudios de comunicación al llevar a los académicos a analizar más de cerca cómo las relaciones de poder influyen en la producción y la recepción de mensajes, y cómo el discurso puede ser usado para mantener o desafiar las estructuras de poder existentes.

Poder y comunicación en la sociedad digital: Aunque Foucault murió antes del advenimiento de la era digital, sus teorías han resultado ser increíblemente relevantes para entender el mundo digital en el que vivimos hoy. La idea de que el poder permea todas las áreas de la vida social puede verse claramente en cómo los algoritmos y la recopilación de datos masivos influyen en nuestras vidas cotidianas. Del mismo modo, su concepto de comunicación como una herramienta para ejercer poder puede verse en cómo las plataformas de redes sociales y los motores de búsqueda controlan el flujo de información y modelan nuestra percepción de la realidad.

"No es la sociedad mercantil la que está en juego en este nuevo arte de gobernar (…) La sociedad regulada por el mercado en la que piensan los neoliberales es una sociedad en la que lo que debe constituir el principio regulador no es tanto el intercambio de las mercancías sino los mecanismos de la competencia. Son estos mecanismos los que deben tener el máximo de extensión posible, los que deben ocupar el mayor volumen posible en la sociedad. Es decir que lo que se trata de obtener no es una sociedad sometida al efecto mercancía sino una sociedad sometida a la dinámica de la competencia. No es una sociedad de supermercado sino una sociedad de empresa. El *homo economicus* que se quiere reconstituir no es el hombre del intercambio, tampoco el hombre consumidor; es el hombre de la empresa y la producción"[10]. punto el filósofo emprende el análisis de las formas de esa gubernamentalidad liberal. *Michel Foucault*

"Llamemos 'genealogía' al acoplamiento de los conocimientos eruditos y de las memorias locales, acoplamiento que permite la constitución de un saber histórico de las luchas y la utilización de este saber en las tácticas actuales" *Michel Foucault*.

"Se puede decir que la disciplinarización del ejército se debe a su estatización. Así, se explica la transformación de una estructura de poder en una institución por la intervención de otra institución de poder. El círculo sin exterioridad. Mientras que esta disciplinarización [puesta (?)] en relación, [no] con la la concentración estatal, sino con el problema de las poblaciones errantes, la importancia de las redes comerciales, los inventos técnicos, los modelos [varios términos no legibles] gestión de la comunidad; es toda esta red de alianza, de apoyo y de comunicación lo que constituye la 'genealogía' de la disciplina militar. No la génesis: filiación. Si se quiere escapar a la circularidad que remite el análisis de las relaciones de poder de una institución a otra, es necesario comprenderlas a partir del lugar donde ellas constituyen técnicas que tiene un valor operativo en procedimientos múltiples" *Foucault*

Charles Bukowski, (1920-1994)

Heinrich Karl Bukowski, fue un escritor de relatos, novelista y poeta estadounidense nacido en Alemania, representante del realismo sucio y considerado como un "poeta maldito", debido a su excesivo alcoholismo, pobreza y bohemia.

Filosofía, esa materia que algunos quieren retirar de la enseñanza porque es "inútil" a la hora de formar futuros trabajadores. Sumisos y sin ganas de rebelión, claro. Que no te engañen. La Filosofía, así, con mayúsculas, es la asignatura más básica, en modo escolar y en modo vital, para plantar nuestras bases, para reventarlas de vez en cuando para no dormirnos en nuestros propios laureles. Para alcanzar no la mejor versión de nosotros mismos, sino una más íntegra, más revolucionaria, más incómoda quizás, más auténtica sin duda alguna.

Bukowski escribe sin disculpas desde el borde deshilachado de la sociedad.

"Fui al baño y me eché un poco de agua en la cara, me peiné. Si tan solo pudiera peinar esa cara, pensé, pero no puedo".

"No me gustaban los fines de semana. Todo el mundo estaba en las calles. Todo el mundo estaba jugando al ping-pong o cortando el césped o limpiando su coche o yendo al supermercado o a la playa o al parque. Multitudes por todas partes. El lunes era mi día favorito. Todo el mundo estaba de vuelta en el trabajo y fuera de la vista".

"Los padres de niños ricos tendían a ser más patriotas porque tenían más que perder si el país se hundiera".

"Maldita gente aburrida. Por toda la tierra. Propagando más maldita gente aburrida. Que espectáculo de terror. La tierra se llenó de ellos".

"Escribo como una función. Sin ella, enfermaría y moriría. Es tan parte de uno como el hígado o el intestino, y casi tan glamoroso".

The minute	El minuto
"I am always fighting for the next	"Siempre estoy luchando por el próximo
minute," I tell my wife.	minuto", le digo a mi esposa.
then she begins to tell me	entonces ella comienza a decirme
how mistaken I am.	que equivocado estoy.
wives have a way of not	las esposas tienen una manera
believing what their husbands	de no creyendo lo que sus maridos
tell them.	Digales.
the minute is a very sacred	el minuto es una cosa sagrada.
thing.	He luchado por cada uno
I have fought for each one since my	desde mi infancia.
childhood.	Sigo luchando por cada uno.
I continue to fight for each one.	Nunca me he aburrido o
I have never been bored or	sin saber qué hacer a continuación.
at a loss what to do next.	incluso cuando no hago nada.
even when I do nothing,	Estoy utilizando mi tiempo.
I am utilizing my time.	por qué la gente debe ir a parques de atracciones
why people must go to	o cine
amusement parks or movies	o sentarse frente a los televisores
or sit in front of tv sets	o resolver crucigramas
or work crossword puzzles	o ir de picnic
or go to picnics	o visitar parientes
or visit relatives	o viajar
or travel	o hacer la mayoría de las cosas
or do most of the things	ellas hacen
they do	está más allá de mí.
is beyond me.	mutilan
they mutilate minutes.	minutos,
hours,	horas,
days,	días,
lifetimes.	vidas
they have no idea of how	no tienen idea de como
precious is a	precioso es
minute.	un minuto.
I fight to realize the essence	Lucho por darme cuenta de la esencia
of my time.	de mi tiempo.
this doesn't mean that	esto no significa que
I can't relax	no puedo relajarme
and take an hour off	y tómate una hora libre
but it must be	pero debe ser
my choosing.	mi elección
to fight for each minute is to	luchar por cada minuto es
fight for what is possible within	luchar por lo que es posible dentro
yourself,	tú mismo.
so that your life and your death	para que tu vida y tu muerte
will not be like	no será como
theirs.	suyo.
be not like them	no seas como ellos
and you will	y lo harás
survive.	sobrevivir.
minute by	minuto a
minute.	minuto.

"Deja de destruirte a ti misma; eres la mujer más increíble y fuerte que conozco".

- Charles Bukowski... 🖊

El miedo me hace escritor, el miedo y la falta de confianza.

Si eres un fracasado, es muy probable que seas un excelente escritor.

La relación sexual es darle patadas en el culo a la muerte mientras cantas.

"¿Odias a las personas?". "No las odio, sólo me siento mejor cuando no están cerca".

Cuando estás en la calle es cuando te das cuenta de que todo tiene dueño.

Qué triste fueron esos años, tener el deseo y la necesidad de vivir pero no tener la habilidad.

El individuo bien equilibrado está loco.
Mi ambición está limitada por mi pereza.

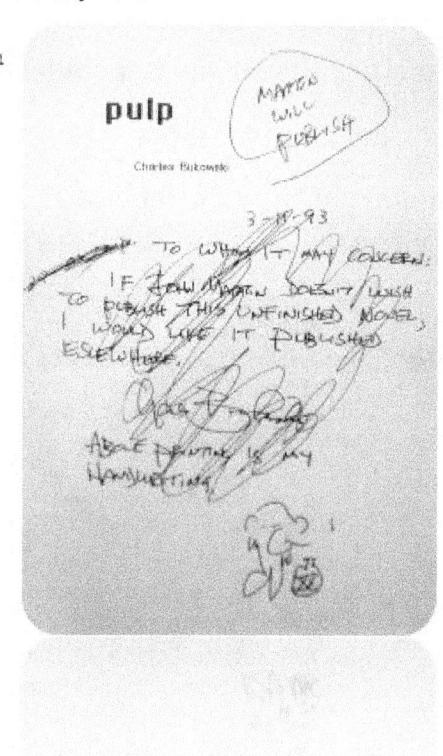

Noam Chomsky (Nacimiento 1928)

Avram Noam Chomsky, nació el 7 de diciembre de 1928 en Filadelfia, Pensilvania, Estados Unidos. Es un lingüista, filósofo, científico cognitivo, activista político y escritor reconocido a nivel mundial por sus contribuciones en diversos campos del conocimiento.

En 1945, Chomsky ingresó a la Universidad de Pensilvania, donde estudió lingüística, matemáticas y filosofía. Luego, obtuvo su doctorado en lingüística en la Universidad de Harvard en 1955. A lo largo de su carrera académica, Chomsky ha enseñado en diversas instituciones, incluyendo el Instituto Tecnológico de Massachusetts (MIT), donde es profesor emérito desde 2002.

El pensamiento de Noam Chomsky se ha desarrollado en un contexto intelectual marcado por importantes acontecimientos históricos y debates teóricos. Algunos de los aspectos más relevantes del contexto intelectual que han influido en su obra son:

- **La Revolución Cognitiva:** Durante la década de 1950 y 1960, se produjo una revolución en la comprensión de la mente y el lenguaje humano, conocida como la "revolución cognitiva". Chomsky fue una figura clave en este movimiento, cuestionando las teorías conductistas predominantes sobre el lenguaje y proponiendo una visión innatista y biológica del mismo.
- **Activismo Político:** Además de su trabajo académico, Chomsky se ha destacado por su activismo político. Desde la década de 1960, ha sido un crítico persistente de la política exterior de Estados Unidos, especialmente en relación con la guerra de Vietnam y otras intervenciones militares. Ha abogado por la justicia social, los derechos humanos y la paz, lo que le ha llevado a ser una voz influyente en la izquierda política.
- **Estructuralismo y Lingüística Generativa:** El enfoque lingüístico de Chomsky se enmarca en el contexto del estructuralismo, una corriente teórica que busca analizar las estructuras subyacentes de los fenómenos lingüísticos. Su teoría lingüística generativa transformacional revolucionó el estudio del lenguaje, proponiendo que la capacidad para adquirir y producir lenguaje es una facultad innata y universal de los seres humanos.
- **Teoría del Filtro de Propaganda:** Chomsky y el coautor Edward S. Herman desarrollaron la teoría del "filtro de propaganda" para analizar cómo los medios de comunicación pueden influir en la percepción del público y perpetuar la concentración de poder y la desigualdad en la sociedad.

Chomsky es mundialmente conocido por su trabajo en lingüística generativa, especialmente por su teoría de gramáticas transformacionales. Argumenta que la capacidad del lenguaje es innata en la mente humana y que los seres humanos nacen con una "gramática universal" que subyace a todas las lenguas del mundo. Esta idea revolucionó el campo de la lingüística y proporcionó un enfoque más estructurado para el estudio del lenguaje y su adquisición. Algunos de los trabajos más influyentes de Chomsky en el ámbito de la teoría gramatical transformacional que podemos mencinar son:

1. Estructuras Sintácticas (1957): Esta obra es uno de los trabajos fundacionales de Chomsky y sentó las bases de la teoría gramatical transformacional. En este libro, Chomsky presenta su concepto de gramática transformacional-generativa y su propuesta de una "gramática universal". Argumenta que las estructuras gramaticales y reglas subyacentes son compartidas por todos los idiomas, y que estas reglas son innatas en la mente humana.

2. Aspects of the Theory of Syntax (1965): En esta obra, Chomsky presenta la teoría de la gramática generativa transformacional en su forma más madura. Introduce la noción de "transformaciones" para explicar cómo se generan las estructuras gramaticales complejas a partir de formas más básicas. También explora temas como la ambigüedad y la estructura profunda de las oraciones.

3. Language and Mind (1972): Este libro es una colección de ensayos donde Chomsky explora la relación entre el lenguaje y la mente, y cómo la capacidad lingüística innata en los seres humanos influye en el pensamiento y la cognición. También aborda la cuestión del significado y la semántica en el contexto de su teoría gramatical.

4. The Minimalist Program (1995): En este libro, Chomsky presenta su enfoque más reciente y radical a la teoría gramatical, conocido como el Programa Minimalista. Propone simplificar la teoría gramatical a sus principios más básicos y universales, eliminando elementos redundantes y complejidades innecesarias. También discute la idea de que el lenguaje surge a partir de principios computacionales simples.

5. Syntactic Structures (2002): Esta obra es una versión revisada y ampliada de su libro original "Syntactic Structures" publicado en 1957. En esta edición, Chomsky revisita sus ideas iniciales y las compara con las tendencias actuales en la lingüística y la teoría gramatical. También discute cómo su enfoque ha cambiado con el tiempo.

6. Lectures on Government and Binding (1981): Este libro es un análisis exhaustivo de la teoría gramatical del Gobierno y el vinculante (GB) de Chomsky. Introduce la noción de

principios universales de gobierno y vinculación, que rigen la estructura de las oraciones en todos los idiomas.

7. Knowledge of Language: Its Nature, Origin, and Use (1986): En este libro, Chomsky aborda cuestiones sobre la adquisición del lenguaje y cómo los seres humanos desarrollan su capacidad lingüística. Examina cómo las reglas gramaticales innatas interactúan con la experiencia lingüística para permitir el dominio del lenguaje.

Chomsky ha continuado desarrollando y revisando sus ideas, y su influencia en el campo de la lingüística ha sido profunda, duradera y en constante evolución.

La crítica de Noam Chomsky al conductivismo ha sido fundamental para el desarrollo de la psicología y la lingüística modernas. Su análisis y argumentos han sido un punto de inflexión en la comprensión del aprendizaje humano y la adquisición del lenguaje. A continuación, se presenta una amplia disertación sobre la crítica de Chomsky al conductivismo:

Limitaciones en la explicación del lenguaje: Uno de los principales puntos de crítica de Chomsky hacia el conductivismo se refiere a su incapacidad para explicar la adquisición y el uso del lenguaje. Los conductivistas, como B.F. Skinner, sostenían que el lenguaje se aprende mediante el condicionamiento operante, es decir, a través del refuerzo y la repetición de respuestas verbales. Sin embargo, Chomsky argumentó que esta explicación era insuficiente, ya que no abordaba la naturaleza creativa y generativa del lenguaje humano. Según él, los niños son capaces de producir y comprender oraciones que nunca han escuchado antes, lo que sugiere que hay una capacidad innata para el lenguaje que va más allá del mero condicionamiento.

La falacia de la gramática estadística: Chomsky también criticó la idea de que los niños adquieren el lenguaje mediante la exposición a patrones lingüísticos estadísticamente frecuentes en su entorno. Argumentó que esto no puede explicar la riqueza y complejidad del lenguaje, ya que los datos a los que están expuestos los niños son insuficientes para explicar todas las estructuras y reglas gramaticales que adquieren.

La falacia de la generalización inductiva: Otra crítica importante se relaciona con el enfoque inductivo del conductivismo, que implica extraer reglas generales a partir de ejemplos específicos. Chomsky argumentó que este enfoque es inadecuado para explicar cómo los niños adquieren el lenguaje, ya que la cantidad de ejemplos que reciben es limitada y no puede explicar cómo pueden generar oraciones nuevas y creativas que nunca han escuchado antes.

Gramática generativa y estructura profunda: Chomsky propuso una nueva perspectiva en lingüística basada en la gramática generativa y la noción de estructura profunda. Argumentó que el lenguaje tiene una estructura interna que va más allá de las oraciones superficiales que pronunciamos y que esta estructura profunda es la que subyace a todas las oraciones posibles que podemos generar. Esta idea revolucionó el campo de la lingüística y proporcionó un enfoque más estructurado para el estudio del lenguaje y su adquisición.

La hipótesis de la gramática universal: Chomsky propuso la idea de una "gramática universal", que sugiere que los seres humanos nacen con una capacidad innata para adquirir el lenguaje. Según esta hipótesis, hay principios gramaticales compartidos por todas las lenguas del mundo, lo que permite a los niños aprender cualquier idioma al que estén expuestos. Esta noción se basa en la observación de que todos los idiomas comparten ciertas estructuras y propiedades comunes, lo que implica que estas capacidades están determinadas por la biología más que por el entorno.

En resumen, la crítica de Chomsky al conductivismo se centró en la incapacidad de esta teoría para explicar la complejidad del lenguaje humano y su adquisición. Sus ideas sobre la gramática generativa, la estructura profunda y la gramática universal han tenido un impacto significativo en la lingüística y han cambiado la forma en que entendemos la naturaleza del lenguaje y la mente humana.

Otro aspecto importante del pensamiento de Chomsky ha sido su ciritisismo influyente hacia los medios de comunicación, lo que ha dado pauta al desarrollo de su teoría de la ***"manufactura del consentimiento"***. Su análisis se centra en cómo los medios de comunicación de masas, en particular en países como Estados Unidos, interviene en la opinión pública perpetuando la ideología dominante y los intereses de las élites. Chomsky destaca que los medios de comunicación en muchos países, especialmente en Estados Unidos, están concentrados en manos de un pequeño número de grandes corporaciones. Esto lleva a una homogeneidad en la cobertura de noticias y opiniones, ya que las corporaciones pueden promover su agenda y proteger sus intereses económicos.

Lo anterior se sustenta en su argumentacion respecto a que los medios de comunicación a menudo actúan como instrumentos de propaganda y manipulan la información para moldear la opinión pública de acuerdo con los intereses de las élites dominantes. Esto puede incluir enfocarse en ciertos temas y descartar otros, sesgar la información o utilizar tácticas retóricas para influir en la percepción del público.

Chomsky sostiene que los medios de comunicación establecen un marco de referencia limitado que define los límites del debate público. Al enfocarse en ciertos temas y perspectivas, se excluyen otras voces y enfoques alternativos que podrían desafiar el *status quo* y cuestionar el poder establecido. Ademas, los medios de comunicación a menudo practican la autocensura y la autorregulación para evitar enfrentamientos con el gobierno, los anunciantes y otras fuerzas poderosas. Esto puede llevar a una cobertura superficial o sesgada de ciertos temas y una falta de responsabilidad hacia el interés público.

Chomsky ha observado cómo los medios de comunicación a menudo desempeñan un papel crucial en la promoción y justificación de guerras y conflictos. En tiempos de guerra, los medios pueden transmitir narrativas nacionalistas y patrióticas, ocultando la verdadera naturaleza del conflicto y creando una atmósfera de miedo y apoyo a la intervención militar.

Chomsky también analiza el papel de los intelectuales y los medios en la sociedad. Argumenta que los intelectuales, en su mayoría, tienden a mantener y defender el status quo y, a menudo, sirven como defensores de las élites y las políticas dominantes. Los medios, en este contexto, pueden amplificar y legitimar estas voces, reforzando así la narrativa del poder establecido.

En resumen, la posición de Chomsky en referencia a los medios de comunicación es crítica y enfatiza el papel que desempeñan los medios en la formación de la opinión pública y la reproducción de la ideología dominante. Su análisis ha sido una llamada a la reflexión sobre la importancia de una prensa independiente, la diversidad de opiniones y el acceso a información veraz y diversa como pilares fundamentales de una sociedad democrática y participativa.

Manufactura del Consentimiento

Es un concepto fundamental propuesto por el lingüista y activista Noam Chomsky en colaboración con Edward S. Herman. Esta teoría sugiere que los medios de comunicación de masas actúan como instrumentos de propaganda y manipulación, moldeando la opinión pública de acuerdo con los intereses de las élites dominantes. A continuacion, se realiza un análisis crítico de la teoría de la manufactura del consentimiento, examinando sus fundamentos, su relevancia y sus posibles limitaciones.

※ *Orígenes y Fundamentos del Concepto*:

La teoría de la manufactura del consentimiento se originó en el libro "Manufacturing Consent: The Political Economy of the Mass Media" (1988), escrito por Chomsky y Herman. El término "manufactura del consentimiento" se refiere al proceso mediante el cual los medios de comunicación influyen en la opinión pública, creando una percepción favorable hacia las políticas y la ideología de las élites gobernantes.

Chomsky y Herman presentan un modelo de cinco filtros que los medios aplican a la información antes de ser difundida: propiedad, publicidad, fuentes, flak y aticomunismo/terrorismo. Estos filtros, argumentan, actúan para limitar la diversidad de opiniones y garantizar que las narrativas dominantes sean promovidas mientras que se desalientan o ignoran las perspectivas alternativas.

※ *Relevancia:*

La teoría de la manufactura del consentimiento ha sido objeto de debate y controversia, pero ha sido relevante en diversos contextos históricos. Un ejemplo significativo es el papel de los medios en la cobertura de las guerras, donde se ha observado cómo los medios de comunicación, en lugar de actuar como un contrapeso crítico, han tendido a respaldar la narrativa oficial y justificar intervenciones militares.

Otro ejemplo es la cobertura de temas económicos y políticos, donde los medios tienden a reflejar los intereses de las grandes corporaciones y la élite política, al tiempo que ignoran o minimizan las voces disidentes y las alternativas al status quo.

※ *Críticas a la Teoría*:

Aunque la teoría de la manufactura del consentimiento ha sido influyente, también ha sido objeto de críticas. Se argumenta que Chomsky y Herman a veces simplifican en exceso el papel de los medios y pasan por alto la diversidad de opiniones que aún se presentan en algunos medios independientes.

Además, algunos críticos cuestionan si los medios realmente "fabrican" el consentimiento, o si más bien reflejan y refuerzan las opiniones y creencias preexistentes de la audiencia. También se destaca que en la era de Internet y las redes sociales, la influencia de los medios tradicionales ha disminuido y el acceso a fuentes alternativas han aumentado.

❈ *La Responsabilidad del Consumidor*:

Una de las críticas más significativas a la teoría de la manufactura del consentimiento es que coloca la responsabilidad exclusivamente en los medios de comunicación, mientras que el papel del consumidor de noticias y su capacidad para buscar información diversa y crítica es a menudo subestimado.

Es importante que los ciudadanos sean consumidores activos de información, buscando fuentes diversas y cuestionando la veracidad de la información presentada. La alfabetización mediática y la capacidad para reconocer el sesgo informativo son herramientas esenciales en la era de la desinformación.

Se concluye que la teoría de la manufactura del consentimiento de Chomsky ha sido un aporte significativo para entender cómo los medios de comunicación pueden influir en la opinión pública y perpetuar la ideología dominante. Si bien ha sido objeto de críticas y controversias, su relevancia en el análisis de la influencia mediática en la sociedad es innegable.

Sin embargo, ***es importante reconocer que la teoría no debe ser considerada como una explicación única y definitiva de la función de los medios. Los ciudadanos deben asumir una postura crítica y activa en su consumo de información, buscando fuentes diversas y formando opiniones basadas en una visión equilibrada y bien informada***. En última instancia, la comprensión de la relación entre los medios de comunicación y la sociedad debe ser un proceso complejo y dinámico que involucre una amplia gama de factores y perspectivas.

Pensamiento filosófico de Noam Chomsky respecto a la Educación.
El pensamiento filosófico de Noam Chomsky en referencia a la educación abarca diversos aspectos y ha sido influyente en el campo de la pedagogía y la enseñanza. De igual forma, es un critico de la educación en la sociedad contemporánea ya que se basa en la falta de énfasis en el pensamiento crítico y la creatividad, las inequidades en el acceso a la educación, la formación de ciudadanos pasivos y la influencia del poder corporativo y gubernamental en la investigación y la dirección de la educación. Sus análisis han estimulado debates y reflexiones sobre cómo mejorar y transformar el sistema educativo para abordar los desafíos del mundo actual.

Enfoque en el aprendizaje activo: Chomsky aboga por un enfoque de aprendizaje activo, donde los estudiantes sean animados a participar activamente en el proceso educativo. Considera que el aprendizaje es más efectivo cuando los estudiantes están involucrados en la construcción activa de su conocimiento y cuando se les permite explorar y cuestionar las ideas y conceptos presentados.

Importancia de la creatividad y la imaginación: Chomsky resalta la importancia de fomentar la creatividad y la imaginación en el proceso educativo. Considera que la capacidad de pensar de manera original y creativa es esencial para el desarrollo intelectual y el progreso de la sociedad.

Rol del maestro: Chomsky ve al maestro como un facilitador del aprendizaje en lugar de un mero transmisor de conocimiento. Considera que los maestros deben crear un ambiente de aprendizaje estimulante y alentar a los estudiantes a explorar y descubrir por sí mismos.

Crítica al sistema educativo tradicional: Chomsky ha sido crítico con el sistema educativo tradicional, que a menudo se centra en la memorización y la repetición de información en lugar de fomentar el pensamiento crítico y la comprensión profunda de los temas. Aboga por una educación que se centre en el desarrollo del pensamiento independiente y la capacidad de análisis.

Educación para la ciudadanía activa: Chomsky sostiene que la educación debe preparar a los estudiantes para ser ciudadanos activos y comprometidos en la sociedad. Considera que los estudiantes deben ser educados en la comprensión de los problemas sociales y políticos y en el desarrollo de una conciencia crítica hacia las injusticias y desigualdades.

Papel de la universidad: Chomsky ha cuestionado el papel de las universidades en la sociedad, especialmente en lo que respecta a la investigación y su relación con el poder corporativo y gubernamental. Aboga por una universidad más comprometida con el bienestar público y la resolución de problemas sociales y globales.

Inequidades en el acceso a la educación: Chomsky ha criticado las inequidades en el acceso a la educación, especialmente en el contexto de Estados Unidos. Ha destacado cómo factores socioeconómicos y raciales pueden limitar las oportunidades educativas para ciertos grupos de estudiantes y aboga por una educación más inclusiva y equitativa.

El pensamiento filosófico de Chomsky en referencia a la educación destaca la importancia de un enfoque de aprendizaje activo, el desarrollo del pensamiento crítico y la creatividad, y una mayor conciencia de los problemas sociales. También critica las inequidades en el acceso a la educación y la necesidad de una educación más inclusiva y comprometida con la ciudadanía activa y el bienestar público. Sus ideas han generado debates significativos sobre la naturaleza y el propósito de la educación en la sociedad contemporánea.

Crítica a la educación.

Chomsky critica el enfoque tradicional de la educación, que a menudo se centra en la memorización y la repetición de información sin fomentar el pensamiento crítico y la comprensión profunda de los temas. Considera que este enfoque limita el desarrollo intelectual de los estudiantes y no los prepara adecuadamente para enfrentar los desafíos de la sociedad contemporánea. De igual forma destaca la necesidad de fomentar la creatividad y la imaginación en el proceso educativo. Considera que la capacidad de pensar de manera original y creativa es esencial para abordar los problemas complejos que enfrentamos en el mundo actual, pero que a menudo se descuida en el sistema educativo convencional.

Chomsky señala enfáticamente las inequidades en el acceso a la educación, especialmente en el contexto de Estados Unidos. Señala cómo factores socioeconómicos y raciales pueden limitar las oportunidades educativas para ciertos grupos de estudiantes, lo que perpetúa las desigualdades sociales y económicas. Lo anterior, conduce a la formación de ciudadanos pasivos en lugar de ciudadanos críticos y comprometidos, resultado de un sistema educativo que se ha constantemente deterioradopor su afán de ajustarse al *status quo* del poder político en turno y como ejemplo menciona cómo la investigación en algunas instituciones académicas puede estar sesgada por intereses corporativos y gubernamentales, en lugar de estar enfocada en el bienestar público y la resolución de problemas sociales y globales.

Sostiene que la educación debería preparar a los estudiantes para participar activamente en los asuntos públicos, cuestionar la autoridad y tener una comprensión más profunda de los problemas sociales y políticos.

Chomsky critica el impacto del neoliberalismo en la educación, argumentando que las políticas orientadas al mercado y la privatización pueden socavar la calidad y la equidad de la educación. Considera que ***la educación debería ser un derecho humano fundamental en lugar de una mercancía sujeta a las fuerzas del mercado***. Lo anterior lo fundamenta en una serie de aspectos que considera problemáticos en relación con este modelo económico y político. Argumenta que el neoliberalismo ha exacerbado la desigualdad económica al favorecer políticas que benefician a las élites y las grandes corporaciones. Las políticas de recortes de impuestos y desregulación a menudo conducen a una concentración de riqueza en manos de unos pocos, mientras que la mayoría de la población experimenta estancamiento o disminución de sus ingresos. Chomsky critica la tendencia del neoliberalismo a privatizar servicios públicos esenciales, como la educación, la salud y la seguridad social. Considera que esto puede conducir a una disminución de la calidad y el acceso a estos servicios, ya que el objetivo de las empresas privadas es obtener ganancias, lo que puede estar en conflicto con el bienestar de la población. Sin duda, aunado a lo señalado anteriormente, el enfoque neoliberal en el crecimiento económico y la maximización de las ganancias ha llevado a la sobreexplotación de los recursos naturales y el deterioro del medio ambiente.

Las políticas de desregulación ambiental y la priorización de los intereses corporativos pueden tener consecuencias negativas para el planeta y las generaciones futuras.

Chomsky igualmente critica las políticas laborales del neoliberalismo que han debilitado los derechos de los trabajadores, como la reducción de la protección laboral, la precarización del empleo y la limitación del poder sindical. Argumenta que esto ha llevado a condiciones laborales más precarias y una mayor explotación de los trabajadores.

Puntualiza cómo el neoliberalismo ha permitido que las grandes corporaciones ejerzan una influencia desproporcionada en la política y las decisiones gubernamentales. Las contribuciones de campaña y los grupos de presión pueden llevar a políticas que benefician a los intereses corporativos en lugar del bienestar público. De igual forma, cómo las políticas neoliberales, a menudo promovidas por instituciones internacionales como el Fondo Monetario Internacional y el Banco Mundial, han socavado la soberanía de los países en desarrollo. Las políticas de austeridad y las condiciones impuestas a cambio de préstamos pueden tener efectos perjudiciales en la economía y la sociedad de estos países.

En resumen, la crítica de Chomsky al neoliberalismo se basa en su preocupación por las consecuencias sociales, económicas y ambientales de este modelo, y en cómo beneficia a las élites y a las grandes corporaciones en detrimento del bienestar de la mayoría de la población. Sus análisis han estimulado debates y reflexiones sobre los impactos del neoliberalismo en la sociedad y han abogado por una mayor atención a la equidad y la sostenibilidad en las políticas económicas y sociales.

Chomsky y la Política

La posición de Noam Chomsky en referencia a la política es la de un crítico comprometido y un defensor de la justicia social y la democracia participativa. A lo largo de su carrera, Chomsky ha abogado por una serie de principios y ha cuestionado el papel del poder en la sociedad. A continuación, se presentan algunos aspectos clave de su posición política:

1. Antiautoritarismo y anarquismo: Chomsky se identifica como un anarquista social, lo que significa que aboga por la abolición de las estructuras de poder jerárquicas y autoritarias en la sociedad. Se opone al dominio del estado y las instituciones privadas sobre la vida de las personas y aboga por formas más descentralizadas y participativas de toma de decisiones.

2. Crítica al imperialismo y militarismo: Chomsky ha sido un crítico feroz de la política exterior de Estados Unidos y otras potencias, especialmente en relación con las intervenciones militares y las políticas imperialistas. Ha cuestionado la legitimidad de la guerra y la violencia como medios para mantener el control y proteger los intereses de las élites.

3. Defensa de los derechos humanos y la justicia social: Chomsky ha sido un defensor apasionado de los derechos humanos y la justicia social. Ha criticado la desigualdad económica y las injusticias

sociales, y ha abogado por la protección de los derechos de los más vulnerables y marginados en la sociedad.

4. Crítica al capitalismo y al poder corporativo: Chomsky critica el sistema capitalista, especialmente en su forma corporativa, por su papel en la concentración de la riqueza y el poder en manos de unas pocas élites. Ha cuestionado la influencia del poder corporativo en la política y la toma de decisiones gubernamentales.

5. Defensa de la libertad de expresión y la prensa independiente: Chomsky ha sido un defensor firme de la libertad de expresión y la importancia de una prensa independiente y crítica. Ha criticado la concentración de los medios de comunicación en manos de grandes corporaciones y ha abogado por una prensa que empodere a la ciudadanía con información veraz y diversa.

6. Democracia participativa y activismo político: Chomsky aboga por una democracia más participativa, donde las comunidades y los ciudadanos tengan un mayor control sobre las decisiones que los afectan directamente. Ha alentado el activismo político y la participación ciudadana como medios para promover el cambio social y la justicia.

En general, la posición política de Chomsky se caracteriza por su compromiso con los principios anarquistas, su crítica al poder y la desigualdad, y su defensa de la justicia social y los derechos humanos. Sus ideas han influido en una amplia gama de movimientos sociales y han estimulado debates sobre el papel del poder en la sociedad y la lucha por una mayor igualdad y democracia participativa.

Responsabilidades de Comunicación en la Sociedad Contemporánea según el Pensamiento Filosófico de Noam Chomsky

La sociedad contemporánea se enfrenta a una compleja red de medios de comunicación y tecnologías que influyen en la forma en que se comparte, se recibe y se procesa la información. En este contexto, el pensamiento filosófico de Noam Chomsky proporciona una perspectiva crítica sobre las responsabilidades de comunicación que recaen en la sociedad. A continuacio se explora cómo Chomsky aborda la responsabilidad de los individuos y las instituciones en el proceso comunicativo, destacando la importancia de la diversidad de fuentes, la búsqueda de la verdad y la promoción de un diálogo constructivo.

La responsabilidad de comunicación de la sociedad contemporánea radica en la búsqueda de información proveniente de diversas fuentes. La concentración de los medios de comunicación en manos de unos pocos conglomerados puede dar lugar a un sesgo informativo y a la promoción de una agenda particular. Por lo tanto, la sociedad debe esforzarse por acceder a una variedad de perspectivas y opiniones, y no depender únicamente de fuentes que refuercen sus creencias preexistentes. Enfatiza la importancia de la verdad y la veracidad informativa en la sociedad contemporánea. Los individuos tienen la responsabilidad de verificar la información que reciben y de ser críticos en su consumo de noticias y contenido. Además, los medios de comunicación tienen la responsabilidad de proporcionar información precisa y evitar la difusión de noticias falsas o desinformación que pueda distorsionar la percepción de la realidad.

Chomsky sostiene que los ciudadanos tienen una responsabilidad activa en el proceso comunicativo. No deben ser simplemente receptores pasivos de información, sino que deben participar activamente en la discusión y el debate público. Esto implica expresar sus opiniones, cuestionar las narrativas dominantes y participar en el diálogo con respeto y apertura hacia diferentes puntos de vista.

Aboga por la promoción de un diálogo constructivo y democrático en la sociedad contemporánea. Esto significa fomentar un espacio en el que las personas puedan expresar sus ideas libremente y debatir de manera respetuosa y abierta. El diálogo constructivo es esencial para la formación de opiniones informadas y para la búsqueda de soluciones a los problemas sociales y políticos. Además de la responsabilidad individual, Chomsky señala que las instituciones mediáticas tienen una gran responsabilidad en la sociedad contemporánea. Los medios de comunicación deben ser transparentes, éticos y comprometidos con la verdad y la objetividad. Deben resistir la presión de los intereses corporativos y políticos y priorizar el bienestar público sobre el beneficio económico.

Enfatiza que las responsabilidades de comunicación en la sociedad contemporánea son fundamentales para garantizar un debate informado y democrático. La diversidad de fuentes de información, la búsqueda de la verdad, el papel activo de los ciudadanos en el proceso comunicativo y el fomento de un diálogo constructivo son aspectos esenciales para una comunicación responsable y una sociedad informada y participativa.

Al asumir estas responsabilidades, la sociedad puede enfrentar los desafíos de la era digital y avanzar hacia una comunicación más ética y democrática.

De igual forma, profundiza en la responsabilidad de las instituciones mediáticas que según el enfoque propuesto por Noam Chomsky se basa en su crítica a la concentración de poder y la influencia de intereses corporativos y políticos en los medios de comunicación. Chomsky argumenta que las instituciones mediáticas tienen la responsabilidad de actuar como un contrapeso a las estructuras de poder establecidas y de proporcionar información veraz y diversa para el beneficio del público en general.

Considera que las instituciones mediáticas tienen una responsabilidad ética y social de ser independientes, transparentes y responsables hacia el bienestar público. Deben fomentar la diversidad informativa, cuestionar el poder establecido y promover una cobertura crítica y veraz de los acontecimientos. Al asumir estas responsabilidades, los medios de comunicación pueden desempeñar un papel crucial en el fortalecimiento de la democracia y en el empoderamiento del público para tomar decisiones informadas y participar activamente en la sociedad.

Los aspectos clave de la responsabilidad de las instituciones mediáticas se centra desde la perspectiva de Chomsky en:

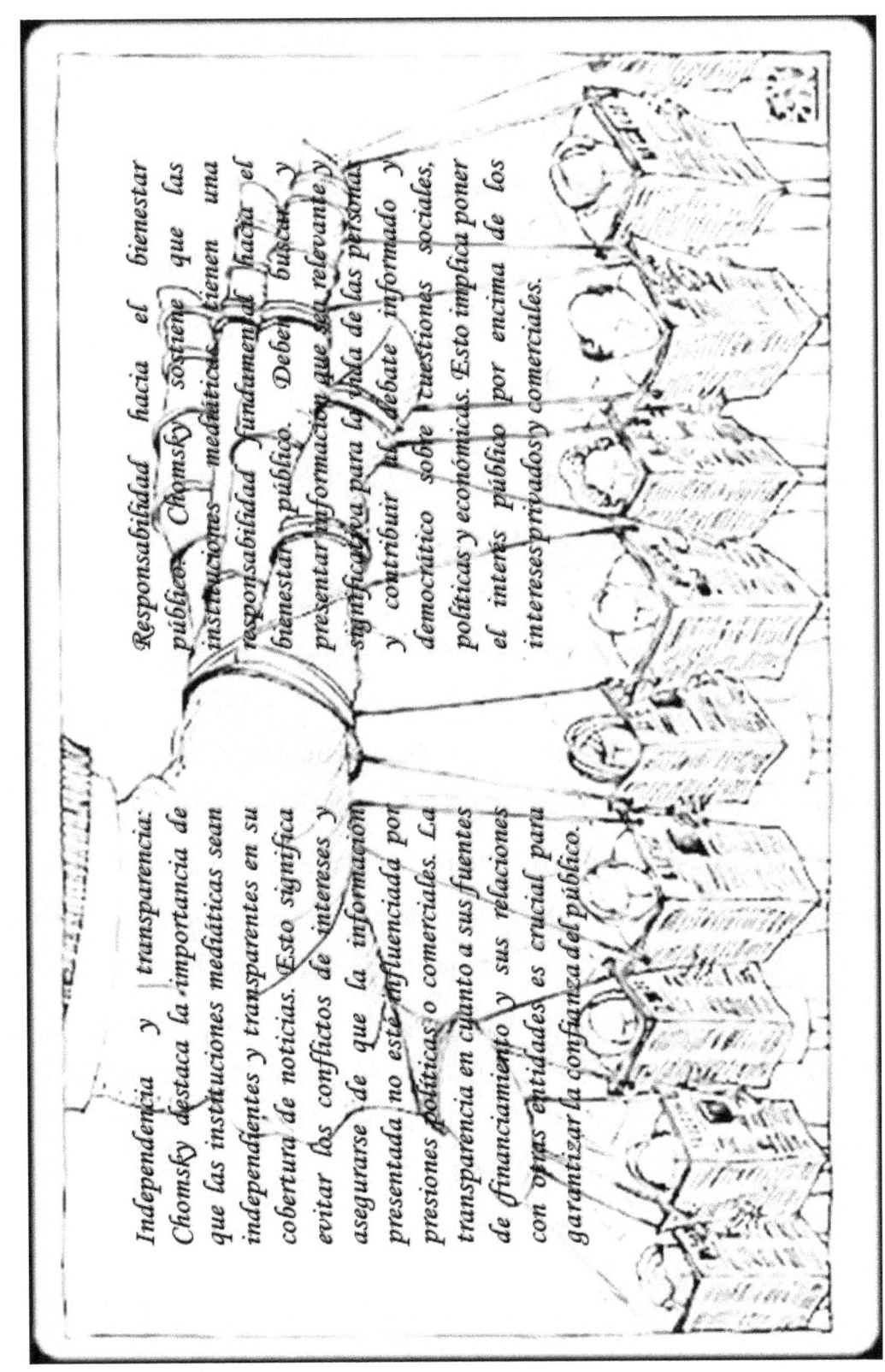

Independencia y transparencia: Chomsky destaca la importancia de que las instituciones mediáticas sean independientes y transparentes en su cobertura de noticias. Esto significa evitar los conflictos de intereses y asegurarse de que la información presentada no esté influenciada por presiones políticas o comerciales. La transparencia en cuanto a sus fuentes de financiamiento y sus relaciones con otras entidades es crucial para garantizar la confianza del público.

Responsabilidad hacia el bienestar público: Chomsky sostiene que las instituciones mediáticas tienen una responsabilidad fundamental hacia el bienestar público. Deben buscar presentar información relevante y significativa para la vida de las personas y contribuir al debate informado y democrático sobre cuestiones sociales, políticas y económicas. Esto implica poner el interés público por encima de los intereses privados y comerciales.

Pluralismo y diversidad informativa: Chomsky aboga por la promoción del pluralismo y la diversidad informativa en los medios de comunicación. Esto implica dar voz a diferentes perspectivas y opiniones, incluso aquellas que puedan ser críticas o disidentes respecto a los poderes establecidos. Al proporcionar una variedad de puntos de vista, las instituciones mediáticas empoderan al público para que pueda formarse una opinión informada y crítica sobre los acontecimientos y problemas del mundo.

Promoción de la verdad y la objetividad: Chomsky insiste en que las instituciones mediáticas deben esforzarse por proporcionar información veraz y objetiva. Esto implica una rigurosa investigación y corroboración de los hechos antes de la difusión de las noticias. Además, es importante evitar la propagación de información falsa o desinformación que pueda confundir o engañar al público.

Análisis crítico del poder: Chomsky enfatiza que las instituciones mediáticas deben tener un enfoque crítico hacia el poder, ya sea político, económico o institucional. Deben cuestionar y examinar a fondo las acciones y decisiones de aquellos que detentan el poder, en lugar de simplemente aceptar y reproducir sus declaraciones y narrativas sin cuestionamientos.

Para el caso de los ciudadanos, Noam Chomsky propone algunos lineamientos para lograr un papel activo en el proceso comunicativo, con el objetivo de que puedan participar de manera informada y crítica en el debate público y contribuir al fortalecimiento de la democracia. Se senala que los ciudadanos deben buscar información de diversas fuentes y no limitarse a un único medio de comunicación. Esto implica explorar diferentes perspectivas y opiniones para obtener una visión más completa de los acontecimientos y los temas de interés. Chomsky enfatiza la importancia de desarrollar el pensamiento crítico para evaluar la información que se recibe. Los ciudadanos deben cuestionar y analizar de manera activa la veracidad y la objetividad de la información, y no aceptarla automáticamente como verdadera. De igual forma. considera como fundamental que los ciudadanos se informen sobre los temas relevantes para la sociedad y la política. Chomsky aboga por el acceso a información confiable y precisa para formar opiniones informadas y bien fundamentadas.

Los ciudadanos deben ser participativos en el debate público y expresar sus opiniones. Esto implica involucrarse en discusiones constructivas, compartir información con otros y participar en protestas o movimientos sociales si es necesario. Asi mismo, se debe promover un diálogo abierto y respetuoso con personas de diferentes puntos de vista. Esto permite un intercambio de ideas que enriquece la comprensión y el análisis de los problemas sociales y políticos. Chomsky sostiene que los ciudadanos deben exigir transparencia y responsabilidad a los medios de comunicación y a los actores políticos. Esto implica cuestionar la veracidad de la información presentada y demandar que los líderes rindan cuentas por sus acciones. Por ello, aboga por la participación activa en la vida cívica, incluyendo el voto en elecciones, la participación en organizaciones comunitarias y el seguimiento de las políticas públicas. Estas acciones permiten que los ciudadanos ejerzan su influencia en la toma de decisiones y en la conformación de la sociedad. Al asumir estos lineamientos, los ciudadanos pueden ser actores fundamentales en la formación de una sociedad más informada, democrática y comprometida con el bienestar colectivo.

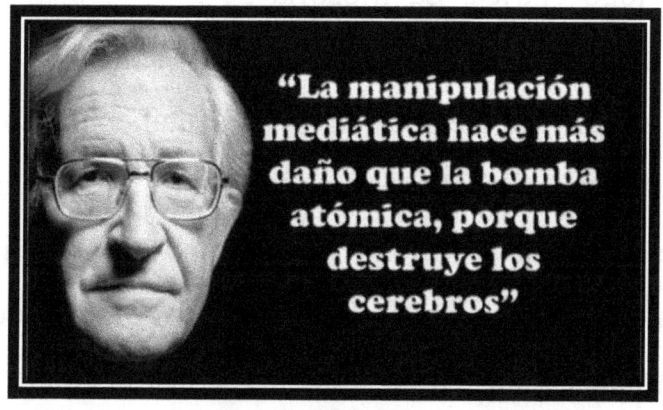

Jacques Derrida (1930-2004)

Jacques Derrida (1930-2004) fue un filósofo francés mejor conocido por desarrollar una forma de análisis semiótico conocida como deconstrucción. Su trabajo está asociado con la filosofía posestructuralista y posmoderna, y ha influido significativamente en una amplia gama de campos, incluida la teoría literaria, la teoría política y las humanidades.

Los primeros escritos de Derrida (1967-1972) deconstruyen la filosofía de la presencia, que incluye la metafísica de la presencia y la filosofía logocéntrica. La filosofía de la presencia asume que hay seres o significados que son unidades idénticas a sí mismas que pueden, en realidad o en principio, presentarse plenamente.

Deconstruir una filosofía de la presencia implica demostrar que su teoría se desarrolla (y su texto está compuesto) a partir de términos y distinciones que, aunque la teoría los toma como dados o fundamentales, son en sí mismos construcciones abiertas a la interrogación, y que son demostrablemente inestables y carecen de fundamentos últimos. Tales fundamentos últimos se han buscado tradicionalmente en la metafísica de la presencia.

La metafísica de la presencia comprende una especie de ontología en la que el ser (o la verdad) se ha entendido en términos de alguna presencia, ya sea que la presencia sea, p. algún tipo de ser idéntico a sí mismo o un significado, y si se considera que la presencia se da inmediatamente (p. ej., un dato de los sentidos), o lo que se da en principio (por ejemplo, un principio subyacente de unidad) o teleológicamente (el fin último que debe realizarse). Captar tales supuestas presencias es aprehender lo que es y lo que no es la verdad. La filosofía logocéntrica se constituye como ejemplar del logos, una palabra griega cuyos significados incluyen razón, habla, discurso racional y explicaciones racionales (por ejemplo, teorías filosóficas y científicas). En general, las filosofías logocéntricas asumen paradigmas de lo racional, razonable, etc., y correlativamente excluyen o marginan lo que no encaja en su paradigma.

Las deconstrucciones pueden servir para mostrar cómo tales filosofías, a pesar de sus restricciones, operan con el mismo lenguaje figurativo que profesan excluir o marginar.

Incluso cuando no es abiertamente una metafísica de la presencia (aunque a menudo lo es), la filosofía logocéntrica, sin embargo, se modela a sí misma, sus métodos y su estándar de racionalidad en las presencias, ya sean esencias, paradigmas, ideas o idealizaciones, o lo que toma como dados. Metodológicamente, si no ontológicamente, la filosofía logocéntrica instala distinciones categóricas que a menudo son oposiciones binarias jerárquicas, p. la distinción "literal/figurativo" en la filosofía logocéntrica privilegia el primero a la exclusión o marginación del último término. Especialmente en escritos anteriores,

Derrida cuestiona la oposición "habla/escritura" (privilegiando el primer término); pero no menos importantes son otras oposiciones, como "presencia/ausencia", "identidad/diferencia", "paradigma/instancia", "forma/materia" e "inteligible/sensible".

Los filósofos que sostienen la distinción toman el término privilegiado de tales distinciones como el dominante y para asignar el lugar o papel apropiado del término subordinado. La distinción que se cuestione depende de la posición que se deconstruya; la deconstrucción de tales distinciones implica una lectura minuciosa y escrupulosa del tipo ejemplificado en los escritos de Derrida.

En las filosofías logocéntricas que asumen la distinción habla/escritura, el habla, ya sea interpersonal o en un soliloquio silencioso, se ha entendido como el principal medio o entorno del pensamiento. Se ha tomado como un lenguaje ejemplar debido a su supuesta inmediatez: los pensamientos de uno se expresan, el significado pretendido de uno puede expresarse y presentarse simultáneamente a uno mismo o al interlocutor en un contexto presente determinado. A la escritura se le ha otorgado tradicionalmente el papel de un mero pero necesario complemento instrumental del habla: la escritura está un paso más allá del habla y simplemente la representa, aunque la conserva al registrarla.

Además, un texto puede eliminarse potencialmente de su pensamiento y contexto de expresión "originales", colocarse en otros contextos y, por lo tanto, puede tener un significado diferente al significado previsto. Debido a estos efectos potencialmente nocivos tanto para el sujeto que piensa/habla como para el significado, las filosofías de la presencia han relegado la escritura a un lugar y un papel subordinados.

Derrida cuestiona la distinción entre lo que es interno y pertenece al sujeto pensante/hablante (por ejemplo, el propio pensamiento de uno mismo en un soliloquio silencioso) y lo que es externo a este sujeto (por ejemplo, la inscripción de uno de los pensamientos). Según Derrida, la "inmediatez" del habla, incluso en un soliloquio silencioso, es una especie de ilusión verbal o una mera idealización, que sustenta el mito de una autopresencia plena de significado.

En lugar de ser un uso del lenguaje que expresa o significa total y puramente unidades de significado, incluso el habla no está totalmente presente en sí mismo. Más bien, como la escritura tal como se concibe tradicionalmente, el significado de la palabra hablada depende de la referencia a otros significantes (sonidos hablados significativos o marcas escritas), cuyos significados, a su vez, no están del todo presentes en sí mismos. Of Grammatology y otros trabajos interrogan y exploran las implicaciones del abandono de la idealización del habla. La discusión de Derrida en Speech and Phenomena de la fenomenología de Husserl ejemplifica la crítica deconstructiva de esta idealización y de la filosofía de la presencia.

La crítica deconstructiva incluye las estrategias de (a) desafiar las distinciones categóricas de las filosofías de la presencia, efectuando una inversión de la jerarquía en una oposición binaria, y luego finalmente cuestionando la base de la distinción, generalmente (b) enfatizando lo que tales filosofías suprimen.

Algunas de las ideas centrales que pueden ayudarnos a entender a qué se refería Derrida se presentan a continuación:

Crítica de las Oposiciones Binarias:

Uno de los aspectos fundamentales de la deconstrucción de Derrida es la crítica de las oposiciones binarias que rigen gran parte de nuestro pensamiento. Estas oposiciones binarias, como bien/mal, verdadero/falso, hombre/mujer, habla/escritura, etc., no son iguales sino jerárquicas, donde se privilegia un término o se considera superior al otro. Derrida argumenta que tales jerarquías son arbitrarias y construcciones de las ideologías culturales dominantes.

Deconstrucción y Différance:

Derrida acuñó el término "différance" para expresar una característica fundamental de la formación de significado en el lenguaje. Es un término francés, derivado del verbo "differer", que significa tanto "diferir" como "diferir". Esto sugiere que el significado de una palabra proviene de su diferencia con otras palabras (difieren) y es diferido en una cadena interminable de significados (difieren). No existe un significante final que pueda cerrar esta cadena y proporcionar un significado definitivo, una idea que desafía la visión tradicional de que las palabras representan conceptos preexistentes.

Deconstrucción y Desestabilización:

En la deconstrucción, el objetivo no es reemplazar un término de una oposición por otro, sino mostrar que estas oposiciones son inestables porque dependen unas de otras para obtener significado. Este proceso de desestabilización revela los supuestos y contradicciones inherentes al texto o pensamiento, abriendo nuevas posibilidades de interpretación.

Indecidibilidad:

Otro concepto importante en la filosofía de Derrida es el de "indecidibilidad". Derrida sostiene que el significado, la identidad y la verdad nunca son del todo estables o seguros, sino que están perpetuamente "borrados", marcados por la posibilidad de sus opuestos. Por lo tanto, las decisiones siempre se toman en un contexto de indecidibilidad, donde el curso de acción 'correcto' nunca puede determinarse definitivamente.

Complementariedad:

El concepto de "complementariedad" de Derrida afirma que lo que a menudo se presenta como secundario, complementario o no esencial es, de hecho, parte integral de lo que se supone que debe complementar. Por ejemplo, en su lectura de Rousseau, Derrida argumenta que la escritura, vista tradicionalmente como un mero complemento del habla, en realidad sustenta nuestro concepto de habla.

En pocas palabras, la deconstrucción de Derrida tiene como objetivo exponer y subvertir las estructuras subyacentes del pensamiento y el lenguaje, que él ve como inherentemente sesgadas, contradictorias e inestables. Sin embargo, es importante señalar que la deconstrucción no es un "método" o una "herramienta" que se pueda aplicar; más bien es una vigilancia crítica persistente, una manera de cuestionar y pensar.

Finalmente, vale la pena señalar que el trabajo de Derrida es complejo y, a menudo, malinterpretado. Su estilo de escritura es notoriamente difícil, marcado por oraciones largas e intrincadas y un uso lúdico del lenguaje. Muchos de sus conceptos centrales, como la différance y la deconstrucción, se dejan vagos o ambiguos a propósito, lo que refleja su creencia en la inestabilidad inherente y la indecidibilidad del lenguaje y el significado. Por ejemplo, la frase "Il n'y a pas de hors-texte", a menudo traducida al inglés como "There is nothing outside the text" o "There is no outside-text", en Espanol como "No hay nada fuera del texto"; representa una de las afirmaciones más conocidas y a la vez más malentendidas de Jacques Derrida.

Para entender la frase de Derrida, primero necesitamos entender lo que quiere decir con "texto". En este contexto, "texto" no se refiere solo a las palabras escritas en una página, sino a todo fenómeno cultural, social o político que tiene significado o que puede ser interpretado. Entonces, cuando Derrida dice que "No hay nada fuera del texto", lo que está sugiriendo es que todo lo que podemos conocer o decir acerca de algo es mediado a través de estructuras de lenguaje y significado. En otras palabras, no hay una "realidad" accesible o un "sentido" que exista independientemente del lenguaje y de las estructuras textuales que usamos para interpretarlo.

Ahora, respecto a la deconstrucción de la frase, podríamos considerar cómo se subvierte su propio supuesto de que no hay nada fuera del texto. Por ejemplo, si tomamos la frase como un "texto" en sí mismo, entonces, siguiendo la lógica de Derrida, no hay nada "fuera" de esta frase que pueda darnos su verdadero significado. Sin embargo, para entender la frase, necesitamos situarla en el contexto más amplio del pensamiento de Derrida, es decir, necesitamos salir del "texto" de la frase misma.

Esto subraya una de las tensiones fundamentales en el trabajo de Derrida: por un lado, él argumenta que no hay nada fuera del texto, pero por otro lado, su propio método de deconstrucción depende de poder "salir" del texto para revelar sus supuestos no examinados y sus contradicciones internas. En este sentido, la frase misma se deshace y se contradice a sí misma, lo cual es un ejemplo clásico de la deconstrucción en acción.

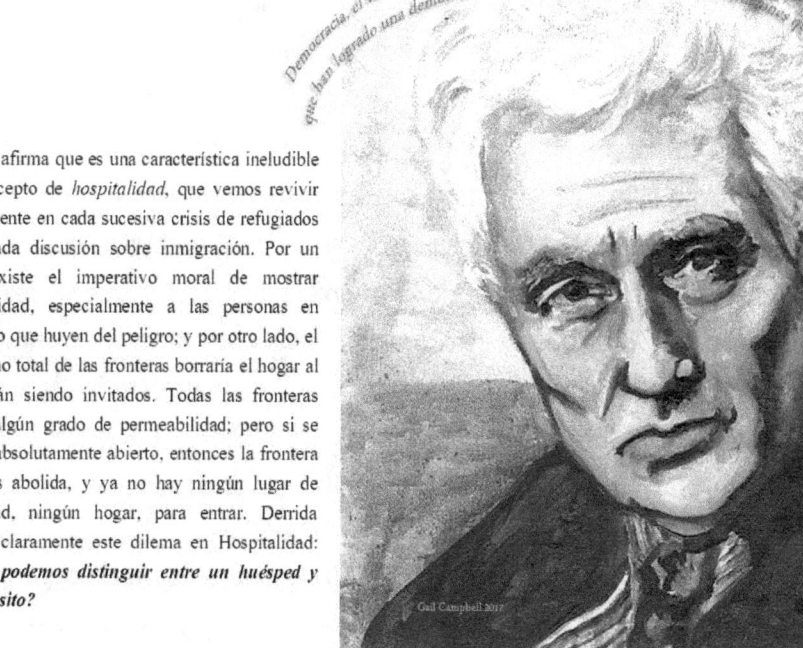

Derrida afirma que es una característica ineludible del concepto de *hospitalidad*, que vemos revivir vívidamente en cada sucesiva crisis de refugiados y en cada discusión sobre inmigración. Por un lado, existe el imperativo moral de mostrar hospitalidad, especialmente a las personas en peligro o que huyen del peligro; y por otro lado, el abandono total de las fronteras borraría el hogar al que están siendo invitados. Todas las fronteras tienen algún grado de permeabilidad; pero si se vuelve absolutamente abierto, entonces la frontera en sí es abolida, y ya no hay ningún lugar de seguridad, ningún hogar, para entrar. Derrida plantea claramente este dilema en Hospitalidad: *¿Cómo podemos distinguir entre un huésped y un parásito?*

Slavoj Žižek (1949-)

Slavoj Žižek es un filósofo político y crítico cultural nacido en Eslovenia. the maverick philosopher, author of over 30 books, acclaimed as the "Elvis of cultural theory", and today's most controversial public intellectual. His work traverses the fields of philosophy, psychoanalysis, theology, history and political theory, taking in film, popular culture, literature and jokes—all to provide acute analyses of the complexities of contemporary ideology as well as a serious and sophisticated philosophy.

Žižek plantea una de las preguntas clave de nuestro tiempo: ¿cuál ha de ser el papel de la filosofía a la hora de abordar los problemas contemporáneos? Y más concretamente: ¿qué tipo de filósofos necesitamos, los que "corrompen" a la juventud y la hacen pensar —como Sócrates— o los "normalizadores" —como Aristóteles—, que intentan conciliar la filosofía con el orden establecido? Según Žižek, la filosofía debe combatir el creciente orden nihilista que se nos quiere vender como el dominio de las nuevas libertades, esta civilización sin mundo que afecta de manera evidente a los jóvenes. Ante las alternativas del populismo o el fundamentalismo religioso, Žižek propone la construcción de nuevas zonas emancipadoras, empezando por las ciudades, la ruptura del dominio patriarcal, la reivindicación del materialismo y la invención de una nueva sociedad que corrija los errores del capitalismo y el comunismo.

En nuestro mundo occidental actual hay dos formas de opio del pueblo: *el opio y el pueblo*.

Para producir opiáceos (no solo literales, sino también ideológicos) como «el pueblo», se necesita un aparato tecnológico muy sofisticado. i.e. Cambridge Analytica (CA), una empresa de análisis de datos que desempeñó un importante papel en la campaña a favor del Brexit durante el referéndum para decidir la salida del Reino Unido de la Unión Europea; posteriormente se convirtió en una figura clave en operaciones digitales durante la campaña electoral de Donald Trump, creando la herramienta de la guerra psicológica de Steve Bannon. El plan de CA era irrumpir en Facebook y recoger los perfiles de millones de personas de Estados Unidos, a fin de utilizar información privada y personal para crear sofisticados perfiles psicológicos y políticos, para después enviarles anuncios políticos diseñados para actuar sobre su estructura psicológica. Hubo un momento en el que el propio creador de CA (Chrystopher Wylie) se asustó: «Es una locura. La empresa ha creado perfiles psicológicos de doscientos treinta millones de estadounidenses. ¿Y ahora quieren trabajar con el Pentágono? Es como Nixon con esteroides.» Otra forma sin duda, del opio del pueblo, es evadirse al universo digital pseudosocial de Facebook, Twitter, etc.

Un oficial alemán visitó a Picasso en su estudio de París durante la Segunda Guerra Mundial. Allí vio a Guernica y, conmocionado por el "caos" modernista del cuadro, le preguntó a Picasso: "¿Tú hiciste esto?". Picasso respondió tranquilamente "No, tú hiciste esto"

Slavoj Žižek

La ciencia química se está convirtiendo en parte de nosotros: importantes aspectos de nuestras vidas se caracterizan por la gestión de nuestras emociones mediante las drogas, desde el uso diario de pastillas para dormir y antidepresivos hasta las drogas duras. No solo estamos controlados por poderes sociales impenetrables, sino que nuestras propias emociones están "externalizadas" a la estimulación química. La motivación de esta intervención química es doble y contradictoria: utilizamos drogas para mantener bajo control la excitación externa (shocks, ansiedades, etc.), para desensibilizarnos y también para generar una excitación artificial si estamos deprimidos y nos falta deseo. Así, las drogas se utilizan contra dos amenazas opuestas a nuestra vida cotidiana: las sobreexcitación y la depresión. Resulta básico observar que estas drogas se relacionan con nuestra vida pública y privada: en los países desarrollados de Occidente, nuestra vida pública carece cada vez más de excitación colectiva (la que proporciona, por ejemplo, un auténtico compromiso político), mientras que las drogas suplantan esta falta de formas de excitación privadas (o mejor dicho, íntimas), eutanasian la vida pública y excitan de manera artificial la vida privada.

Žižek señala el principal peligro del capitalismo: aunque global, mantiene una constelación ideológica sin mundo en sentido estricto, pues priva a la gran mayoría de gente de un mapa cognitivo coherente. Eso es, por tanto, lo que lleva a millones de nosotros a buscar refugio en nuestro opio: no solo la pobreza y la falta de perspectivas, sino la insoportable presión del superego en sus dos aspectos, la presión para triunfar profesionalmente y la presión para disfrutar de la vida plenamente en toda su intensidad. Quizá este segundo aspecto sea todavía más perturbador: ¿qué queda de nuestra vida cuando al replegarnos a nuestro placer nos vemos sometidos a un orden brutal?

El lema de los primeros movimientos ecológicos era el siguiente: "¡Piensa globalmente, actúa localmente!" En la administración de Donald Trump, con una política de soberanía que refleja la de Corea del Norte, prometió hacer exactamente lo contrario, convertir a Estados Unidos en un poder global, pero esta vez en el sentido de "¡Actúa globalmente, piensa localmente!" No debería darnos miedo añadir que este lugar tiene un nombre preciso: pensamos localmente porque estamos atrapados en la caverna ideológica de Platón. ¿Cómo podemos salir de ella? Nos encontramos aquí con una intrincada dialéctica de libertad y servidumbre:

La salida de la caverna no comienza solo cuando uno de los prisioneros se libera de las cadenas (tal como demuestra Heidegger, eso no es suficiente para liberarlo del apego libidinal a las sombras), sino cuando se lo obliga a salir. Está claro que ese debe de ser el lugar de la función (libinal, pero también epistemológica, política y ontológica) del amo. Este amo solo puede ser alguien que no me diga lo que tengo que hacer ni de quién debo ser el instrumento, sino alguien que simplemente "me devuelva a mí mismo". Y, en cierto sentido, se podría decir que esto se puede relacionar con la teoría de la anamnesis de Platón (recordar lo que uno nunca supo, por así decir) e implica que el amo propiamente dicho simplemente afirma o posibilita que yo pueda afirmar que "puedo hacer esto", sin decírmelo.

Lo que quiere decir: no es solo que yo, abandonado a mi suerte en la caverna, incluso sin cadenas, prefiera permanecer allí, de manera que un amo tenga que obligarme a salir, sino que tengo que presentarme voluntario para que me obliguen a salir, de manera parecida a cuando un sujeto comienza el psicoanálisis, momento en el que de manera voluntaria y de buen grado, acepta al psicoanalista como su amo (aunque de una manera muy específica):

¿significa eso que aquellos que necesitan un amo están —siempre— en la postura de alguien que se psicoanaliza? Si —políticamente— hace falta ese amo para convertirnos en lo que somos (por utilizar la fórmula de Nietzsche) y esto puede vincularse estructuralmente a liberar al prisionero de la caverna (obligarlo a salir después de haberle quitado las cadenas y encontrarnos con que no quiere salir), se plantea la pregunta de cómo relacionarlo con la idea de que el psicoanalizado debe ser constitutivamente un voluntario (y no simplemente un esclavo o un siervo). De manera que, en pocas palabras, tienes que ver la dialéctica del amo y el voluntario(s): es una dialéctica porque el amo, en cierta medida, es el que hace que los voluntarios sean voluntarios (los libera de una postura que anteriormente, al parecer, era incuestionable), de manera que entonces se convierten en seguidores voluntarios del mandato del amo, con lo que el amo acaba convirtiéndose en superfluo... aunque quizá solo durante un cierto periodo de tiempo; después de lo cual uno tiene que repetir este mismo proceso (nunca se consigue abandonar la caverna del todo, de manera que constantemente uno se reencuentra con el amo (y con la ansiedad que eso conlleva), es decir, hace falta una intervención del amo cada vez que las cosas se estancan o se convierten en bochornosamente rutinarias).

Las ideologías de la publicidad.

De acuerdo con la ideología actual, la clave para alcanzar la felicidad es a través de la autorrealización y haciendo que la vida sea más "significativa". Esta tendencia ideológica se puede ver en los cambios recientes dentro de la publicidad. Tradicionalmente, la publicidad tenía una dimensión imaginaria y simbólica. La dimensión imaginaria se refería a las cualidades reales del objeto. Sin embargo, recientemente ha aparecido una nueva dimensión en la publicidad que se centra en la experiencia que se obtiene al poseer el producto anunciado. Esto no se refiere ni a las cualidades reales del producto (la dimensión imaginaria) ni al estatus social que se adquiere por poseer el producto (la dimensión simbólica). Esta nueva dimensión de la publicidad se centra en cómo y de qué manera el producto le da sentido a la vida. El mensaje subyacente se centra en esta experiencia preguntando implícitamente...

Concebir un mundo diferente es algo que se tacha de ideología

¿Hay alguna forma de escapar del círculo vicioso del disfrute excedente o estamos condenados para siempre a simplemente querer más?

Del clima a la guerra en Ucrania, el estado del mundo según Žižek. ¿En qué etapa se encuentra el Occidente al que pertenecemos? ¿Cuál es el estado de la política global? A medida que salimos (lentamente, quizás solo temporalmente) de la pandemia, el panorama se vuelve aún más caótico: desigualdades que claman venganza, desastre climático inminente, una nueva guerra en Europa... Indudablemente, la confusión domina nuestro tiempo.

Vivimos en un momento en que el mayor acto de amor es mantenerse alejado del objeto de tu afecto. Cuando los gobiernos famosos por los recortes despiadados en el gasto público de repente pueden evocar billones. Cuando el papel higiénico se convierte en un bien tan preciado como los diamantes. Y cuando, según Žižek, una nueva forma de comunismo puede ser la única forma de evitar el descenso a la barbarie global...

Aunque existan entornos que buscan, con sus actitudes silogísticas, deformar el talle de participación ciudadana, ésta estará siempre activa ya que la Libertad Individual ni se toca, ni se calla.

j. l. ibave

Diseños gráficos elaborados por:

José Luis Ibave González
Saúl Hernández Salazar
María de Lourdes Ceniceros Santillanes
Alondra Odette Soto Salas
Joshua Rafael Betancourt Martínez
Daniel Araiza Hernández
María Guadalupe Bohmer Vaquera

Bibiografia consultada

Jeff Malpas, Hans-Helmuth Gander. The Routledge Companion to Hermeneutics. Routledge Philosophy Companions. Routledge, 2014.
ISBN: 0415644585,9780415644587

Jesús Adrián Escudero, Juan Pablo Hernandez Betancur. Heidegger and the emergence of the question of being. Bloomsbury Studies in Continental Philosophy. Bloomsbury Academic, 2015
ISBN: 1472511808,9781472511805

Joanna Haynes, Ken Gale, Melanie Parker. Philosophy and Education: An introduction to key questions and themes. Foundations of Education Studies. Routledge, 2014
ISBN: 0415536170,9780415536172

Elhanan Yakira. Spinoza and the Case for Philosophy. Cambridge University Press, 2014
ISBN: 110706998X,9781107069985

Christopher Yeomans. The Expansion of Autonomy: Hegel's Pluralistic Philosophy of Action. Oxford University Press, 2015
ISBN: 0199394547,9780199394548

Danijela Kambaskovic (eds.). Conjunctions of Mind, Soul and Body from Plato to the Enlightenment. Studies in the History of Philosophy of Mind 15. Springer Netherlands, 2014
ISBN: 978-94-017-9071-0,978-94-017-9072-7

Robert C. Koons, Timothy Pickavance, Metaphysics: The Fundamentals. Fundamentals of Philosophy, Wiley-Blackwell, 2015
ISBN: 1405195746,9781405195744

Alfred North Whitehead. Science and Philosophy. Allied Books Ltd, 1984
ISBN: 0802218644,9780802218643

W V Quine. Philosophy of Logic. Harvard University Press, Year: 1986
ISBN: 0-674-66563-5,9780674042445,0674042441,9780674665637

Mogens Lærke, Justin E. H. Smith, Eric Schliesser. Philosophy and Its History: Aims and Methods in the Study of Early Modern Philosophy. Oxford University Press, Year: 2013
ISBN: 0199857164,9780199857166

Julian Young. Heidegger's Later Philosophy. Cambridge University Press, 2001
ISBN: 978-0521006095

W.T. Stace. The Philosophy of Hegel. Dover Press, 1955.

Jean-Francois Lyotard. Phenomenology. SUNY Series in Contemporary Continental Philosophy. State University of New York Press, 1991
ISBN: 9780791408063

Daniel O. Dahlstrom. Heidegger's Concept of Truth. Modern European Philosophy. Cambridge University Press, 2001
ISBN: 0521643171,9780521643177

Brigitte Sassen. Kant's Early Critics: The Empiricist Critique of the Theoretical Philosophy. Cambridge University Press, 2007
ISBN: 0521037646,9780521037648

L. Nathan Oaklander. The Ontology of Time (Studies in Analytic Philosophy). Prometheus Books, 2004
ISBN: 1591021979,9781591021971

G. W. F. Hegel, Translated with notes by T. M. Knox. Philosophy of Right. 1967
ISBN: 0195002768,9780195002768,0198241283

Linda Martin Alcoff. Epistemology: The Big Questions (Philosophy: The Big Questions). 1991
ISBN: 0631205799,9780631205791

Laurence BonJour. Epistemology: Classic Problems and Contemporary Responses (Elements of Philosophy). Rowman & Littlefield Publishers, Inc., 2002. ISBN: 9780742513723,0742513726

Ernest Sosa, Jaegwon Kim. Epistemology: An Anthology. Blackwell Philosophy Anthologies. Wiley-Blackwell, 2000. ISBN: 0631197249,9780631197249

D. H. Mellor. Mind, Meaning, and Reality: Essays in Philosophy. Oxford University Press, 2012. ISBN: 0199645086,9780199645084

Christopher Shields. Ancient Philosophy: A Contemporary Introduction. Routledge Contemporary Introductions to Philosophy. Publisher: Routledge | Taylor & Francis Group, 2023.
ISBN: 0367458349,9780367458348,0367458357,9780367458355, 1000817245,9781000817249,9781003025658

Russell Ford. Experience and Empiricism: Hegel, Hume, and the Early Deleuze. Studies in Phenomenology and Existential Philosophy. Northwestern University Press, 2023. ISBN: 9780810145603,9780810145610,9780810145627

Giacomo Turbanti. Philosphy of Communication. Palgrave Philosophy Today, Palgrave Macmillan, 2023. ISBN: 9783031124624,9783031124631

Alexander Douglas. The Philosophy of Hope: Beatitude in Spinoza. Routledge, 2023. ISBN: 9780429489006,9781138594180,9781138594197

Alex Barber (editor), Sean Cordell (editor). The Ethics of Social Roles. Engaging Philosophy, Oxford University Press, 2023
ISBN: 0192843567,9780192843562

Myrto Garani (editor), David Konstan (editor), Gretchen Reydams-Schils (editor). The Oxford Handbook of Roman Philosophy. OUP USA, 2023
ISBN: 0199328382,9780199328383

Gianfrancesco Zanetti; Mortimer Sellers; Stephan Kirste. Handbook of the History of the Philosophy of Law and Social Philosophy: Volume 2: From Kant to Nietzsche. Springer Nature, 2023
ISBN: 9783031195464,9783031195457,3031195469

Richard Schacht. Nietzsche's Kind of Philosophy: Finding His Way. University of Chicago Press, 2023
ISBN: 9780226822860,9780226822853,2022022549,0226822869

David Bordonaba-Plou. Experimental Philosophy of Language: Perspectives, Methods, and Prospects. Springer Nature, 2023
ISBN: 9783031289088,9783031289071,3031289080

J. M. Dillon (editor); A. A. Long (editor). The Question of Eclecticism: Studies in Later Greek Philosophy. Hellenistic Culture and Society; 3er. University of California Press, 2023. ISBN: 9780520317611

Philippe Huneman. Why?: The Philosophy Behind the Question. Square One: First-Order Questions in the Humanities. Stanford University Press, 2023
ISBN: 1503628906,9781503628908

Melina G. Mouzala. Ancient Greek Dialectic and Its Reception (Topics in Ancient Philosophy / Themen Der Antiken Philosophi). Walter de Gruyter, 2023
ISBN: 9783110744064,9783110744149,9783110744224,3110744066

Richard Halpern. Leibnizing: A Philosopher in Motion. Columbia Themes in Philosophy, Social Criticism, and the Arts. Columbia University Press, 2023
ISBN: 9780231558761

Andy Blunden. Hegel, Marx and Vygotsky. Essays on Social Philosophy. Studies in Critical Social Sciences, 195. Brill, 2022
ISBN: 9789004470972

Gisela Striker. From Aristotle to Cicero: Essays in Ancient Philosophy. Oxford University Press, 2022. ISBN: 0198868383,9780198868385

Adrian Johnston, Boštjan Nedoh, Alenka Zupančič, editors. Objective Fictions: Philosophy, Psychoanalysis, Marxism. Edinburgh University Press, 2022
ISBN: 147448932X,9781474489324

Andrew Bowie. Aesthetic Dimensions of Modern Philosophy. Oxford University Press, 2022. ISBN: 0192847732,9780192847737

Myles Burnyeat. Explorations in Ancient and Modern Philosophy. Cambridge University Press, 2022. ISBN: 1316517934,9781316517932

John Wilson. Philosophy and Practical Education. Routledge Revivals. Routledge, 2022. ISBN: 1032270810,9781032270814

Henry E. Allison. An Introduction to the Philosophy of Spinoza. Cambridge University Press, 2022. ISBN: 1009098195,9781009098199

Bethany Henning. Dewey and the Aesthetic Unconscious: The Vital Depths of Experience. American Philosophy Series, Lexington Books Publisher, 2022
ISBN: 1793620210,9781793620217

Gregory Vlastos, Daniel W. Graham. The Presocratics. Studies in Greek Philosophy, Princeton University Press, 2022
ISBN: 9780691241883,0691033102,0691019371

Gregory Vlastos, Daniel W. Graham. Socrates, Plato, and Their Tradition. Studies in Greek Philosophy, Princeton University Press, 2022
ISBN: 9780691241890,0691033110,069101938X

Catherine Malabou. Stop Thief!: Anarchism and Philosophy. Publisher: Polity, 2024. ISBN: 1509555226,9781509555222

Ken Akiba. The Philosophy Major's Introduction To Philosophy: Concepts And Distinctions. Publisher: Routledge/Taylor & Francis Group, 2021
ISBN: 367482975,9780367482978,0367482983,9780367482985, 1003039138,9781003039136

Nicholas Allott, Terje Lohndal, and Georges Rey (editors). A Companion to Chomsky. Series: Blackwell Companions to Philosophy. Publisher: Wiley-Blackwell, 2021. ISBN: 1119598702,9781119598701

Corry Shores. The Logic Of Gilles Deleuze: Basic Principles. Series: Bloomsbury Studies In Continental Philosophy. Publisher: Bloomsbury Academic/Bloomsbury Publishing, 2021
ISBN: 135006226X,9781350062269,1350062251,9781350062252, 1350062278,9781350062276

Kenneth R. Westphal. Kant's Critical Epistemology: Why Epistemology Must Consider Judgment First. Series: Routledge Studies in Eighteenth-Century Philosophy. Publisher: Routledge, 2021
ISBN: 9780367534332,0367534339

David Bennett, Juhana Toivanen. Philosophical Problems in Sense Perception: Testing the Limits of Aristotelianism. Series: Studies in the History of Philosophy of Mind, 26. Publisher: Springer, 2021
ISBN: 3030569454,9783030569457

Mark Steven. Understanding Marx, Understanding Modernism. Series: Understanding Philosophy, Understanding Modernism. Publisher: Bloomsbury Academic, Year: 2021
ISBN: 1501351117,9781501351112,1501351133,9781501351136, 1501351125,9781501351129

Carmine Di Martino. Heidegger And Contemporary Philosophy: Technology, Living, Society & Science. Series: Contributions To Hermeneutics. Publisher: Springer, 2021
ISBN: 3030565653,9783030565657,9783030565664

Kevin Vallier and Michael Weber. Social Trust: Foundational and Philosophical Issues. Series: Routledge Studies in Contemporary Philosophy. Publisher: Routledge, 2021
ISBN: 9780367458454,9780367768089,9781003029786

Giovanni Colacicchi. Psychology as Ethics: Reading Jung with Kant, Nietzsche and Aristotle. Series: Philosophy and Psychoanalysis Book Series. Publisher: Routledge, 2021
ISBN: 9780367529215,9780367529239,9781003079828

Forrest E. Baird. How Do We Reason? An Introduction to Logic. Series: Questions in Christian Philosophy. Publisher: IVP Academic, 2021
ISBN: 9780830855162,9780830855155

James A. Clarke, Gabriel Gottlieb. Practical Philosophy from Kant to Hegel: Freedom, Right, and Revolution. Publisher: Cambridge University Press, 2021
ISBN: 9781108497725,9781108647441

Yitzhak Y. Melamed. A Companion to Spinoza. Series: Blackwell Companions to Philosophy. Publisher: Wiley-Blackwell, 2021
ISBN: 1119538645,9781119538646

Lucas Fain. Primal Philosophy: Rousseau with Laplanche. Publisher: Rowman & Littlefield, 2021
ISBN: 2020944134,9781538146187,9781538146194,1538146193

Panayiota Vassilopoulou, Daniel Whistler. Thought: A Philosophical History. Series: Rewriting the History of Philosophy
Publisher: Routledge, 2021
ISBN: 2020051593,2020051594,9780367000103,9780429445026, 9780367770945

Kristian Larse, Pål Rykkja Gilbert (eds.). Phenomenological Interpretations of Ancient Philosophy. Series: Studies in Contemporary Phenomenology 20. Publisher: Brill, 2021. ISBN: 2021016341

Jennifer Lackey. Applied Epistemology. Series: Engaging Philosophy
Publisher: Oxford University Press, 2021
ISBN: 2020950719,9780198833659,9780192570307

Pavel Gregoric, Jakob Leth Fink. Encounters with Aristotelian Philosophy of Mind. Publisher: Routledge, 2021
ISBN: 2020058251,2020058252,9780367439132,9781003008484, 9780367770921

Jeffrey Dirk Wilson. Mystery and Intelligibility: History of Philosophy as Pursuit of Wisdom. Publisher: Catholic University of America Press, 2021
ISBN: 2020047470,9780813234182,9780813234199

Anne-marie Søndergaard Christensen. Moral Philosophy and Moral Life. Publisher: Oxford Univ Pr, 2021
ISBN: 0198866690,9780198866695

Sven Bernecker, Amy K. Flowerree, and Thomas Grundmann. The Epistemology of Fake News. Series: Engaging Philosophy, Publisher: Oxford University Press, 2021. ISBN: 2020953013,9780198863977

Heather Logue and Louise Richardson. Purpose and Procedure in Philosophy of Perception. Publisher: Oxford University Press, 2021
ISBN: 2020950740,9780198853534

William Fish. Philosophy of Perception: A Contemporary Introduction. Series: Routledge Contemporary Introductions to Philosophy. Publisher: Routledge, 2021. ISBN: 9781138485426,9781138485433,9781351049504

Cornelis de Waal. Introducing Pragmatism: A Tool for Rethinking Philosophy. Publisher: Routledge, 2021
ISBN: 9781138367166,9781138367180,9781003199731, 1138367184

Jim Slagle. The Evolutionary Argument against Naturalism: Context, Exposition, and Repercussions. Series: Bloomsbury Studies in Philosophy of Religion. Publisher: Bloomsbury Academic, 2021
ISBN: 1350173118,9781350173118

Jamie Brassett and John O'Reilly. A Creative Philosophy of Anticipation: Futures in the Gaps of the Present. Series: Routledge Research in Anticipation and Futures. Publisher: Routledge, 2021
ISBN: 2020049083,2020049084,9780367234560,9780367234591

Raza Mir, Michelle Greenwood. Philosophy and Management Studies: A Research Overview. Series: State of the Art in Business Research Publisher: Routledge, 2021. ISBN: 9781138492363,9781351030700

Donald Phillip Verene. The Rhetorical Sense of Philosophy. Publisher: Cornell University Press, 2021. ISBN: 1501756346,9781501756344

Jukka Mikkonen. Philosophy, Literature and Understanding: On Reading and Cognition. Publisher: Bloomsbury Academic, 2021
ISBN: 1350163961,9781350163966

Keith Ansell-Pearson, Rebecca Bamford. Nietzsche's Dawn: Philosophy, Ethics, and the Passion of Knowledge. Publisher: Wiley-Blackwell, 2021
ISBN: 1119693667,9781119693666

Zuzana Parusniková, David Merritt (editors). Karl Popper's Science and Philosophy. Publisher: Springer, 2021
ISBN: 303067035X,9783030670351

Clayton Littlejohn and J. Adam Carter. This is Epistemology: An Introduction. Series: This is Philosophy. Publisher: Wiley-Blackwell, 2021
ISBN: 9781118336823

Jason Cullen. Deleuze and Ethology: A Philosophy of Entangled Life. Publisher: Bloomsbury Academic, 2021
ISBN: 9781350133792,9781350133808,9781350133815

Adam Pautz. Perception. Series: New Problems of Philosophy
Publisher: Routledge, 2021
ISBN: 9780415486040,9780415486057,9781315771939

Sebastian Stein, Joshua Wretzel (editors). Hegel's Encyclopedic System. Series: Routledge Studies in Nineteenth-Century Philosophy
Publisher: Routledge, 2021
ISBN: 0367077493,9780367077495

A.P. Martinich. Hobbes's Political Philosophy: Interpretation and Interpretations.
Publisher: Oxford University Press, 2021
ISBN: 0197531717,9780197531716

David Sobel, Peter Vallentyne, Steven Wall. Oxford Studies in Political Philosophy. Publisher: Oxford University Press, 2021
ISBN: 9780192897480,9780192651907

Timothy Williamson. The Philosophy of Philosophy. Series: The Blackwell/Brown Lectures in Philosophy. Publisher: Wiley-Blackwell, 2021
ISBN: 1119616670,9781119616672

Mark L. Johnson, Don M. Tucker. Out of the Cave: A Natural Philosophy of Mind and Knowing. Publisher: The MIT Press, 2021
ISBN: 0262046210,9780262046213

Michael Naas. Class Acts: Derrida on the Public Stage. Series: (Perspectives in Continental Philosophy). Publisher: Fordham University Press, 2021
ISBN: 082329840X,9780823298402

Matthias Neuber, Adam Tamas Tuboly. Ernest Nagel: Philosophy of Science and the Fight for Clarity. Series: Logic, Epistemology, and the Unity of Science. Publisher: Springer, 2021
ISBN: 3030810097,9783030810092

Manuel DeLanda. Materialist Phenomenology: A Philosophy of Perception. Series: Theory in the New Humanities. Publisher: Bloomsbury Academic, 2021
ISBN: 135026394X,9781350263949

Maria Robaszkiewicz, Tobias Matzner. Hannah Arendt: Challenges of Plurality. Series: Women in the History of Philosophy and Sciences. Publisher: Springer, 2021. ISBN: 3030817113,9783030817114

Ronald Barnett. The Philosophy of Higher Education: A Critical Introduction. Publisher: Routledge, 2021. ISBN: 0367563932,9780367563936

Jonathan Head. Schopenhauer and the Nature of Philosophy. Series: Contemporary Studies in Idealism. Publisher: Lexington Books, 2021
ISBN: 1793640068,9781793640062

Hartmut von Sass. A Philosophy of Comparisons: Theory, Practice and the Limits of Ethics. Publisher: Bloomsbury Academic, 2021
ISBN: 1350184381,9781350184381

Massimo Mugnai. Leibniz: General Inquiries on the Analysis of Notions and Truths. Series: New Texts in the History of Philosophy
Publisher: Oxford University Press, Year: 2021
ISBN: 0192895907,9780192895905

Massimo Pigliucci. The Nature of Philosophy: How Philosophy Makes Progress and Why It Matters. Stoa Nova Publications, 2021
Michael Strawser. Spinoza and the Philosophy of Love. Publisher: Lexington Books, 2021. ISBN: 1793628599,9781793628596

James Rachels, Stuart Rachels. Problems from Philosophy: An Introductory Text. Publisher: Rowman & Littlefield Education, 2021
ISBN: 9781538149584,978153814959
1
Gerald Gaus and John Thrasher. Philosophy, Politics, and Economics. An Introduction. Publisher: Princeton University Press, 2021
ISBN: 9780691211251,9780691219790,9780691219806, 2021944858

Paul Guyer, Allen Wood. Introducing Kant's Critique of Pure Reason. Series: Elements in the Philosophy of Immanuel Kant. Publisher: Cambridge University Press, 2021. ISBN: 1108795293,9781108795296

Roland Boer. Friedrich Engels and the Foundations of Socialist Governance. Series: Springer Briefs in Philosophy. Publisher: Springer, 2021
ISBN: 9811646945,9789811646942

Antonia Pont. A Philosophy of Practicing: with Deleuze's Difference and Repetition. Publisher: Edinburgh University Press, 2021
ISBN: 1474490468,9781474490467

Sharon Kaye. The Philosophy Book for Beginners: A Brief Introduction to Great Thinkers and Big Ideas. Publisher: Rockridge Press, 2021
ISBN: 1648765327,9781648765322

Annalisa Coliva, Duncan Pritchard. Skepticism. Series: New Problems of Philosophy. Publisher: Routledge, 2021. ISBN: 0367178311,9780367178314

Tim Bayne. Philosophy of Mind: An Introduction. Publisher: Routledge, 2021
ISBN: 0415669847,9780415669849

John C. Sanders. Perspectives on Critical Thinking. Series: World Philosophy. Publisher: Nova Science Publishers, 2021
ISBN: 1536196215,9781536196214

Dietrich von Hildebrand. What Is Philosophy? Publisher: Hildebrand Project, 2021. ISBN: 1939773172,9781939773173

David Dillinger. Practical Stoicism: Your Action Guide On How To Implement The Stoic Philosophy Into Your Own Life. Publisher: M & M Limitless Online Inc., 2021. ISBN: 9781393352884

Ryan McInerney. Philosophy and the Metaphysical Achievements of Education: Language and Reason. Publisher: Bloomsbury Academic, 2021
ISBN: 1350183512,9781350183513

Robert Brown. Philosophy of Science: The Key Thinkers: The Key Thinkers. Publisher: Bloomsbury Academic, 2021
ISBN: 9781350108271,9781350108264,9781350108233, 9781350108257

Jouni-Matti Kuukkanen. Philosophy of History: Twenty-First-Century Perspectives. Publisher: Bloomsbury Academic, 2021
ISBN: 9781350111844,9781350111875,9781350111851

Vanessa Freerks. Baudrillard with Nietzsche and Heidegger: A Contrastive Analysis. Publisher: ibidem Press, 2021
ISBN: 3838214749,97838382

Ervin Laszlo. Introduction to Systems Philosophy. Series: Routledge Revivals. Publisher: Routledge, 2021
ISBN: 1032071427,9781032071428,9781003205586, 9781032071442

Tina Rock. Dynamic Realism: Uncovering the Reality of Becoming through Phenomenology and Process Philosophy. Series: (Intersections in Continental and Analytic Philosophy). Publisher: Edinburgh University Press, 2021
ISBN: 147448011X,9781474480116

Riccardo Pozzo. History of Philosophy and the Reflective Society. Publisher: De Gruyter, 2021. ISBN: 9783110709292,9783110709056

Nicholas Rescher. Philosophy Examined: Metaphilosophy in Pragmatic Perspective. Publisher: De Gruyter, 2021
ISBN: 9783110747386,9783110747300,9783111276250

Marek Piechowiak. Plato's Conception of Justice and the Question of Human Dignity. Series: Philosophy and Cultural Studies Revisited/Historisch-genetische Studien zur Philosophie und Kulturgeschichte; Publisher: Peter Lang, 2021
ISBN: 9783631848418,9783631845240,9783631845448, 9783631848425,3631845243

Richard T. Peterson. Democratic Philosophy and the Politics of Knowledge. Publisher: Penn State University Press, 2021
ISBN: 9780271075228

Kenneth T. Gallagher. The Philosophy of Knowledge. Publisher: Fordham University Press, 2021. ISBN: 9780823296521

Quentin Lauer. Hegel's Idea of Philosophy. Publisher: Fordham University Press, 2021. ISBN: 9780823295807

Donald Phillip Verene. The Rhetorical Sense of Philosophy. Publisher: Cornell University Press, 2021. ISBN: 9781501756368

Michael Ruse (editor). Philosophy after Darwin: Classic and Contemporary Readings. Publisher: Princeton University Press, 2021
ISBN: 9781400831296

Shannon M. Mussett. Entropic Philosophy. Publisher: Rowman & Littlefield Publishing, 2021
ISBN: 9781786612472,9781786612465
Hwa Yol Jung. Phenomenology, Transversality, and World Philosophy. Publisher: Lexington Books, 2021
ISBN: 9781498520409,9781498520416,1498520405

Darian Meacham; Nicolas de Warren. The Routledge Handbook of Philosophy and Europe. Series: Routledge Handbooks in Philosophy. Publisher: Routledge, 2021. ISBN: 9780367713775,9781138921689,9781315686233

Edward Craig. Routledge Encyclopedia of Philosophy. Publisher: Routledge, 1998. ISBN: 9780415187091,0415187095

Donald M. Borchert. The Encyclopedia of Philosophy. Publisher: Macmillan Library Reference, 2005. ISBN: 9780028660721,0028660722

Georg Wilhelm Friedrich Hegel. Enciclopedia de las ciencias filosóficas/ Encyclopedia of the Philosophical Sciences. Series: Filosofía y Pensamiento/ Philosophy and Thought. Publisher: Alianza Editorial SA, 2008
ISBN: 8420681938,9788420681931

Denis C. Phillips. Encyclopedia of Educational Theory and Philosophy. Publisher: SAGE Publications, Inc, 2014
ISBN: 1452230897,9781452230894

Byron Kaldis. Encyclopedia of Philosophy and the Social Sciences. Publisher: SAGE Publications, Inc, 2013. ISBN: 1412986893,9781412986892

Michael Peters (eds.). Encyclopedia of Educational Philosophy and Theory. Publisher: Springer Singapore, 2017. ISBN: 978-981-287-532-7

Henrik Lagerlund (eds.). Encyclopedia of Medieval Philosophy. Publisher: Springer Netherlands, 2011. ISBN: 9781402097287,9781402097294

Marco Sgarbi. Encyclopedia Of Renaissance Philosophy. Publisher: Springer, 2022
ISBN: 3319141686,9783319141688,3319141708,9783319141701, 9783319141695

Sahakian, William S. Ideas of the great philosophers. Publisher: Barnes & Noble, 1993. ISBN: 9781566192712,1566192714

Hetherington, Stephen Cade. What makes a philosopher great? Thirteen arguments for twelve philosophers. Publisher: Routledge, 2018
ISBN: 9781138936157,1138936154,9781138936164,1138936162

John Gray. Voltaire. Series: The Great Philosophers. Publisher: Phoenix, 2011. ISBN: 9781780221717

Baruch Spinoza; Bertrand Russell; Albert Schweitzer. Great Philosophers Volume One: The Road to Inner Freedom, The Art of Philosophizing, and Pilgrimage to Humanity. Publisher: Philosophical Library/Open Road, 2018
ISBN: 9781504054898

Baruch Spinoza; Bertrand Russell; Albert Schweitzer. Great Philosophers Volume Two: The Road to Inner Freedom, The Art of Philosophizing, and Pilgrimage to Humanity. Publisher: Philosophical Library/Open Road, 2018
ISBN: 978150405489

Robert L. Heilbroner. The Worldly Philosophers. The Lives Times and Ideas of the Great Economic Thinkers. Publisher: Touchstone / Simon & Schuster, 2011
ISBN: 9780684862149

Stephen Leach, James Tartaglia. Consciousness and the Great Philosophers: What would they have said about our mind-body problem? Publisher: Routledge, 2016. ISBN: 1138934410,9781138934412

Ben Rogers. Pascal. Series: The Great Philosophers Series, Publisher: Routledge, Year: 1999. ISBN: 0415923980,9780415923989

Terry Eagleton. Marx. Series: Great philosophers. Publisher: Phoenix, Year: 1999 ISBN: 9780415923774,0415923778,9780753801871,0753801876

Thomas C. Brickhouse, Nicholas D. Smith. Plato and the Trial of Socrates. Series: Routledge philosophy guidebooks. Publisher: Routledge, 2004
ISBN: 9780203645963,9780203686768,9780415156813, 9780415156820,0203645960,0415156815,0415156823

Jacob Howland. Kierkegaard and Socrates- A study in philosophy and faith. Cambridge Publishing Co., 2016
ISBN: 0-511-22140-1,978-0-511-22140-8

Matthew Dillon, Lynda Garland. Ancient Greece: Social & Historical Documents from Archaic Times to the Death of Socrates. Publisher: Routledge, 2000
ISBN: 9780415217552,0415217555

Terence Irwin. The Development of Ethics: A Historical and Critical Study. Volume 1: From Socrates to the Reformation. Publisher: Oxford University Press, 2007. ISBN: 9780198242673

W. K. C. Guthrie. Socrates. Publisher: Cambridge University Press, 1972. ISBN: 0521096677,9780521096676

Jenofonte. Recuerdos De Sócrates / Económico / Banquete / Apología. Publisher: Gredos, 2016. ISBN: 9788424932145

A.D. Irvine. Socrates on Trial: A Play Based on Aristophane's Clouds and Plato's Apology, Crito, and Phaedo Adapted for Modern Performance. Publisher: University of Toronto Press, 2007. ISBN: 9781442685543

Werner J. Dannhauser. Nietzsche's View of Socrates. Publisher: Cornell University Press, 2019. ISBN: 9781501733963

Peter Kreeft. Socrates' Children: Ancient: The 100 Greatest Philosophers. Publisher: St. Augustines Press, 2019
ISBN: 1587317834,9781587317835

Gregory Vlastos; Daniel W. Graham (editors). Studies in Greek Philosophy, Volume II: Socrates, Plato, and Their Tradition. Publisher: Princeton University Press, 2022. ISBN: 9780691241890

Simone Luzzatto; Giuseppe Veltri; Michela Torbidoni; Deutsche Forschungsgemeinschaft, (editors). Socrates, or on Human Knowledge. Series: Studies and Texts in Scepticism. Publisher: De Gruyter, 2019
ISBN: 9783110557602,9783110557534,9783110558357,
2019935651

Sarah Fielding. Xenophon's Memorabilia and The Apology of Socrates. Publisher: Gorgias Press, 2016. ISBN: 9781463237103

Norman Gulley. The Philosophy of Socrates. Publisher: St. Martin's Press, 1968
ISBN: 0333095448

Paul Herrick. Think with Socrates: An Introduction to Critical Thinking. Publisher: Oxford University Press, 2015
ISBN: 0199331863,9780199331864

Aristotle;Plato; Schofield, Malcolm; Aristoteles. Aristotle, Plato and Pythagoreanism in the first century BC. Cambridge Publishing Co., 2013
ISBN: 9781107020115,1107020115

Ryan, Alan; Aristotle, Aristotle., Aristoteles. On Aristotle : saving politics from philosophy. Series: Liveright classics. Publisher: Liveright Publishing Corporation, 2014. ISBN: 9780871407061,087140706X

Constantine J. Vamvacas (auth.). The Founders of Western Thought – The Presocratics: A diachronic parallelism between Presocratic Thought and Philosophy and the Natural Sciences. Series: Boston Studies in the Philosophy of Science 257. Publisher: Springer Netherlands, 2009
ISBN: 9781402097904,9781402097911,1402097905

James Warren. Presocratics (Ancient Philosophies). Publisher: Acumen Publishing, 2007. ISBN: 1844650928,9781844650927

McCoy, Joe. Early Greek philosophy: the Presocratics and the emergence of reason. Series: Studies in philosophy and the history of philosophy. Publisher: The Catholic University of America Press, 2012
ISBN: 0813221218,978-0-8132-2121-2,9780813221229,
0813221226

Thomas A. Blackson. Ancient Greek Philosophy: From the Presocratics to the Hellenistic Philosophers. Publisher: Wiley Blackwell, 2011
ISBN: 1444335723,978-1-4443-3572-9,978-1-4443-3573-6

Andrew Gregory. The Presocratics and the Supernatural: Magic, Philosophy and Science in Early Greece. Publisher: Bloomsbury Academic, 2013
ISBN: 9781472555847,9781780932033,9781472504166

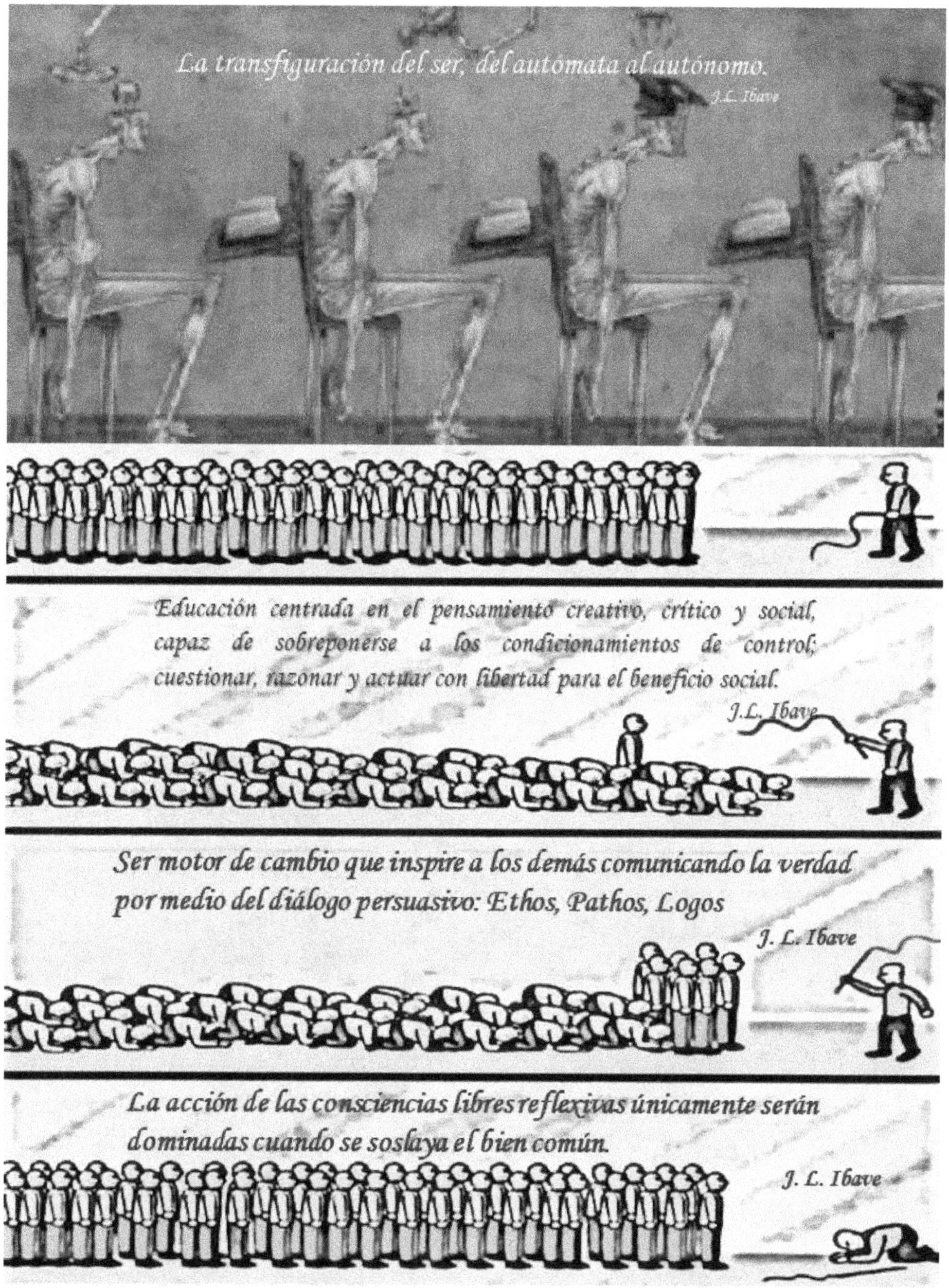

bsph
Borderland Studies Publishing House

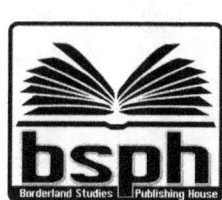

ISBN: 978-1-948150-82-8

www.ingramcontent.com/pod-product-compliance
Lightning Source LLC
Chambersburg PA
CBHW080410170426
43194CB00015B/2766